2018

中国房地产市场回顾与展望

China Real Estate Market
Review and Outlook 2018

中国科学院大学中国产业研究中心
中国科学院预测科学研究中心

科学出版社

北京

内 容 简 介

本书根据国家统计局、Wind 数据库、中国经济信息网等多个权威数据库公布的最新统计数据，从房地产开发投资、房地产供需、房地产价格等多个方面回顾2017年我国房地产市场的运行状况，解析2017年各级政府颁布的房地产调控政策，着重对北京、上海等一线城市，部分二线城市与三、四线城市房地产市场的运行情况进行分析总结，综述2017年房地产金融形势变化，并从房地产市场的供给、需求、价格、政策等方面对2018年我国房地产价格的发展趋势做出预测。本书还针对当前我国房地产业发展的一些重要问题提出了相应的政策建议。

本书可供政府相关部门在制定和调整政策时参考，也可供房地产企业开发投资决策、居民购房决策时参考。本书对房地产相关研究机构和学者开展学术研究有一定的参考价值。

图书在版编目（CIP）数据

2018 中国房地产市场回顾与展望 / 中国科学院大学中国产业研究中心，中国科学院预测科学研究中心编. —北京：科学出版社，2018.7
ISBN 978-7-03-057867-9

Ⅰ. ①2… Ⅱ. ①中… ②中… Ⅲ. ①房地产市场-研究报告-中国-2017 ②房地产市场-市场预测-研究报告-中国-2018 Ⅳ. ①F299.233.5

中国版本图书馆 CIP 数据核字（2018）第 126514 号

责任编辑：王丹妮 陶 璇 / 责任校对：贾娜娜
责任印制：霍 兵 / 封面设计：无极书装

科 学 出 版 社 出版
北京东黄城根北街 16 号
邮政编码：100717
http://www.sciencep.com
三河市骏杰印刷有限公司 印刷
科学出版社发行 各地新华书店经销
*
2018 年 7 月第 一 版 开本：787×1092 1/16
2018 年 7 月第一次印刷 印张：11 1/2
字数：273 000
定价：78.00 元
（如有印装质量问题，我社负责调换）

编者名单

董纪昌　中国科学院大学经济与管理学院教授
李秀婷　中国科学院大学经济与管理学院副教授
董　志　中国科学院大学经济与管理学院讲师
刘佳佳　中国科学院数学与系统科学研究院博士后
苗晋瑜　中国科学院大学经济与管理学院博士生
牟新娣　中国科学院大学经济与管理学院博士生
高　雅　中国科学院大学经济与管理学院博士生
孙翼瑶　中国科学院大学经济与管理学院博士生
陈欣彦　中国科学院大学经济与管理学院博士生
何　静　中国科学院大学经济与管理学院博士生
李泽西　中国科学院大学经济与管理学院博士生
梁　睿　中国科学院大学经济与管理学院博士生
庞嘉琦　中国科学院大学经济与管理学院硕士生
曾　欣　中国科学院大学经济与管理学院硕士生
李盛国　中国科学院大学经济与管理学院硕士生
霍颜溪　中国科学院大学经济与管理学院硕士生
陈凯雯　中国科学院大学经济与管理学院硕士生
崔笑颖　中国科学院大学经济与管理学院硕士生
郭　莉　中国科学院大学经济与管理学院硕士生
刘晓亭　中国科学院大学经济与管理学院硕士生
詹普之　中国科学院大学经济与管理学院硕士生
马慧敏　中国科学院大学经济与管理学院硕士生
张世璐　中国科学院大学经济与管理学院硕士生

序

　　房地产业的健康发展关系社会经济、金融安全，牵系民生福利。研究房地产业、房地产市场的发展具有重要意义。

　　中国科学院预测科学研究中心和中国科学院大学中国产业研究中心一直致力于宏观经济及房地产业等重要行业分析、预测等方面的研究工作，运用科学的理论和方法对宏观经济运行的关键指标进行预测，找出宏观经济发展的潜在风险，并据此构建预警体系，提出针对性的政策建议，从而为政府制定宏观经济政策提供依据。《2018 中国房地产市场回顾与展望》是在中国科学院预测科学研究中心的支持下，由中国科学院大学中国产业研究中心对中国房地产行业、房地产市场进行考察研究后形成的一个阶段性成果。

　　该书是对中国房地产市场运行状况的年度总结。编者从中国房地产市场投资、市场供求、市场价格等方面对房地产市场的年度运行状况进行分析，对 2017 年政府颁布的房地产调控政策进行解读，综述 2017 年房地产金融形势的变化，有利于读者多角度、全方位地了解中国房地产市场的运行情况。在分析市场整体运行的同时，编者还注重分析中国城市房地产市场运行状况。通过对比分析，总结中国城市房地产市场运行的差异化特征。与现有房地产研究报告不同的是，编者在对 2017 年房地产市场运行状况进行分析的基础上，基于因素分析与政策预判，对 2018 年房地产市场运行状况进行预测，其预测结果具有较高的准确度。

　　该书可供政府相关部门在制定和调整政策时参考，也可为房地产企业开发投资决策、居民购房决策提供参考。该书对房地产相关研究机构和学者开展学术研究有一定的参考价值。

　　希望中国科学院大学中国产业研究中心能继续坚持这项研究工作，为推动中国房地产行业健康持续发展做出贡献。

汪寿阳

中国科学院预测科学研究中心

2017 年 12 月

前　言

2017 年以来，我国宏观经济总体平稳，稳中向好；投资结构持续改善，进出口复苏；资金持续收紧，按揭利率逐步走高，房地产企业资金来源增速下滑；需求端、供给端挂钩调控，因城施策，进入多重限制阶段。具体而言，需求端房地产政策缩紧从严，城市持续扩容，调控手段全面升级，调控力度区域性分化；供给端房地产政策加速供应，因城施策调整土地供应，引入多种土拍模式，加快培育住房租赁市场。地方调控密集出台，力度大小不一。当前我国房地产仍是国民经济发展的支柱型产业，在坚持房地产市场短期调控方向的同时，如何建立房地产平稳健康发展长效机制，成为各界共同关注的问题。

本书根据国家统计局、Wind 数据库、中国经济信息网等多个权威数据库公布的最新统计数据，从房地产开发投资、房地产供需、房地产价格等多个方面回顾了 2017 年我国房地产市场的运行状况，解析 2017 年各级政府颁布的房地产调控政策，着重对北京、上海、广州、深圳等一线城市，部分二线及三、四线城市的房地产市场运行情况进行了分析总结，综述了 2017 年房地产金融形势变化，预测了 2018 年房地产市场供给、需求、价格等重要指标的变化，并对相关热点问题进行了深入分析。

本书由董纪昌、李秀婷、董志、刘佳佳、苗晋瑜、牟新娣、高雅、孙翼瑶、陈欣彦、何静、李泽西、梁睿、庞嘉琦、曾欣、李盛国、雷颜溪、陈凯雯、崔笑颖、郭莉、刘晓亭、鲁普之、马慧敏、张世璐撰写，并作为国家自然科学基金面上项目"基于互联网大数据的房地产公众预期研究（71573244）"、国家自然科学基金重点项目"大数据环境下金融风险传导与防范研究（71532013）"的阶段性成果。

本书得到了中国科学院大学中国产业研究中心、中国科学院预测科学研究中心的支持，特别是中国科学院预测科学研究中心主任汪寿阳教授的悉心指导和帮助。科学出版社的编辑也为本书的出版付出了辛勤的劳动。在此，我们向所有为本书提供过帮助与支持的领导、单位及同事表示最诚挚的感谢！

由于学识、水平和能力所限，本书中可能存在一些有待商榷和值得探讨的地方，欢迎各界朋友与我们交流、探讨并批评、指正。

董纪昌　李秀婷

中国科学院大学经济与管理学院

2017 年 12 月

目　录

第一章　2017年房地产市场运行情况

2017年1~10月，在限购、限贷、限价、限售"四限"房地产市场政策持续发力的基础上，房地产信贷"去杠杆"持续推进，各地严查"消费贷""经营贷""房抵贷"等资金违规流入房地产市场，央行也明确支持北京、深圳、南京等地首套房贷利率不同比例上浮，房贷资金全面紧缩。

总体来看，2017年1~10月，全国房地产市场呈现出"两加快、两平稳、五回落"的特征。具体而言，土地购置面积、土地成交价款增速有所加快。2017年土地购置"量价齐升"，从下半年到10月，全国土地成交规模显著回升，但规模的上升并未带来土地价格的回落，地价持续走高。房地产开发投资、商品房施工面积增速基本平稳。热点一、二线城市房地产市场明显降温，房价涨幅趋于平缓，紧缩调控初显成效。企业资金来源、商品房新开工面积、竣工面积、销售面积、销售额增速均出现回落。由于前期利好逐渐消化、需求过度透支，2017年9月以来房地产市场呈现新开工冷、商品房销售量骤降的局面。

2017年1~10月，由于坚持宏观房地产政策"房子是用来住的、不是用来炒的"基调，中央不断完善住房租赁制度建设，加快推进房地产长效机制，并多次表态加强房地产金融风险监管，强调对一、二线城市房地产市场应保持收紧调控态势。地方调控仍坚持收紧，表现为二线城市继续深化、三、四线城市不断扩围。短期调控与长效机制的衔接更为紧密，大力培育、发展租赁市场和共有产权住房等推动长效机制的建立健全，有利于促使房地产市场的健康平稳发展。

一、房地产开发投资

2017年1~10月，受限购、限贷等政策的影响，全国房地产市场表现较上年同期发展趋于平稳，虽然房地产开发投资仍具韧性，增速小幅回落，但新开工面积、销售面积、企业资金来源增速回落明显，土地购置意愿仍较强，地价涨幅放缓，城市房价环比、同比涨幅均保持回落，环比下跌的城市个数开始增多，重点城市商品房销售出现负增长，城市间分化延续。

（一）房地产开发投资总额

2017年房地产开发投资放缓，在1~3月，房地产累计开发投资额同比增速有所提升，随后总体表现为下降趋势。1~10 月全国房地产累计开发投资额达到 90 544.00 亿元，比 2016 年同期增长 7.8%，增速上涨 1.2 个百分点，其中用于住宅的累计投资为 61 871.23 亿元，比 2016 年同期增长 9.9%，增速上涨 4 个百分点。如图 1.1 所示，2017 年 1~10 月月房地产开发投资额和用于住宅的投资额保持小幅增长态势，累计同比增速总体呈下滑趋势，这主要是相比于销售指标，开发投资指标反映市场状况相对滞后，因此尽管 2017 年楼市持续降温，但开发投资仍能保持正增长，同时在"稳"字当头的经济环境下，房地产开发投资不会出现大起大落的现象。

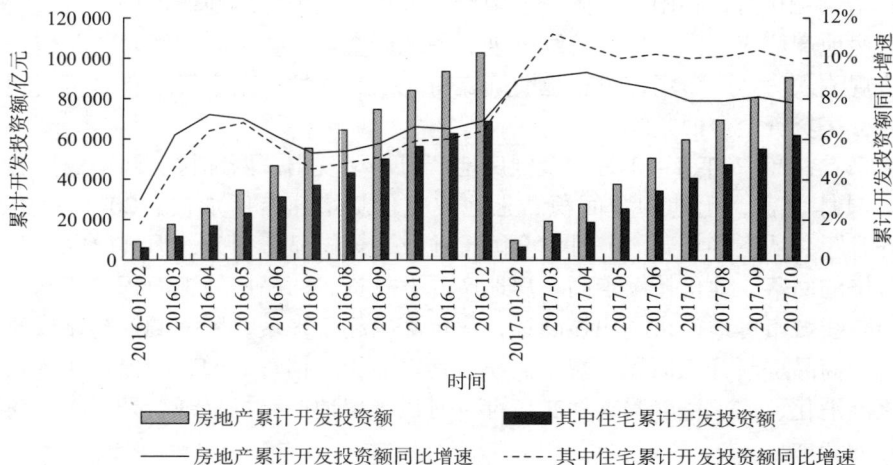

图 1.1   2016~2017 年房地产累计开发投资额及同比增速
资料来源：Wind 数据库

2017 年 1~10 月，东部地区房地产开发投资 47 936.00 亿元，中部地区房地产开发投资 18 379.00 亿元，西部地区房地产开发投资 19 612.00 亿元，表 1.1 展示了自 2010 年至 2017 年（其中 2017 年为前 10 个月）的累计投资额变化情况，可以发现 2017 年西部地区的房地产投资份额较前几年已有小幅增加，由 2010 年的 20.18%增加到 22.82%，而东部地区的房地产投资份额较前几年小幅下降，由 2010 年的 58.03%降至 55.79%。这是因为东部地区经济相对发达，城市发展空间相对西部明显不足，土地供给减少且价格较高；而西部地区房地产市场发展相对东部较为落后，土地资源相对充足，房地产开发投资逐年增加。

表 1.1   2010~2017 年（其中 2017 年为前 10 个月）各地区房地产开发投资情况表

时间	房地产投资完成额/亿元			房地产投资完成额占比		
	东部	中部	西部	东部	中部	西部
2010 年	28 009.07	10 516.65	9 741.35	58.03%	21.79%	20.18%
2011 年	35 606.66	13 197.33	12 935.79	57.67%	21.38%	20.95%
2012 年	40 541.36	15 762.82	15 499.61	56.46%	21.95%	21.59%
2013 年	47 971.53	19 044.80	18 997.05	55.77%	22.14%	22.09%
2014 年	52 940.55	20 662.29	21 432.78	55.71%	21.74%	22.55%

时间	房地产投资完成额/亿元			房地产投资完成额占比		
	东部	中部	西部	东部	中部	西部
2015 年	53 231.29	21 038.12	21 709.43	55.46%	21.92%	22.62%
2016 年	46 416.00	18 727.00	18 832.00	55.27%	22.30%	22.43%
2017 年	47 936.00	18 379.00	19 612.00	55.79%	21.39%	22.82%

注：西部地区包括四川、重庆、贵州、云南、西藏、陕西、甘肃、青海、宁夏、新疆、广西、内蒙古 12 个省（自治区、直辖市）；中部地区包括山西、吉林、黑龙江、安徽、江西、河南、湖北、湖南 8 个省；东部地区包括北京、天津、河北、辽宁、上海、江苏、浙江、福建、山东、广东和海南 11 个省（直辖市）

资料来源：Wind 数据库

如表 1.2 所示，2017 年 1~10 月，房地产开发用于住宅的投资增长上升较快，累计同比增速在 3 月达到最高，由 1~2 月的 9.00%上升至 11.20%，上升了 2.2 个百分点，3 月以后累计同比增速相对稳定，保持在 10%左右。商业营业用房的投资增速持续下滑，由 1~2 月的 11.80%下降至 1.10%，下降了 10.7 个百分点。就办公楼开发投资而言，投资增速呈现持续增长的趋势。虽然目前住宅市场处于调控高压态势之下，且商业地产投资回报率与过去相比有所降低，但就统计数据来看，住宅投资氛围依旧十分火爆。另外，受调控政策限制，办公楼越来越受开发商的青睐。

表 1.2 2017 年 1~10 月各类型商品房开发投资情况表

时间	开发投资总额/亿元			开发投资累计同比增速		
	住宅	办公楼	商业营业用房	住宅	办公楼	商业营业用房
2017-01~02	6 571.07	654.08	1 517.12	9.00%	−0.60%	11.80%
2017-03	6 409.95	540.14	1 417.72	11.20%	−3.80%	8.20%
2017-04	5 690.29	541.46	1 286.94	10.60%	1.10%	7.80%
2017-05	6 751.62	634.89	1 456.18	10.00%	5.10%	5.90%
2017-06	8 895.33	788.73	1 911.39	10.20%	4.80%	5.00%
2017-07	6 364.76	548.97	1 245.10	10.00%	4.70%	3.00%
2017-08	6 757.01	575.37	1 360.39	10.10%	4.80%	2.40%
2017-09	7 669.25	694.76	1 514.77	10.40%	5.40%	1.40%
2017-10	6 761.95	604.79	1 378.08	9.90%	5.20%	1.10%

资料来源：Wind 数据库

（二）房地产开发商资金结构

如图 1.2 所示，2017 年 1~10 月，房地产开发企业资金来源共 125 940.92 亿元，其中，国内贷款 20 798.04 亿元，占总资金的 16.51%，累计同比增速 20.20%；利用外资 124.39 亿元，占总资金的 0.10%，累计同比增速 1.60%；自筹资金 41 086.32 亿元，占总资金的 32.62%，累计同比增速 0.80%；包括单位自有资金、定金及预收款等在内的其他资金 63 931.57 亿元，占总资金的 50.76%，累计同比增速 8.20%。同 2016 年同期开发资金来源相比较，在占比方面，国内贷款和其他资金有所上升，自筹资金占比下降 2.14 个百分点；在累计同比增速方面，国内贷款与自筹资金涨幅明显，而利用外资大幅下滑。

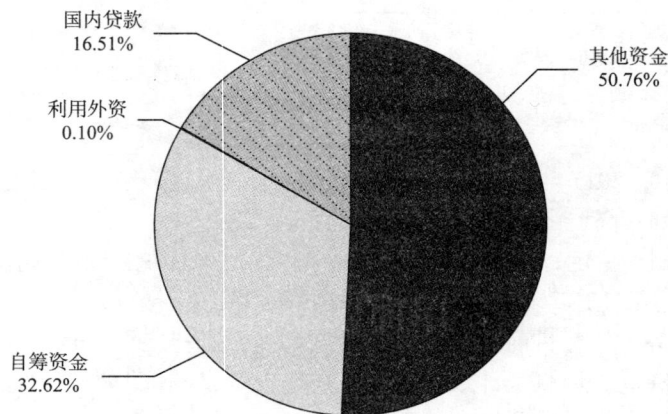

图 1.2　2017 年 1~10 月房地产开发资金来源示意图

各项百分比之和不等于 100%，是因为进行过舍入修约

资料来源：Wind 数据库

如表 1.3 和表 1.4 所示，从房地产开发投资的各资金来源看，国内贷款与其他资金来源的上涨导致了总投资增速加快。在国内贷款方面，在金融与房地产逐渐分化背景下，2017 年 1~10 月货币政策继续维持宽松状态，导致开发商信贷来源相对充足，资金回笼及资金周转压力得到释放，土地投资意愿增强。

表 1.3　2017 年 1~10 月房地产开发资金主要来源情况表（单位：亿元）

时间	总投资	国内贷款	利用外资	自筹资金	其他资金
2017-01~02	22 880.06	4 984.77	48.41	6 896.66	10 950.22
2017-03	35 666.33	6 892.04	74.03	10 894.21	17 806.06
2017-04	47 221.34	8 773.83	74.31	14 217.04	24 156.16
2017-05	58 988.54	10 496.69	89.80	18 008.16	30 393.88
2017-06	75 764.55	13 352.05	104.32	23 273.26	39 034.93
2017-07	87 664.14	15 094.00	111.89	27 340.23	45 118.02
2017-08	99 804.29	16 903.85	111.74	31 439.32	51 349.39
2017-09	113 095.45	19 002.68	113.49	36 450.87	57 528.42
2017-10	125 940.92	20 798.04	124.99	41 086.32	63 931.57

资料来源：Wind 数据库

表1.4　2017年1~10月房地产开发资金主要来源累计同比增速表

时间	总投资	国内贷款	利用外资	自筹资金	其他资金
2017-01~02	7.00%	11.50%	227.40%	−17.20%	27.70%
2017-03	11.50%	10.70%	308.00%	−7.20%	27.10%
2017-04	11.40%	17.00%	115.30%	−4.70%	21.30%
2017-05	9.90%	17.30%	115.10%	−3.40%	16.70%
2017-06	11.20%	22.10%	58.90%	−2.30%	17.20%
2017-07	9.70%	19.80%	20.60%	−1.90%	14.80%
2017-08	9.00%	19.00%	15.40%	−1.70%	13.40%
2017-09	8.00%	19.50%	0.90%	−0.30%	10.40%
2017-10	7.40%	20.20%	1.60%	0.80%	8.20%

资料来源：Wind数据库

二、房地产供需情况

（一）土地市场供给状况

2017年1~10月，全国房地产开发企业累计土地购置面积达19 048.00万平方米，较2016年同比增长12.90 %，涨幅18.40个百分点。从图1.3月度数据来看，2017年累计土地购置面积平稳上行，累计同比增速整体呈上升趋势且一直为正值，这主要受益于我国政府积极推进"因城施策"，重点城市土地供应力度不断加大，因此房地产商拿地意愿强烈。

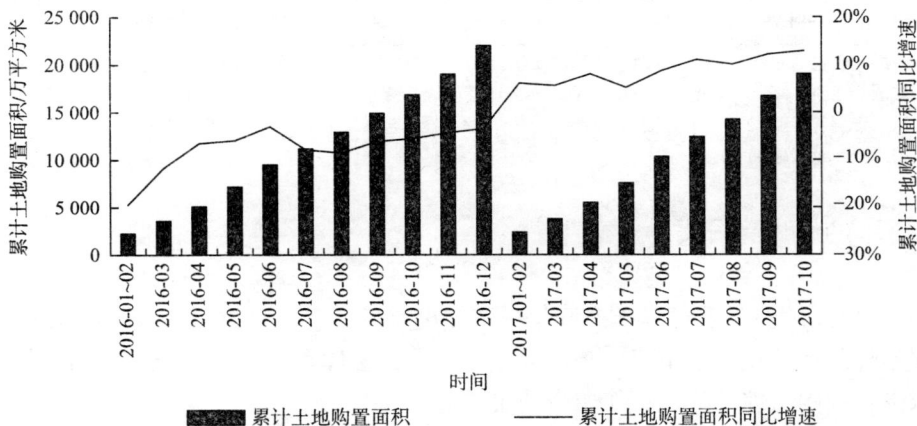

图1.3　2016~2017年累计土地购置面积及同比增速

资料来源：Wind数据库

　　表 1.5 展示了 2017 年 1~10 月我国东、中、西部和东北部地区的累计土地购置面积及累计同比增速情况。截至 2017 年 10 月，东部地区累计土地购置面积达 7 981.79 万平方米，且一直呈稳步增长态势，1~5 月累计同比增速不断下滑，但 6~10 月开始呈上升趋势。中部地区 2017 年 10 月累计土地购置面积为 5 723.54 万平方米，相比 2016 年同期增长 26.4%，尽管 6 月以来同比增速有些许放缓，但整体来看其一直呈现高速增长态势。2017 年 10 月西部地区累计土地购置面积为 4 183.88 万平方米，同比增长 14.00%，且 6 月以来累计同比增速一直呈正向增长趋势。2017 年我国将东北部地区土地及房地产相关数据单独统计，可以看到该地区累计土地购置面积一直稳步增长，但其同比增速均为负值，但 6 月以来同比增速有所回升。综合来看，中部地区土地购置面积同比增幅最大，但 2017 年以来同比增幅不断放缓，东、西部累计同比增速较为平稳，且 2017 年以来呈现小幅上升，东北部地区同比增长均为负值，但 2017 年以来累计同比增速下降幅度放缓。

表 1.5　2017 年 1~10 月房地产土地购置情况表

时间	累计土地购置面积/万平方米				累计土地购置面积同比增速			
	东部	中部	西部	东北部	东部	中部	西部	东北部
2017-01~02	1 036.69	685.71	553.71	97.71	8.92%	43.85%	−9.30%	−50.36%
2017-03	1 695.83	1 153.62	755.60	176.99	6.30%	33.60%	−8.40%	−39.60%
2017-04	2 306.90	1 730.11	1 149.94	340.63	−0.80%	38.10%	3.00%	−18.60%
2017-05	3 231.07	2 376.97	1 501.90	470.09	−3.20%	37.00%	−2.40%	−19.70%
2017-06	4 476.40	3 184.20	2 094.60	585.30	3.50%	37.50%	3.50%	−30.10%
2017-07	5 295.85	3 818.51	2 582.63	712.60	7.20%	30.70%	9.40%	−24.80%
2017-08	5 949.80	4 362.00	3 032.66	884.78	6.80%	26.70%	7.30%	−18.20%
2017-09	7 000.01	5 074.49	3 605.07	1 053.52	8.20%	26.80%	10.90%	−12.00%
2017-10	7 981.79	5 723.54	4 183.88	1 158.60	9.00%	26.40%	14.00%	−14.00%

　　注：东部地区包括北京、天津、河北、上海、江苏、浙江、福建、山东、广东、海南 10 个省（直辖市）；中部地区包括山西、安徽、江西、河南、湖北、湖南 6 个省；西部地区包括内蒙古、广西、重庆、四川、贵州、云南、西藏、陕西、甘肃、青海、宁夏、新疆 12 个省（自治区、直辖市）；东北部地区包括辽宁、吉林、黑龙江 3 个省

　　资料来源：Wind 数据库

（二）房地产开发建设情况

　　2017 年 1~10 月，我国房地产开发投资建设有所放缓，与 2016 年同期相比，房屋竣工面积累计同比呈现明显下降态势。且伴随着我国去库存政策的实施，商品房待售面积不断减少，我国房地产降温工作取得一定成效。

　　如图 1.4 所示，2017 年 1~10 月，我国房屋竣工累计面积达 65 612.00 万平方米，较 2016 年同比增长 0.6 %，同比增速下降 6 个百分点。随着一系列收紧地产市场政策的出台，人们对房地产市场的预期不断下降，地产开发商施工建设的速度明显放缓。

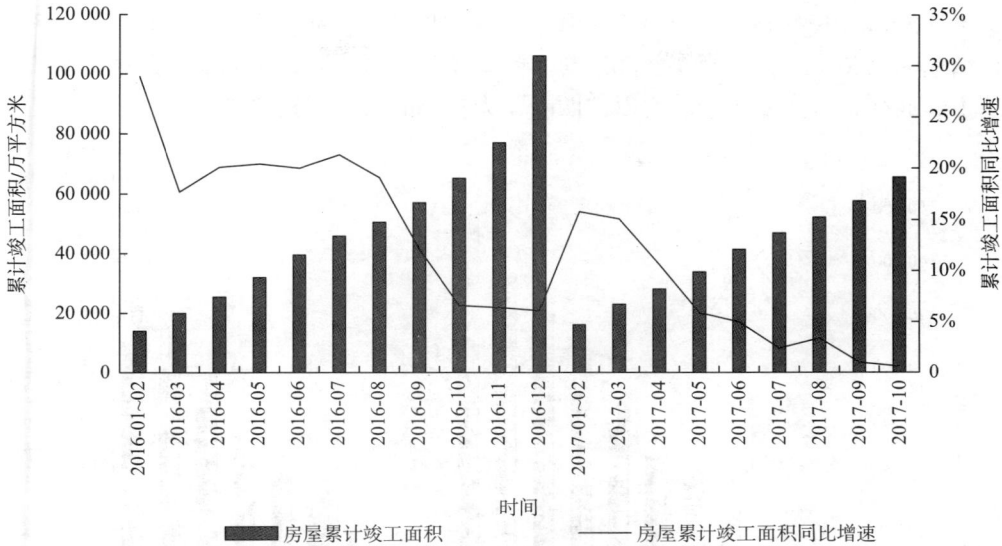

图 1.4　2016~2017 年房屋竣工累计面积及同比增速

资料来源：Wind 数据库

2017 年以来，我国加快推进"三去一降一补"政策，其中商品房去库存取得较好效果。如图 1.5 所示，2017 年 1~10 月，商品房待售面积及住宅待售面积一直呈平稳下降趋势，同比增速均为负值且不断下降。截至 2017 年 10 月底，商品房和住宅待售面积分别为 60 258.00 和 31 484.00 万平方米，同比下降分别为 13.30% 和 23.30%，跌幅分别为 14.6 和 17.3 个百分点。

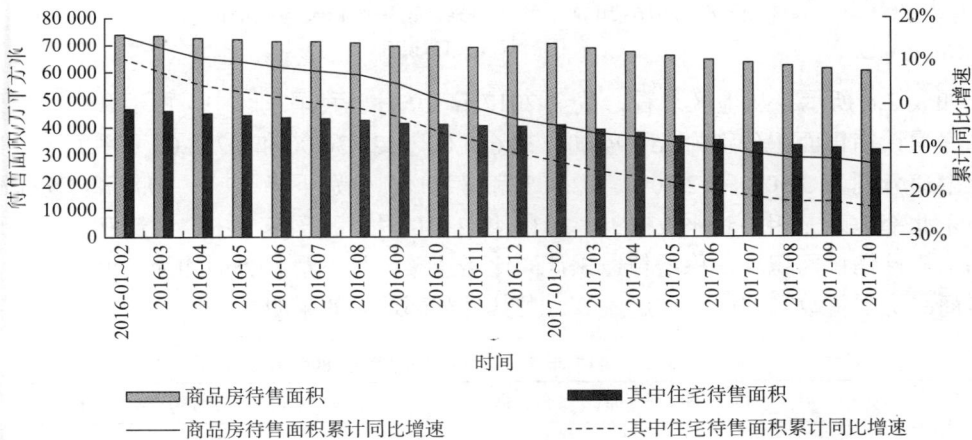

图 1.5　2016~2017 年商品房待售面积及累计同比增速

资料来源：Wind 数据库

（三）商品房销售情况

如图 1.6 所示，2017 年 1~10 月，商品房累计销售面积为 130 254.00 万平方米，同比增速为 8.20%，下降 18.6 个百分点，其中，住宅累计销售面积为 112 244.00 万平方米，同比增速为 5.60%，下降 21.4 个百分点。整体来看，2017 年以来商品房及住宅销售面积增速不断放缓，这主要源于政府以"四限"为核心的紧缩调控政策。

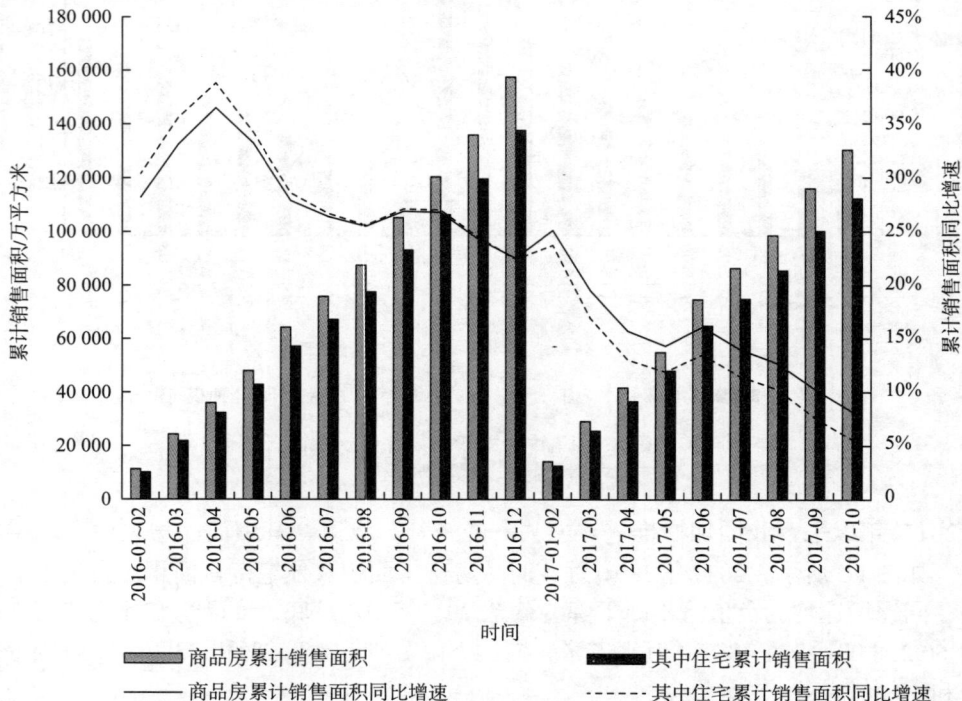

图 1.6　2016~2017 年商品房累计销售面积及同比增速

资料来源：Wind 数据库

如表 1.6 所示，从地区来看，截至 2017 年 10 月，我国东、中、西部和东北部地区商品房累计销售面积分别为 56 194.00、34 697.00、32 636.00 和 6 728.00 万平方米，累计同比增速分别为 3.50%、12.30%、12.80% 和 8.30%，分别下降 25.3、20.8 和 3.9 个百分点（东北部地区无相关对比数据）。2017 年 1~10 月，我国东、中、西部和东北部地区商品房累计销售面积均平稳增长，累计同比增速整体呈下滑趋势但均为正值，表明了各地区商品房限售政策均取得一定成效，尤其是东部地区效果明显。

表 1.6　2017 年 1~10 月商品房销售面积情况表

时间	商品房累计销售面积/万平方米				商品房累计销售面积同比增速			
	东部	中部	西部	东北部	东部	中部	西部	东北部
2017-01~02	6 594.65	3 680.20	3 779.49	—	15.90%	33.00%	36.20%	—
2017-03	13 469.10	7 208.19	7 475.72	881.84	13.30%	26.40%	25.10%	20.90%
2017-04	19 258.51	10 218.17	10 613.24	1 565.24	9.30%	18.90%	25.10%	19.60%
2017-05	25 045.51	13 590.11	13 844.52	2 340.37	8.90%	17.70%	21.00%	18.80%
2017-06	33 401.10	19 140.10	18 745.90	3 374.60	11.70%	19.90%	21.20%	13.30%

续表

时间	商品房累计销售面积/万平方米				商品房累计销售面积同比增速			
	东部	中部	西部	东北部	东部	中部	西部	东北部
2017-07	38 323.60	22 296.45	21 667.56	4 063.28	9.30%	18.00%	20.00%	9.00%
2017-08	43 371.00	25 557.11	24 666.09	4 944.81	7.90%	16.60%	18.60%	9.00%
2017-09	50 655.85	30 520.58	28 968.13	5 861.60	5.50%	13.90%	16.00%	8.00%
2017-10	56 194.00	34 697.00	32 636.00	6 728.00	3.50%	12.30%	12.80%	8.30%

资料来源：Wind 数据库

2017 年 1~10 月，我国商品房和住宅累计销售额呈平稳上升趋势，相比 2016 年，累计同比增速整体不断下滑。截至 2017 年 10 月，我国商品房累计销售额为 102 990.00 亿元，同比累计增速为 12.6%，下降 28.6 个百分点，其中住宅累计销售额为 85 532.32 亿元，同比累计增速为 9.60%，下降 33 个百分点（图 1.7）。商品房累计销售额与累计销售面积基本呈同向变动趋势，但相比之下，累计销售额下降幅度略低，这一定程度上反映出商品房价格依然处于上行态势。

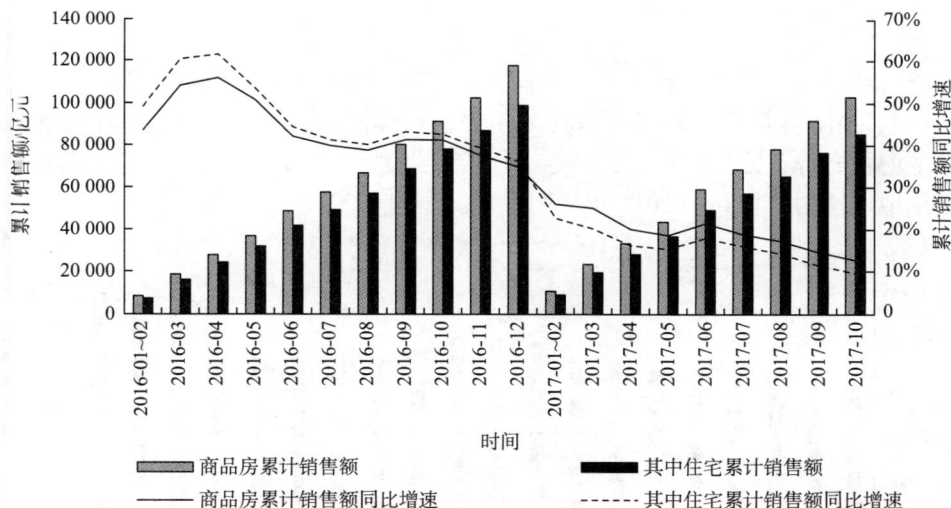

图 1.7 2016~2017 年商品房累计销售额及同比增速
资料来源：Wind 数据库

如表 1.7 所示，同商品房累计销售面积和累计同比增速类似，2017 年 1~10 月，我国东、中、西部和东北部地区商品房累计销售额平稳上升，累计同比增速整体呈下降趋势。截至 2017 年 10 月底，东、中、西部和东北部地区商品房累计销售额分别为 58 492.00 亿元、20 950.00 亿元、19 176.00 亿元和 4 372.00 亿元，累计同比增速分别为 5.20%、21.40%、27.40% 和 22.80%，累计同比下降 42 个、9 个和 13.6 个百分点（东北部地区无相关对比数据）。其中，虽然东部地区商品房累计销售额最大，但其增速最低，反映出限购政策取得明显效果，中西部地区累计同比增速虽大幅下降，但仍处于较高水平，表明限购政策在该地区依然具有很大的施展空间。

表 1.7　2017 年 1~10 月商品房销售额情况表

时间	商品房累计销售额/亿元				商品房累计销售额同比增速			
	东部	中部	西部	东北部	东部	中部	西部	东北部
2017-01~02	6 645.23	2 072.81	2 087.50	—	15.70%	44.10%	49.50%	—
2017-03	14 251.38	4 149.62	4 210.52	570.74	18.60%	37.30%	38.90%	25.00%
2017-04	20 122.17	5 992.63	6 119.63	988.19	12.70%	28.50%	40.80%	24.10%
2017-05	26 033.33	8 065.48	8 056.61	1 476.31	11.50%	26.90%	36.70%	25.50%
2017-06	34 695.40	11 398.30	10 929.70	2 128.30	14.40%	31.40%	37.70%	21.70%
2017-07	39 890.92	13 318.28	12 668.22	2 583.94	11.70%	28.00%	36.50%	19.10%
2017-08	45 146.86	15 312.20	14 460.65	3 175.88	9.80%	26.00%	35.10%	19.50%
2017-09	52 662.20	18 454.19	16 996.95	3 790.19	6.90%	23.50%	32.00%	21.50%
2017-10	58 492.00	20 950.00	19 176.00	4 372.00	5.20%	21.40%	27.40%	22.80%

资料来源：Wind 数据库

三、房地产价格波动

如图 1.8 所示，2017 年 1~10 月全国土地购置均价为 4 217.86 元/米^2，同比增速 23.04%，较 2016 年同比增长了 6.04 个百分点。整体而言，2017 年 1~10 月土地购置均价总体呈增长态势；分月度看，2017 年上半年土地购置均价低于 2016 年同期水平，在下半年土地购置均价均高于 2016 年同期水平。

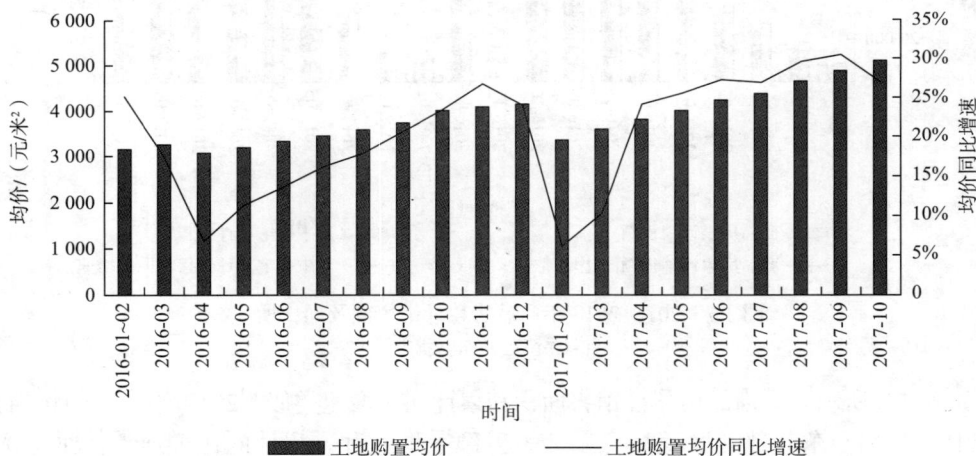

图 1.8　2016~2017 年全国土地购置均价及同比增速

资料来源：Wind 数据库

如图 1.9 所示，2017 年 1~10 月全国商品房销售均价 7 910.00 元/米^2，较 2016 年同期增长 3.95%，增速下降 7.65 个百分点。2017 年商品房销售均价在经历 3 月到达前 10 个月最高价格 8 261.88 元/米^{2}后，总体上保持平稳趋势，各月均价围绕 7 900 元/米^{2}小幅波动。整体来看，2017 年商品房销售均价各月累计值均比 2016 年同期水平高，但累计同比增速低于 2016 年同期水平。

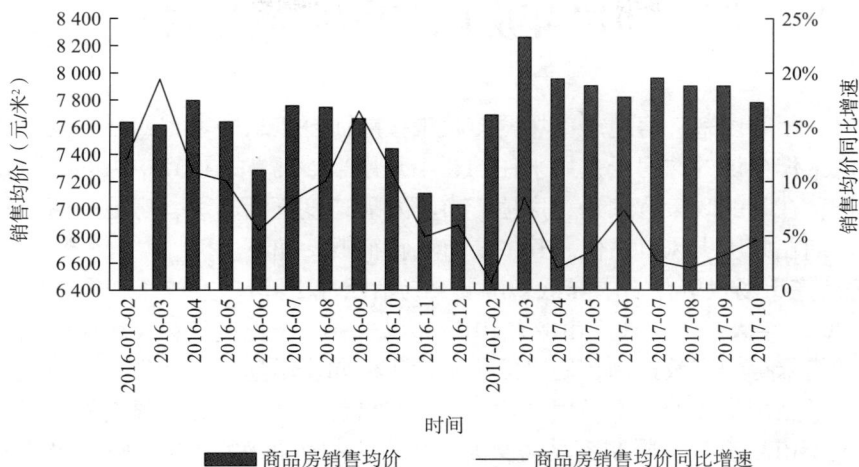

图 1.9　2016~2017 年全国商品房销售均价及同比增速

资料来源：Wind 数据库

如表 1.8 所示，分区域看，2016~2017 年 40 个大中城市（一线、二线以及三线）房地产市场商品房销售均价整体上呈现上升的趋势，一线城市 2017 年第二季度商品房销售价格上升至 27 635.97 元/米²，二线城市商品房销售价格上升至 10 131.09 元/米^2，三线城市商品房销售均价在 2017 年第一季度上升至 9 029.24 元/米^2，随后逐渐回落。但是从商品房价格同比增速来看，一、二线城市近两年逐季下降，且一线城市下降幅度较大，三线城市商品房价格同比增速逐季提升。总体来看，一、二线城市商品房价格增速回落，三线城市商品房价格增速提升，说明目前一线城市、二线城市和三线城市之间的分化逐渐缩小。

表 1.8　2016~2017 年 40 个大中城市（前三季度）各季度一线、二线和三线城市
商品房平均价格情况表

时间	商品房价格/（元/米^2）			商品房价格同比增速		
	一线城市	二线城市	三线城市	一线城市	二线城市	三线城市
2016Q1	25 055.55	9 085.96	7 693.88	42.32%	16.92%	0.03%
2016Q2	25 287.63	9 189.82	7 521.71	25.05%	13.54%	1.66%
2016Q3	25 592.63	9 337.14	7 498.57	20.56%	14.49%	3.64%
2016Q4	25 212.24	9 315.26	7 555.10	17.79%	13.28%	5.03%
2017Q1	27 120.32	9 958.73	9 029.24	8.24%	9.61%	17.36%
2017Q2	27 635.97	10 131.09	8 863.94	9.29%	10.24%	17.84%
2017Q3	26 628.68	10 313.39	8 818.45	4.05%	10.46%	17.60%

Q 表示季度

注：40 个大中城市包括北京、上海、广州、深圳 4 个一线城市；天津、重庆、杭州、南京、武汉、沈阳、成都、西安、大连、青岛、宁波、苏州、长沙、济南、厦门、长春、哈尔滨、太原、郑州、合肥、南昌、福州、石家庄23 个二线城市；无锡、贵阳、昆明、南宁、北海、海口、三亚、呼和浩特、兰州、温州、西宁、银川、乌鲁木齐 13 个三线城市

资料来源：Wind 数据库

四、2017 年房地产市场特征分析

自 2016 年底以来，房地产市场调控政策接踵而至，从国家"四限"政策的出台，到中央经济工作会议的"房子是用来住的、不是用来炒的"，再到中央的"脱虚入实"政策的推进，在新的政策背景下，房地产市场发展速度逐渐趋缓，房地产商不断调整发展战略，以期在此历史风口站位。其主要市场特征概括如下。

1）房地产市场投资性需求降低，市场交易活跃性下降

相比 2016 年火热的房地产市场，2017 年以来我国房地产市场发展速度明显放缓，市场投资性需求得到有效抑制，销售面积和销售额同比增速逐渐下降。中央经济工作会议指出"房子是用来住的、不是用来炒的"，并出台一系列限购、限贷等政策，在需求端打压房地产市场需求，限制商品房交易。十九大报告再次强调 "坚持房子是用来住的、不是用来炒的定位，加快建立多主体供给、多渠道保障、租购并举的住房制度，让全体人民住有所居"的属性，因此预测未来房地产市场的管制依然是趋紧的。

因此在行业发展趋稳的背景下，很多地产企业为了实现"弯道超车"，选择将规模提升到战略高度，并通过创新发展模式寻求新的盈利途径，如产业地产、"住房租赁"市场将成为房地产商的新选择。

2）坚持推进房地产市场"因城施策"，三、四线城市去库存效果明显

针对三、四线城市和县城房地产库存过剩的现状，国家继续坚持推进"因城施策"去库存，支持居民自住和进城人员住房需求，化解房地产高库存带来的金融压力。2017年以来我国商品房累计待售面积不断下降，较上年同期有较大的跌幅。

3）"租售同权"催生新发展模式，房地产租赁市场迎来新机遇

2016 年底，中央经济工作会议强调房屋"非炒而住"的属性，后又提出鼓励租赁市场发展以推进房地产市场长效调控机制建设。2017 年 7 月 18 日，住房和城乡建设部会同国家发展和改革委员会、公安部、财政部等八部门联合印发了《关于在人口净流入的大中城市加快发展住房租赁市场的通知》，以土地政策、金融政策、运营政策、企业转型政策等举措支持租赁市场发展。因此 2017 年以来我国房地产租赁市场迎来新的机遇，越来越多的房地产商开始布局长租公寓，也有一些小企业结合移动互联网技术，推出创新住房租赁模式，抢占市场先机。但住房租赁市场"投资回收期长"的属性也给房地产商提出了新的挑战，因此资产证券化方式可能会成为未来房地产商融资的一大途径。

第二章　房地产市场相关政策与评述

　　2017 年房地产市场延续上一年末趋势，向好态势明显，全国商品房销售面积全年销售量稳步增长。得益于宽松的政策环境以及棚改货币化政策的支持，三、四线城市房地产市场全面回暖，销售面积有所增长。基于对重点城市的严格调控，多数重点城市的房地产市场趋于稳定，销售面积同比增幅不断回落，成交规模明显缩减，一线城市降温最为显著。2017 年，房地产政策坚持"房子是用来住的、不是用来炒的"基调，地方以城市群为调控场，从传统的需求端调整向供给侧增加转变，限购、限贷、限售叠加土拍收紧，供应结构优化，调控效果逐步显现。同时短期调控与长效机制的衔接更为紧密，大力培育发展住房租赁市场、深化发展共有产权住房试点，在控制房价水平的同时，完善多层次住房供应体系，构建租购并举的房地产制度，推动长效机制的建立健全。2017 年各地房产市场发展基本稳定，政策卓有成效地抑制了重点城市房价攀升的势头，欠发达城市库存压力得到缓解，总体来看，2017 年房地产市场政策执行较为成功，但房地产市场健康发展仍任重道远。

一、2016 年 11 月~2017 年 12 月主要房地产政策一览

　　2016 年底，延续该年整体大趋势，在以"去库存"为主要基调的政策背景下，国房景气指数（即"全国房地产开发业综合景气指数"简称，反映房地产业发展变化趋势和变化程度的综合量化指数体系）呈现上升趋势。2017 年上半年，国房景气指数呈现 1、2 月下降约 0.25 个点，自 3 月开始节节攀升的趋势。这主要因为：①政策趋势方面，总体上，重点强调坚持住房的居住属性；地方上，继续因城施策，最大限度抑制房价防泡沫与去库存并行。此外，传统限购限贷政策不断升级，创新性的限售政策不断推出以至于达到更有效地抑制投资投机需求的目的，房地产供需两端信贷资金逐步收紧，从结果来看，年初以来逐步显现，这验证了国防景气指数 1、2 月的下降。②长效机制构建方面，中央出台《住房租赁和销售管理条例（征求意见稿）》，推进住房制度逐步完善。细拆到子分类政策，做如下归纳：第一，在土地政策方面，国家继续加强对土地分配与运用的关注，进一步规范土地储备和相关资金的管理与应用，健全完善农村土地所有权、承包权、经营权分置的格局，重视产业用地的规范化利用并且完善产权保护制度依法保护产权。第二，在保障住房政策方面，支持多渠道增加新建租赁住房的数量供应，加大对住房租赁企业的金融支持力度，鼓励租赁住房供应商逐步向机构长期出租提供服务方向转变。通过提供公共租赁住房或发放租赁补贴保障低收入困难家庭的基本住

房需求。此外还要求加快城镇棚户区、城中村和危房改造，加大对其财政支持补助力度。第三，在金融与财税政策方面，明确支持向住房租赁企业提供金融服务，充分利用社会资金，拓宽企业融资渠道。第四，在税收政策方面，明确了关于金融、房地产开发等增值税政策，对营改增试点运行中反映的操作问题进一步明确并且公布了相关处理方法，此外，对关于土地价款扣除时间等增值税征管问题的具体处理规则进行了详细说明。具体政策汇总如下。

（一）土地政策

（1）2016 年 10 月 30 日，中央办公厅办、国务院办公厅印发了《关于完善农村土地所有权承包权经营权分置办法的意见》，其核心内容是"三权分置"，即农村土地集体所有权、农户承包权和土地经营权分置并行。这顺应的是农民的意愿，与改革开放之初实行的"两权分离"相比较，农民享有了土地的承包权与流转土地的经营权。此外，值得注意的是，将土地承包经营权再一分为二，即承包权和经营权，形成集体所有权、承包权、经营权"三权分置"的格局。

解读：实施"三权分置"的重要目标之一就是加快解放土地经营权给予享有经营权的主体更多活力，优化土地资源配置。并且，"三权分置"意见对此目标做出了以下三项相应规定：①明确了经营权的内涵。可以简单理解成：有土地经营权的人对流转土地在规定的期限内可以合法占有、使用耕作并且因此获得报酬。明确在保护集体所有权、农户承包权的基础上，合法公正保护经营主体用合法渠道（如流转合同）取得土地经营权。②明确了经营权的权能。享有经营权的主体有权用自己的流转土地自主地进行耕作，以这种耕作为代表的农业生产经营是获得报酬的主要来源，可以在合同到期后优先续租承包土地；经营主体在经过承包农户同意的前提下，可以合法地进行劳动结果的改善：如改善土壤、改进农业生产的装备等，此外还可以依法按照规定设定抵押，向农民集体说明情况备案后可以将使用的流转土地流转给其他主体。③鼓励创新方式。鼓励采用土地入股、土地托管、代耕代种等多种方式来发展适度规模经营，探索更有效的放活经营权的途径。

需要强调的是，土地流转的速度与规模经营程度不是随意无限的，需要与当地农村劳动力的转移规模和城镇化的发展水平相适应。

（2）2016 年 10 月 22 日，住房和城乡建设部、国家发展和改革委员会、国土资源部和环境保护部联合印发《关于进一步加强城市生活垃圾焚烧处理工作的意见》，主要提出以下三点要求：①垃圾焚烧项目用地被包含在城市黄线保护范围内；②严禁擅自占用或任意改变土地原本用途；③对设施周边的开发建设活动进行严格控制。

解读：推进区域性垃圾焚烧飞灰配套处置工程建成并且对各个园区进行有效治理。

（3）2016 年 11 月 9 日，国土资源部办公厅发布《产业用地政策实施工作指引》，该项指引主要明确了以下四点：第一，未利用地和存量建设用地发展光伏发电得到明确支持，要求加强跟踪监测之前已经使用农地建设的"农光结合""渔光一体"光伏发电项目；第二，明确以下几类用地可按原地类认定和管理：土地利用总体规划确定的城镇建设用地规模边界外的旅游项目中的自然景观用地、养殖用地以及农牧渔业种植用地；

第三，各类产业用地均可采取长期租赁、先租后让、租让结合方式使用土地，以长期租赁方式使用土地的，不得超过 20 年；第四，对新能源汽车充电设施、无线通信基站、分布式光伏发电设施、社区养老（医疗、体育、文化）服务设施、电影院（影厅）、旅游厕所等布点分散，单体规模小、与其他建筑物和构筑物有密切依附关系的产业配套设施，允许在新供其他建设项目用地时，将其建设要求纳入供地条件。

解读：该项指引颁布的现实意义在于：对于此前社会关注度颇高的光伏产业用地进行了明确回答，即光伏发电站项目使用未利用地布设光伏方阵的，可按原地类认定和管理。长远意义在于：支持新经济、新产业、新业态、新模式发展用地，长远意义倾向于规范整个土地市场环境，使之更加公平健康，并且对大、中、小、微企业发展用地提供充足的需求保障，从而更好地促进整个社会以及民间的健康发展。

（4）2016 年 11 月 23 日，国土资源部发布《关于深入推进城镇低效用地再开发的指导意见（试行）》，对城镇低效用地的再开发利用提供指导性激励政策。

解读：随着我国城镇化建设取得迅速的发展，土地使用现状是部分土地能够被有效优化，土地使用效率得到提高，但仍存在城镇外延式扩张与存量土地低效利用状况的不理想现象。出于解决这些问题的目的，《关于深入推进城镇低效用地再开发的指导意见（试行）》着重从 5 个方面提出针对城镇低效用地的再开发鼓励措施，依次是：鼓励原国有土地使用权人自主或联合改造开发；积极引导城中村集体建设用地改造开发；鼓励产业转型升级优化用地结构；鼓励集中成片开发；加强公共设施和民生项目建设。《关于深入推进城镇低效用地再开发的指导意见（试行）》不仅有针对性地提出了激励措施，同时在如何防范政策适用范围不适当扩大方面也有管理措施。一方面严格控制改造开发范围，加强规划统筹；另一方面，健全协商和社会监督机制。

（5）2016 年 11 月 27 日，《中共中央 国务院关于完善产权保护制度依法保护产权的意见》发布。主要有以下三点值得重点关注：①为进一步促进全社会对公民财产形成良好的稳定预期，研究住宅建设用地等土地使用权到期后的后续土地安排。②完善土地、房屋等财产征收征用法律制度，合情合理地规定征收征用适用的范围，细化规范征收征用法定权限和程序。遵循及时合理补偿原则，完善国家补偿制度，进一步明确补偿的范围、形式和标准，给予被征收征用者公平合理的补偿。③深化农村土地制度改革，坚持土地公有制性质不改变、耕地红线不突破等一系列根本原则，从实际出发，因地制宜，落实承包地、宅基地、集体经营性建设用地的用益物权，从而赋予农民更多的财产权利，增加农民的财产收益。

解读：针对第一点的续期问题可以从三个方面来考虑：一是不够 70 年的，到期后必须都续期到 70 年；二是 70 年到期后自动续期，相当于住宅建设用地使用权是一个无期限的物权，即一次取得永久使用，国家不必每次续期每次都收费；三是到期后经过自动续期变成永久性建设用地使用权之后，应当确定使用权人与国家权人之间的关系，可以考虑收取必要而不过高的税金，但应当经过立法机关立法决定。国家为了公共利益的需要，可以依照法律规定对土地和公民私有财产实行征收或者征用并给予补偿，这实际上是为了遏制征地与拆迁矛盾，不将公共利益扩大化。以前，农民对农房宅基地只拥有使用权，造成抵押贷款受阻，农民进城后宅基地使用权退出不畅，带来一系列问题导致农民财产权利难以实现。在这种情况下，需要在发挥宅基地的社会保障作用的基础上，有序赋予农民宅基地的财产性权利。

该项意见回应了农村"三块地"的改革，提出落实宅基地的用益物权，赋予农民更多财产权利，增加农民财产收益，能够使宅基地等原来的"死资产"在一定范围内流动，后变成"活资源"。

（6）2016 年 11 月 7 日，国土资源部正式印发《国土资源信息化"十三五"规划》，部署"十三五"时期全国国土资源信息化主要目标、重点任务和保障措施。未来的五年里，信息化的核心是"国土资源云"；基础是大数据和"互联网+"；特点是全覆盖、全天候；定位是国土资源管理决策与服务体系。

解读：《国土资源信息化"十三五"规划》在确保国土资源网络和信息系统安全的前提下，全面实现国土资源、决策与服务的网络化和智能化应用，有效支撑"三深一土"科技创新能力的提升。

（7）2016 年 12 月 31 日，国土资源部会同国家发展和改革委员会、财政部、住房和城乡建设部、农业部、中国人民银行、林业局、银监会近日联合印发《关于扩大国有土地有偿使用范围的意见》，为了与融资体制改革的要求相适应，对公共服务项目可以被划拨土地的，以自愿为基础，支持用出让、租赁方式来对土地进行供给，并且鼓励通过作价出资或者入股的方式提供土地，让项目有完备的土地产权，来提供融资能力和增加资产总量。

解读：这是进一步发挥市场配置土地资源关键性作用，完善国有土地使用制度的重大举措。

（8）2017 年 2 月 9 日，国新办举行新闻发布会解读《全国国土规划纲要（2016—2030 年）》有关情况。主要有四方面内容：①明确了国土开发、利用、保护、整治的指导思想、基本原则和主要目标。值得注意的是，加快转变国土开发的利用方式，各个方面对国土开发质量和效率进行提高，对国土空间的用途管制进行加强以及建立国土空间开发保护制度等。②确立了"三位一体"的总体格局，三位分别是国土集聚开发、分类保护与综合整治。③完善了以用途管制为主要手段的国土空间开发保护制度。④围绕美丽国土建设的主要目标，部署了集聚开发、分类保护等重点任务。

解读：《全国国土规划纲要（2016—2030 年）》重点突出 21 世纪海上丝绸之路建设的先锋模范作用，从而让沿海轴进一步成为促进深化改革、促进陆海统筹和对外开放的重要经济轴，对人口和产业聚集起促进作用，加速形成多网络型的开发格局。

（9）2017 年 3 月 5 日上午 9 时，第十二届全国人民代表大会第五次会议在人民大会堂开幕，国务院总理李克强作政府工作报告。政府工作报告指出，本年要深化农村改革。包括稳步推进农村集体产权制度改革、深化农村土地制度改革试点、赋予农民更多财产权利。完善粮食等农产品价格形成机制和收储制度，推进农业水价综合改革。深化集体林权、国有林区林场、农垦、供销社等改革。

解读：报告表现了政府十分重视农村的建设与发展，希望进一步深入推进农村人民环境的整治，建设风光文明俱佳的与时俱进的美丽乡村。

（10）2017 年 5 月 8 日，中华人民共和国国土资源部部令第 72 号，公布《土地利用总体规划管理办法》，带上附则一共有九章，四十六条。

解读：本办法制定的主要目的是为落实创新、协调、绿色、开放、共享的发展理念，对土地利用进行总体的规划管理，达到对用地进行节约集约以及对耕地进行保护的目的。此外对耕地细节性的应用提出了要求，还明确了对耕地不当使用的罚则。

（11）2017年8月8日，国务院颁布《关于促进外资增长若干措施的通知》，支持国家级开发区项目落地。允许各地在符合经济社会发展规划、土地利用总体规划、城市总体规划的前提下，对国家级开发区利用外资项目所需建设用地指标予以优先保障。

解读：当前经济全球化呈现新特点，我国利用外资面临新形势、新任务。《关于促进外资增长若干措施的通知》的主要针对点是进一步优化我国外资的投资环境，更好地应用外资实现稳定增长。这同时也体现了深化供给侧结构性改革，提升外商投资环境法制化、国家化、便利化水平。

（二）保障性住房政策

（1）2017年1月6日，各地数据上报：2016年，全国棚户区改造计划开工600万套。据各地上报数据，全年开工606万套，顺利完成年度目标任务，完成投资1.48万亿元。

解读：从2016年初开始进行的全国棚户区改造计划已经顺利完成，一定程度上改善了民生，也有力地拉动了投资、促进了消费，是以人为核心的新型城镇化的重要内容体现，开发性金融、创新企业债券融资等可以为棚改提速提供依法合规、操作便捷、成本适当、来源稳定的融资渠道，为棚改任务的资金提供重要保证。

（2）2016年12月8日，住房和城乡建设部、财政部联合印发《关于做好城镇住房保障家庭租赁补贴工作的指导意见》。该《意见》指出，每个地方要合理确定租赁补贴面积的标准，确定时主要根据两点因素：①租赁补贴申请家庭成员数量；②本地区人均住房的面积。该《意见》提出原则，住房保障家庭应该租住中小户型住房，每户的平均租赁补贴面积不超过60平方米，如果超出，则超出部分由住房保障家庭自行承担。并且提出了以下三项基本原则：因地制宜，因城施策；市场导向，动态调整；分类保障，差别补贴。

解读：该《意见》明确的租赁补贴政策可以总结为以下两个方面：其一，规范合同备案制度，租赁补贴申请家庭应与房屋产权人或其委托人签订租赁合同，并及时将租赁合同、房屋权属证明、租赁发票等材料提交住房和城乡建设部门审核。在每年的12月25日前完成年度最后一次租赁补贴的核发。租赁补贴发放方式由各地自行确定，租赁补贴主要用于家庭租赁住房，是住房保障的主要措施。其二，分档确定补贴标准。具体的标准因地而异，主要考虑以下因素：①当地住房租赁市场的租金水平；②租赁补贴申请家庭的支付能力水平；③租赁补贴申请家庭的支付财力水平。以此来分档确定，并且向公众公布；④合理确定租赁补贴面积；⑤加大政策支持力度。将各地发放租赁补贴的户数列入全国城镇保障性安居工程年度计划。

（3）2017年2月23日，住房和城乡建设部发布了棚户区改造的完成情况，2015年开工完成601万套，2016年开工完成606万套，而2017年计划目标是完成600万套。相较于上年，2017 年中央棚改的补助资金比上年提高不少。Wind 数据显示，截至 2017 年 1 月底 PSL（pledged supplemental lending，抵押补充带块，由中国人民银行创设）余额达 2.11 万亿元，同比增长 72.95%。值得注意的是，现在 PSL 还投向水利建设等领域。

解读：一是对棚户区进行改造，加大财政力度支持，体现了中央对棚改的重视。二是 PPP（public-private-partnership，政府和社会资本合作）模式应在城市基础设施建设运营中得到积极推广，因为 PPP 模式的应用需要看土地的位置。每个地方在对 PPP 模式进行推广时，要价格合理化，并且要加强社会资本与政府之间的合作，从而推动经济的持续健康优化发展。

（4）2017 年 3 月 1 日，在住房和城乡建设部召开的关于全国农村危房改造安全质量管理电视电话会议上，提出对农村的危房改造质量管理应该全面进行，从而让农村的贫困人口仍然享有住房安全保障。数字表现方面，2016 年基本确定的 4 类重点贫困户存量危房为 585 万户，已经完成大约 200 万户，现有约 380 万户仍需要完成。2017 年中央将支持完成大约 190 万户，计划在 2018 年底完成改造任务。

解读：对农村危房改造进行质量管理的主要目的，就是最终实现改造户住房安全，户户有保障。

（5）2017 年 3 月 28 日，财政部在官网公布《关于 2017 年中央本级支出预算的说明》。该文件明确，2017 年中央本级支出预算数为 29 595 亿元，比 2016 年执行数增加 1 813.96 亿元，增长 6.5%，住房保障支出预算数为 433.92 亿元，下降 0.8%。

解读：2017 年住房保障的预算为 433.92 亿元，同比上年下降 0.8%，略有下降。主要原因在于对基础医疗保险基金的补助预算相较上年增长了 5%。

（6）2017 年 5 月 24 日，国务院召开国务院常务会议，确定后三年的棚改工作目标。会议指出，2018 年到 2020 年的 3 年棚改攻坚计划，主要有以下三点：①再改造各类棚户区大约 1 500 万套；②对用地进行财政补助并且加大支持力度；③尽快实现改造约 1 亿人民的城镇棚户区和城中村的承诺。

解读：该会议主要体现了以下两方面的要求：①推动城镇化进程的完成，2017 年计划目标是 600 万套棚改，由于城市发展现在正进入集约、减量发展的时期，城市发展不再是简简单单地依靠扩大范围来完成。棚户区改造更好地推动了城镇化进程和城市发展转型。②去库存抓手，棚户区改造还被赋予了新的意义：去库存。这一功能主要通过以货币和房票为代表的等价物替代实物的方式安置棚户区群众来实现。以住房和城乡建设部确定的房地产去库存试点城市鄂尔多斯为例，该市向拆迁户发放兑换新房的凭证"房票"，同时政府贷款在市场中先行采购安置房，再由拆迁户在"房屋超市"中自由选房，来实现对拆迁户的安置。

（7）2017 年 12 月 23 日，全国住房城乡建设工作会议召开。会议表明，2018 年的工作重点是继续深化住房制度的改革，多渠道地给予保障，大力发展住房长期租赁市场，并且计划 2018 年各类棚户区改造 580 万套。

解读：棚户区改造仍是重点，并且促进房地产市场平稳健康发展，推动城市的绿色发展。

（三）金融与财政政策

（1）2017 年 2 月 3 日，央行宣布上调 SLF（standing lending facility，常备借贷便利）利率，调整后隔夜、7 天、1 个月利率分别为 3.1%、3.35% 和 3.7%，此前利率分别为 2.75%、3.25%、3.6%。同时，央行全面上调 7 天、14 天和 28 天逆回购中标利率 10 个基点，分别调至 2.35%、2.50% 和 2.65%。

解读：第一，SLF 的实质是央行用来管理流动性的工具，主要是为了满足以商业银行为代表的金融机构期限较长的大额流动性需求，同时也是央行正常流动性的流动性供给渠道，对象主要为政策性银行和全国性商业银行。第二，央行本次利率调整旨在金融去杠杆，打击监管套利。对商业银行而言，由于借贷成本上涨，意味着利差的收窄，因此对净息差影响偏负面，对净利润的影响也是偏负面。但央行的金融去杠杆行为，有助于降低宏观金融风险，创造稳定的金融环境，客观上有利于商业银行的稳健经营。这与大环境下抑制资产泡沫和防范金融风险有关。

（2）2017 年 2 月 17 日央行发布的《2016 年第四季度中国货币政策执行报告》中指出，加强宏观审慎政策框架的建立，主要是为应对资产价格对金融稳定的影响，有针对地对金融市场可能形成的系统性风险进行有效防范。货币政策和宏观审慎政策的协调配合有助于提高调控的有效性。

解读：由该报告归纳出以下两点：①宏观上对货币进行管制，微观上合理制定信贷政策，主要是为了支持合理自主购房，而对投资投机性购房进行严格限制；②从供给端解决房地产供需的错配问题，主要从完善税收制度、改进土地占补平衡这两点入手，推动房地产市场的均衡健康发展。

（3）2017 年 4 月 14 日，央行发布的金融统计数据显示：①一季度人民币贷款增加 4.22 万亿元，同比少增 3 856 亿元。其中 3 月新增人民币贷款 1.02 万亿，弱于预期。②结构方面，3 月末以按揭贷款为主的住户部门新增中长期贷款占比下降，同时企业中长期贷款占比提升。③M1（狭义货币）、M2（广义货币）剪刀差收窄，原因主要是地方债融资放缓，房地产成交量下滑。

解读：第一，一季度房贷占比下滑，限购限贷政策会导致房地产销售下降，同时银行放款时间变长会导致需求减少，从而使得房贷占比降低。第二，表外融资增长加速，M2 下滑背后，M1 增速延续趋势性回落，使得 M1、M2 剪刀差收窄至 8.2 个百分点。3 月末 M2 同比增长 10.6%，增速比上月末低 0.5 个百分点；M1 同比增长 18.8%，回落 2.6 个百分点，M1 之前上升过快是因为房地产销售增长和地方债券融资的增长，但目前地方债融资放缓，房地产成交量下滑。

（4）2017 年 7 月 12 日，央行统计调查表明，上半年房地产贷款增加 3.04 万亿元，占同期各项贷款增量的 38.1%，比上年全年占比低 6.7 个百分点。同时，房地产贷款余额增速也在回落。6 月末，人民币房地产贷款余额 29.72 万亿元，同比增长 24.2%，增速比上年末回落 2.8 个百分点。其中，房地产开发贷款余额 7.76 万亿元，同比增长 9.8%，比上年末高 1.6 个百分点；个人住房贷款余额 20.10 万亿元，同比增长 30.8%，比上年末回落 5.9 个百分点。此外，2017 年 6 月金融机构个人住房抵押贷款平均抵借比率较上年 12 月低 2.1 个百分点；发放的个人住房贷款平均合同期限为 269 个月，比上年 12 月缩短了两个月。

解读：一定程度上体现了房地产信贷增长势头回落，有利于抑制房地产泡沫，促进房地产市场平稳健康发展。

（5）2017 年 7 月 12 日，央行公布的数据显示，6 月末，M2 余额 163.13 万亿元，同比增长 9.4%，增速比上月末低 0.2 个百分点。此外，6 月末个人住房贷款余额 20.10 万亿元，同比增长 30.8%，比上年末回落 5.9 个百分点。

解读：第一，金融部门"去杠杆"取得成效，央行政策从"去杠杆"到"稳杠杆"换挡。一方面，M2 增速显著放缓表明金融部门"去杠杆"已经取得成效；另一方面，央行维稳信贷和对实体经济融资的态度也表明，央行没有进一步紧缩货币政策的意图。第二，下半年地产调控政策难松动。一方面，房地产库存水平仍较高，2017 年房地产待售面积为 6.6 亿平方米，虽然较 2016 年初 7.4 亿平方米的高点有所降低，但是较之历史数据，仍处在比较高的水平；另一方面，房地产销售和土地的购置面积都出现增长放缓态势，预测未来房地产投资增速应该会下降。

（6）2017 年 7 月 21 日，央行发布《2017 年上半年金融机构贷款投向统计报告》。报告显示，上半年房地产贷款增速回落，人民币房地产贷款增加 3.04 万亿元，占同期各项贷款的 38.1%，比一季度占比低 2.3 个百分点。其中，个人住房贷款余额为 20.1 万亿元，同比增长 30.8%，增速比上季末低 4.9 个百分点。

解读：上半年房地产贷款增速回落，房地产企业资金链面对大考。

（四）税收政策

（1）2016 年 12 月 22 日，财税部门明确金融、房地产开发、教育辅助服务等增值税政策，证券公司、保险公司、金融租赁公司、证券基金管理公司、证券投资基金以及其他经中国人民银行、银监会、证监会、保监会批准成立且经营金融保险业务的机构发放贷款后，自结息日起 90 天内发生的应收未收利息按现行规定缴纳增值税，自结息日起 90 天后发生的应收未收利息暂不缴纳增值税，待实际收到利息时按规定缴纳增值税。

解读：财政部门进一步对金融、房地产开发政策进行补充完善，对之前的模糊点进行了进一步说明，有利于相关税收政策的更好实施。

（2）2016 年 12 月 21 日，细化落实了《关于明确金融房地产开发教育辅助服务等增值税政策的通知》（财税〔2016〕140 号），并进一步明确了营改增试点运行中反映的操作问题。

解读：为了更好地落实财税〔2016〕140 号，对其中的细节问题进行了进一步说明。

（3）2017 年 1 月 4 日，国家税务总局办公室发布关于《国家税务总局关于土地价款扣除时间等增值税征管问题的公告》的解读，明确七个方面的问题：①房地产开发企业向政府部门支付的土地价款，以及向其他单位或个人支付的拆迁补偿费用的处置问题。②涉及纳税人前后实际适用税率的变化，明确了不同情形的处理方式。③对于纳税人此前已经申报纳税的情况，明确了抵减以后月份应缴纳增值税的具体处理方式。④对于保险公司开展共保业务的发票开具问题进行了明确规定。⑤明确了房地产开发企业在计算可抵扣土地价款时，地下车库面积不纳入"建筑面积"进行计算。⑥为减轻纳税人的负担，明确纳税人继承或接受遗赠房屋产权，在办理免征增值税手续时不再要求提供经公证的证明资料。⑦关于纳税人出租不动产，租赁合同中约定免租期的，进一步确认了免租期是否需要视同销售缴纳增值税问题。

解读：对房产商向政府支付的土地价款扣税问题、纳税人个体支付税款等相关问题进行了进一步明确规定。

（4）2017 年 1 月 24 日，财政部网站发布消息，2016 年 1~12 月累计，全国一般公共预算收入近 16 万亿元，房企所得税 3 631 亿元，增长 26.8%。

解读：主要是受部分地区商品房销售较快增长等影响。

（5）2017 年 12 月 23 日的全国住房城乡建设工作会议上，提出 2018 年楼市调控不放松：2018 年将针对各类需求实行差别化调控政策，满足首套刚需，支持改善需求，遏制投机炒房。深化住房改善制度，加快建立多主体供给、多渠道保障、租购并举的住房制度。

解读：按照"立法先行、充分授权、分步推进"的原则，推进房地产税的立法和实施。具体思路如下：对工商业房地产和个人住房这两类按照评估值来征收房地产税，对建设、交易环节相应地适当减少税费。2017 年 2 月 20 日，《人民日报》发表：财政部部长肖捷表示，力争在 2019 年完成全部立法程序，2020 年能够完成"落实税收法定原则"的改革任务。

（五）其他政策

（1）2017 年 1 月 22 日，《国土资源部印发〈关于完善建设用地使用权转让、出租、抵押二级市场的试点方案〉的通知》。

解读：该通知的措施如下：①完善交易机制；②创新运行模式：建立交易平台、规范交易流程、加强交易管理与不动产登记的有序衔接；③加强交易管理与不动产登记的有序衔接；④健全服务体系；⑤加强检测监管；⑥强化部门协作。

（2）2017 年 2 月 3 日，国土资源部发布《关于有序开展村土地利用规划编制工作的指导意见》。

解读：主要体现了以下五方面内容：①充分认识到编制土地规划的重要意义与紧迫性，坚持与时俱进，全面贯彻创新、协调、绿色、开放、共享的发展理念；②扎实有效地做好村土地利用规划编制工作；③规范村土地利用规划成果；④坚持村民主体地位；⑤严格村土地利用规划实施管理。

（3）2017 年 4 月 28 日，国土资源部办公厅等三部门关于印发《加快推进农垦国有土地使用权确权登记发证工作方案》的通知。

解读：在 2018 年末之前，完成权属清晰、无争议农垦国有土地确权登记发证任务，并且积极协调处理有关农垦国有土地的权属争议。

（4）2017 年 7 月 18 日，住房和城乡建设部等九部委《关于在人口净流入的大中城市加快发展住房租赁市场的通知》，通知目的是进一步贯彻落实《国务院办公厅关于加快培育和发展住房租赁市场的若干意见》（国办发〔2016〕39 号），加快推进租赁住房建设，培育和发展住房租赁市场。

解读：①充分理解"房子是用来住的、不是用来炒的"，从而加快住房租赁市场的发展；②培育机构化、规模化住房租赁企业；③建设政府住房租赁交易服务平台，城市住房城乡建设主管部门要会同有关部门共同搭建政府住房租赁交易服务平台；④增加租赁住房有效供应，如通过在新建的商品住房项目中配建租赁住房等方式，对租赁住房多渠道地增加供给，并且优先面向公租房保障对象和新市民供应；⑤创新住房租赁管理和服务体制。

（5）2017 年 12 月 4 日，国家发展和改革委员会等四部门发布《关于规范推进特色小镇和特色小城镇建设的若干意见》。总体指导思想为深刻贯彻党的十九大精神，促进新型城镇化建设和经济转型升级；基本原则主要有坚持创新探索、坚持因地制宜、坚持产业建镇、坚持以人为本和坚持市场主导；此外，还对与此相关的重点任务与组织实施的方法提出了意见要求。

解读：特色小镇作为不同于行政建制镇和产业园区的创新创业平台，备受国家重视，十九大召开后，根据相关的政策与精神，要更加规范地推进各地区特色小镇的建设。

二、2016 年 11 月~2017 年 12 月地方特殊政策总结

中央政府出台各项政策调控房地产市场平稳健康发展，地方政府相继采取各项细则对各地房地产市场进行调控，地方政府政策多侧重以下几个方面：供给侧结构性改革政策、去库存政策、土地政策、保障性住房及棚户区改造政策、限购限贷及公积金贷款政策、新型城镇化政策等，具体调控政策如下。

（一）地方供给侧结构性改革政策

2017 年 12 月 18 日至 20 日，中央经济工作会议在北京举行。会议指出，要围绕推动高质量发展，做好八项重点工作。第一项就是深化供给侧结构性改革。要推进中国制造向中国创造转变、中国速度向中国质量转变、制造大国向制造强国转变。深化要素市场化配置改革，重点在"破""立""降"上下功夫。具体政策如表 2.1 所示。

表 2.1　地方供给侧结构性改革及政策

城市	地方供给侧结构性改革政策
上海	2017 年 4 月 24 日，发布《上海市土地资源利用和保护"十三五"规划》。计划内容显示，完善优化土地储备机制，增强土地市场政府调控能力。以实施土地全生命周期管理为抓手，进一步优化土地和住房供应结构。在增加商品住用地供应规模的同时，明确商品住房用地的中小套型住房比例和商品住宅物业持有要求，进一步增加中小套型商品住房供应比例，促进购租并举的住房体系建设；鼓励开发企业持有部分商业办公物业用于持续经营，促进建筑品质和运营管理水平的提升，引导开发企业成为城市共建、共治、共享的责任主体。同时，加强土地出让规划评估工作，结合经营性用地供应逐步完善公共开放空间、公益性配套服务设施，增强城市活力，构建 15 分钟社区生活圈

续表

城市	地方供给侧结构性改革政策
深圳	2017年7月7日，发布《深圳市住房建设规划2017年度实施计划》。继续执行差别化住房限购、限贷、税收等调控措施；推动中低价项目入市，加快审批服务进度，严查"捂盘惜售"等情况，加强对高价区域和高价项目的管控，努力实现住房价格相对平稳
重庆	2017年7月19日，发布《江津区2017年深化供给侧结构性改革实施方案》。全年筹办1~2次房交会，确保2017年去商品房库存200万平方米以上（牵头单位：区国土房管局）
佛山	2017年7月21日，发布《佛山市高明区人民政府关于深化供给侧结构性改革的实施意见》，深入推进"三去一降一补"
北京	2017年9月20日，发布《北京市共有产权住房管理暂行办法》。其中，满足在本区工作的非本市户籍家庭住房需求的房源应不少于30%。今后五年将完成25万套共有产权住房供地，通过增加中小套型住房供应，合理制定价格，公平合理分配，坚决抑制投资投机性购房需求

（二）地方去库存政策

中央坚持因城施策，明确加强房地产市场库存监管，地方政府对去库存政策更加精准细化，积极推进商办去库存、货币化去库存。具体政策如表2.2所示。

表 2.2　地方去库存政策

城市	地方去库存政策
东莞	2017年3月21日，发布《东莞市人民政府办公室关于进一步规范我市房地产市场发展的通知》。该通知提出，强化土地供应与房地产市场调控、去库存联动机制，优化区域土地供应节奏和结构，根据市场需求变化适时调整土地供应计划，在商品住房供应偏紧、库存量较少的区域，增加住房用地供应量；在商品住房库存量较高的区域，控制住房用地供应量
珠海	2017年7月印发《珠海市供给侧结构性改革实施方案》：全市商品住房去库存周期基本控制在16个月以内，非商品住房去库存周期明显缩短，购租并举的多层次住房供应体系得到建立
深圳	2017年7月7日，发布《深圳市住房建设规划2017年度实施计划》。优化土地功能、盘活低效用地，提高居住用地比例，持续增加住房用地供应；加快用地选址工作，加快征地返还用地出让工作，加快土地整备，加快居住用地供应
佛山	2017年7月21日，发布《佛山市高明区人民政府关于深化供给侧结构性改革的实施意见》。精准施策"去库存"。提高去库存工作精准性，根据商品住房库存消化周期，适时调整住宅用地供应规模、结构和时序
重庆	2017年8月25日，发布《重庆市永川区人民政府办公室关于实施房地产去库存促销售优惠政策的通知》。通知发布了对外来人口的优惠政策，即2017年9月1日至2019年8月31日，区外户口人员在永购买新建商品住宅（在永属首套）且合同在区国土房管局已备案的，给予契税补贴（契税补贴实行先征后补，以购买商品住房纳税人提供的契税完税凭证为依据，按契税纳税金额的100%给予补贴）；按100元/米^{2}的标准给予安家补贴，补贴面积上限为100平方米（含）/户；免收交易所有手续费

（三）地方土地政策

在土地政策方面，苏州、南京等多地调整土地公开出让竞价方式，多种手段"限地王"、控房价。具体政策如表2.3所示。

表 2.3　地方土地政策

城市	地方土地政策
天津	2017年2月13日，推出天津市土地出让新机制：报价到达上限，拼"自持面积"
东莞	2017年3月21日，发布《东莞市人民政府办公室关于进一步规范我市房地产市场发展的通知》。该通知提出，探索采取"限地价、竞配建人才房（保障性住房）""限房价、竞地价"等新型房地产用地交易方式，促进土地市场理性平稳，严控地价过快上涨

城市	地方土地政策
济宁	2017 年 3 月 23 日，发布《济宁市 2017 年度国有建设用地供应计划》。计划内容显示，2017 年度全市国有建设用地供应计划总量 1 677 公顷，其中住宅用地 558 公顷（其中普通商品住房用地 387 公顷、棚户区改造及保障性住房用地 171 公顷）
福州	2017 年 3 月 28 日，发布《福州市人民政府办公厅关于进一步加强房地产市场调控的通知》。加大住宅用地供应，2017 年市区普通商品住宅用地供应量比 2016 年增加一倍以上
佛山	2017 年 3 月 31 日，发布《佛山市 2017 年度国有建设用地供应计划》。该计划显示，2017 年度佛山市国有建设用地计划供应总量要控制在 1 327 万平方米，合计接近 20 000 亩（1 亩≈666.667 平方米），同比上升 28%；宅地供应为 523 万平方米，同比上升 68%
北京	2017 年 4 月 7 日，发布《北京市 2017~2021 年及 2017 年度住宅用地供应计划》和《北京市 2017 年度国有建设用地供应计划》。计划内容显示，未来北京每年将新增土地供应 1 200 公顷，5 年总共供应 6 000 公顷，以保障 150 万套住房建设需求，其中自住型商品房将供地 1 020 公顷
珠海	2017 年 4 月 8 日，发布《关于进一步做好我市房地产市场调控工作的通知》。研究试行"限地价、限房价"等新型土地出让方式，稳定市场合理预期，促进土地市场理性稳定
成都	2017 年 4 月 10 日，公布《成都市 2017-2019 年经营性建设用地供应计划》。计划明确了未来三年全市计划供应商品住宅用地 1 800 公顷（27 000 亩）、年均 600 公顷（9 000 亩），可建约 40 万套普通商品住房，满足约 130 万人住房需求。其中，2017 年全市计划供应商品住宅用地 587 公顷（8 800 亩），较 2016 年实际供应量增长约 13%
上海	2017 年 4 月 24 日，发布《上海市土地资源利用和保护"十三五"规划》。计划内容显示，到"十三五"期末，全市建设用地总规模不突破 3 185 平方千米，其中工业用地比重降低到 17%左右，优化住房供应结构，增加中小套型商品住房供应，建立完善购租并举的住房体系
南京	2017 年 5 月 13 日，发布《南京市人民政府办公厅关于进一步加强房地产市场调控的通知》。增加住宅用地供应量，加快土地供应节奏，有效增加供应规模。2017~2021 年全市计划供应 5 150 公顷，其中 2017 年 880 公顷、2018 年 950 公顷、2019 年 1 020 公顷、2020 年 1 100 公顷、2021 年 1 200 公顷，年均计划供应量比 2016 年增加 47.1%
重庆	2017 年 7 月 4 日，发布《重庆市主城区住宅用地供应中期规划及三年滚动计划》。计划内容显示，2017~2021 年，重庆主城区计划供应住宅用地 9.5 万亩，充分保障今后五年主城区各类住宅用地需求。2017~2019 年计划供应 5.8 万亩（其中 2017 年 1.8 万亩，2018 年 2 万亩，2019 年 2 万亩）；2020~2021 年计划供应 3.7 万亩
深圳	2017 年 7 月 7 日，发布《深圳市住房建设规划 2017 年度实施计划》。年度计划开工及筹集保障性安居工程项目确保 8 万套，力争 10 万套；供应 4.5 万套。本年度计划新增安排建设商品住房 8 万套、建筑面积 720 万平方米
贵阳	2017 年 9 月 22 日，印发《关于促进房地产市场健康稳定发展的若干措施（试行）》的通知。消化周期在 36 个月以上的区（县、市），要停止供地；36~18 个月的，要减少供应；18~12 个月的，要维持正常供地；12~6 个月的，要增加供地；6 个月以下的，要显著增加供地，并加快供地节奏
成都	2017 年 11 月 15 日，印发《成都市房地产业发展五年规划（2017—2021 年）》。规划计划全市新建城市房屋 2.7 亿平方米；其中住房 160.6 万套、1.7 亿平方米，商业办公用房 0.35 亿平方米，其他房屋 0.65 亿平方米

（四）地方保障性住房及棚户区改造政策

各地在加紧棚户区改造以及保障性住房的相关政策如表 2.4 所示。

表 2.4　地方保障性住房及棚户区改造政策

省/城市	地方保障性住房及棚户区改造政策
北京	2017 年，建设筹集各类保障房 5 万套、竣工 6 万套，新增 1.5 万套自住房供地，完成棚户区改造 3.6 万户。2017 年北京棚户区改造共涉及 128 个项目，北京 16 个区的 335 片棚户区都被列为改造和整治项目
上海	2017 年，将新增供应 5 万套各类保障性住房
天津	2017 年，《市区棚户区改造工作方案》计划棚改 14 个区。在 2017~2019 年，将力争在 3 年内完成中心城区成片及散片棚户区的改造。河西区计划启动棚户区改造项目有 3 片，包括科技大学片、郁江道片、三合里地块，共计 940 户、4.5 万平方米

省/城市	地方保障性住房及棚户区改造政策
成都	《成都市 2017—2021 年棚户区改造计划》：未来五年，将实施棚户区改造 5.2 万户，共计 790 万平方米。预计到 2021 年底基本消除棚户区
深圳	2017 年 7 月 7 日，发布《深圳市住房建设规划 2017 年度实施计划》。年度计划开工及筹集保障性安居工程项目确保 8 万套，力争 10 万套；供应 4.5 万套
山东	2017 年 7 月 26 日发布《山东省人民政府办公厅关于进一步加强房地产市场调控工作的通知》。各市、县（市、区）政府要落实土地、财税、金融等支持政策，确保完成 2017 年度 76.36 万套棚户区改造任务，统筹做好 2018~2020 年棚户区改造三年计划
无锡	2017 年 9 月 25 日，提出《市政府办公室关于加强房地产市场调控的补充意见》，该意见加大定销（限价）商品房筹集力度。年内筹集不少于 200 万平方米定销（限价）商品房等低价房源，进一步优化商品住房供应结构，满足市民合理住房需求
成都	2017 年 11 月 15 日印发《成都市住房租赁市场发展五年规划（2017-2021 年）》。该规划中表明要稳步增加租赁住房供应，充分满足新市民的居住需求，到 2021 年，全市租赁住房保有量达到 151 万套、13 627 万平方米，较 2017 年增长 25%、22%
成都	2017 年 12 月 15 日，发布《成都市商品住房购房登记规则指引（试行）》。为支持棚改货币化安置住户解决居住的现实需求，房地产开发企业应在当地房产行政主管部门的指导下，按不低于当期准售房源总量的 10%公开用于棚改货币化安置住户优先购买

（五）地方限购限贷及公积金政策

一线及部分热点二线城市为保证房地产市场平稳运行，多地重启限购政策，并收紧信贷政策，同时对公积金贷款进行了相应调整。具体政策如表 2.5 所示。

表 2.5　地方限购限贷及公积金政策

省/城市	地方限购限贷及公积金政策
深圳	2016 年 11 月 11 日，发布《关于调整住房公积金贷款首付款比例有关事项的通知》。该通知提出住房公积金缴存职工家庭名下在深圳无房，使用公积金贷款购买首套住房的，公积金贷款首付款比例最低为 30%；职工家庭名下在深圳拥有 1 套住房，使用公积金贷款再次购房的，公积金贷款首付款比例不低于 70%
上海	2017 年 1 月 7 日，上海市住房和城乡建设管理委员会在官网发布消息"为保障购房人的合法权益，规范市场秩序，自 1 月 6 日起，市住建委会同相关部门对商业项目进行集中清理核查，在此期间暂停此类项目的网上签约。"在上海市范围内家庭名下无任何住宅类房屋且符合网签日期前 63 个月内累计正常缴满 60 个月的社会保险或个人所得税的非本市籍居民家庭，限购 1 套住宅；在公积金贷款方面，购买首套住房且从未使用过公积金的缴存职工家庭，公积金首付比例仍为 30%（住房面积大于 90 平方米），面积小于或等于 90 平方米低首付比例为 20%
三亚	2017 年 3 月 9 日，发布《三亚市人民政府关于进一步加强房地产市场调控工作的通知》。购买第 2 套住房的家庭申请商业性个人住房贷款首付比例不得低于 50%
青岛	2017 年 3 月 15 日，发布《关于保持和促进我市房地产市场平稳运行的通知》。首次和二次申请住房公积金贷款，购买新建住房的，最低首付比例由 20%提高至 30%，购买二手住房的，最低首付比例由 30%提高至 40%
南京	2017 年 3 月 15 日，发布《关于进一步调整我市住房限购政策的通知》。在主城区（不含六合区、溧水区、高淳区）范围内，暂停向已拥有 2 套及以上住房的本市户籍居民家庭出售住房，包括新建商品住房和二手住房
北京	2017 年 3 月 17 日，发布《关于完善商品住房销售和差别化信贷政策的通知》。居民家庭名下在北京市已拥有 1 套住房，以及在本市无住房但有商业性住房贷款记录或公积金住房贷款记录的，购买普通自住房的首付款比例不低于 60%，购买非普通自住房的首付款比例不低于 80%。同时，暂停发放贷款期限 25 年（不含 25 年）以上的个人住房贷款；企业购买的商品住房再次上市交易，需满 3 年及以上，若其交易对象为个人，按照北京市限购政策执行
昆明	2017 年 3 月 18 日，发布《昆明市人民政府办公厅关于进一步促进房地产市场平稳健康发展的通知》。暂停对在限购区域内已拥有 1 套及以上住房的非本市户籍家庭出售新建商品住房

省/城市	地方限购限贷及公积金政策
保定	2017 年 3 月 18 日，提出《保定市人民政府关于加强房地产市场调控的意见》。暂停向拥有主城区 3 套及以上的本市户籍居民家庭出售主城区新建商品住房及二手住房。居民家庭在主城区购买首套普通住房（首套普通住房系指居民家庭名下无住房且无商业性住房贷款或公积金住房贷款记录），申请公积金贷款最低首付款比例不低于 30%；拥有 1 套住房或有商业性或有公积金住房贷款记录的居民家庭，在主城区再次购买普通住房的，申请公积金贷款最低首付款比例不低于 60%
厦门	2017 年 3 月 24 日，发布《关于进一步完善调控措施促进我市房地产市场平稳健康发展的通知》。本市户籍成年单身（含离异）人士在本市限购 1 套住房
杭州	2017 年 3 月 28 日，发布《关于进一步完善住房限购及销售监管措施的通知》。本市户籍成年单身（含离异）人士在限购区域内限购 1 套住房。企业购买本市限购区域的住房，需满 3 年方可上市交易。户籍由外地迁入桐庐、建德、临安、淳安四县（市）的居民家庭，自户籍迁入之日起满 2 年，方可在本市限购区域内购买住房，并按照本市限购政策执行
福州	2017 年 3 月 28 日，发布《福州市人民政府办公厅关于进一步加强房地产市场调控的通知》。本市五城区户籍居民家庭在本市五城区已拥有一套住房，购买第二套住房商业性住房贷款首付比例不低于 50%
广州	2017 年 3 月 30 日，发布《广州市人民政府办公厅关于进一步加强房地产市场调控的通知》。居民家庭新购买（新购买是指自本通知施行之日起购买）的住房（含新建商品住房和二手住房），须取得不动产证满 2 年后方可转让或办理析产手续；企事业单位、社会组织等法人单位（简称法人单位）新购买的住房，须取得不动产证满 3 年后方可转让
天津	2017 年 3 月 31 日，提出《天津市人民政府办公厅关于进一步深化我市房地产市场调控工作的实施意见》。对在本市拥有 1 套及以上住房的非本市户籍居民家庭、拥有 2 套及以上住房的本市户籍居民家庭、拥有 1 套及以上住房的成年单身（包括未婚和离异）人士，暂停在本市（滨海新区除外）再次购买新建商品住房和二手住房
珠海	2017 年 4 月 8 日，发布《关于进一步做好我市房地产市场调控工作的通知》。规定如下：无法提供购房之日前在本市连续缴纳 5 年及以上个人所得税证明或社会保险证明的非本市户籍居民，暂停在全市范围内向其销售住房。在住房信贷政策方面，居民家庭名下在本市无住房但有已结清的住房贷款记录，或拥有 1 套住房且相应贷款已结清的，申请商业性个人住房贷款购买普通住房首付款比例不低于 40%；购买非普通住房的最低首付款比例不低于 60%
成都	2017 年 4 月 12 日，出台《关于进一步加强房地产市场及住房信贷业务风险管理的通知》。首次购买普通自住房的居民家庭，最低首付款比例不低于 30%，全省非限购区域不低于 25%。拥有一套住房且相应购房贷款未结清的居民家庭，最低首付款比例不低于 60%，且贷款年限不超过 25 年；天府新区成都直管区最低首付比例不低于 70%，且贷款最长年限不超过 25 年；全省其他非限购地区最低首付款比例不低于 40%
海南	2017 年 4 月 14 日，发布《海南省住房和城乡建设厅海南省国土资源厅中国人民银行海口中心支行关于限制购买多套商品住宅的通知》。居民家庭在三亚市购买第 2 套商品住宅，申请商业个人住房贷款最低首付款比例不低于 50%。居民家庭在其他市县（包括海口市）购买第 2 套商品住宅，没有购房贷款记录或相应购房贷款已结清的，申请商业性个人住房贷款最低首付款比例不低于 40%；相应购房贷款未结清的，申请商业性个人住房贷款最低首付款比例不低于 50%
济南	2017 年 4 月 19 日，发布《济南市人民政府办公厅关于进一步完善调控措施促进我市房地产市场平稳健康发展的通知》：本市户籍家庭已拥有一套住房或有住房贷款记录的，申请住房贷款均视为第二套住房贷款，首付比例提高至 60%。其中商业按揭贷款最长年限缩短至 25 年，公积金贷款利率执行基准利率的 1.1 倍。暂停向使用过 2 次及以上住房公积金贷款的家庭发放公积金贷款。取消凭缴纳住宅维修资金证明提取住房公积金政策。非本市户籍家庭购买住房贷款首付比例提高至 60%，商业按揭贷款最长年限缩短至 25 年
佛山	2017 年 5 月 31 日，发布《关于进一步加强房地产市场调控的通知》，把二手房纳入限购；佛山市户籍居民在限购区域内限购 2 套；非佛山市户籍居民在限购区域内购房，须提供 2 年内连续 1 年以上社保或个税证明，且限购一套
重庆	2017 年 9 月 22 日，《重庆市国土房管局关于加强主城区新购住房再交易管理的通知》提出凡在主城区范围内（渝中区、江北区、沙坪坝区、九龙坡区、大渡口区、南岸区、北碚区、渝北区、巴南区、两江新区）新购买的新建商品住房和二手住房，须取得《不动产权证》满 2 年后才能上市交易
长沙	2017 年 9 月 22 日，发布《长沙市住房和城乡建设委员会关于进一步稳定房地产市场促进健康发展的通知》，提出本市户籍家庭在本市已有 1 套住房的，待首套住房取得不动产权属证书满 3 年后，方可购买第 2 套商品住房
贵阳	2017 年 9 月 22 日，印发《贵阳市人民政府关于促进房地产市场健康稳定发展的若干措施（试行）》的通知。将第 2 次住房公积金贷款的首付比例由 20% 调整为 30%；职工家庭累计有过两次或两次以上住房贷款记录的，认定为 3 套或以上住房贷款，停止办理住房公积金贷款

续表

省/城市	地方限购限贷及公积金政策
石家庄	2017年3月17日，发布《石家庄市人民政府关于加强房地产市场调控的意见》。提高住房公积金贷款首付比例，缴存职工家庭使用住房公积金贷款购买首套普通住房的，最低首付款比例调整至30%；使用住房公积金贷款购买第2套住房的，最低首付款比例调整至60%；对购买第3套及以上住房的，住房公积金管理中心不予办理住房公积金个人住房贷款。9月23日，发布《石家庄市人民政府关于加强房地产市场调控的补充意见》。非本市户籍居民家庭在申请购买首套住房时，须提供近3年内连续缴纳24个月及以上个人所得税纳税证明或社会保险缴纳证明，限购1套住房（含新建商品住房和二手房）；自发文之日起新购的住房（含新建商品住房和二手房）五年内不得上市交易
无锡	2017年9月25日，提出《市政府办公室关于加强房地产市场调控的补充意见》。调整公积金贷款政策。支持合理住房需求，市区首次公积金贷款首付仍按不低于20%执行，第2次公积金贷款，首付比例提高至不低于房屋总价的40%

（六）地方新型城镇化政策

地方政府从户籍制度改革、农业人口市民化等方面积极推进新型城镇化改革，逐步完善相关配套政策。具体政策如表2.6所示。

表2.6　地方新型城镇化政策

省/城市	地方新型城镇化政策
重庆	2017年3月1日，实施《重庆市城乡规划条例》，解决相关规划与城乡规划衔接不够的问题，总结专业规划与专项规划编制与批准的成熟做法，借鉴上海市、广州市等规划立法经验，规定涉及建设用地或空间布局的专业规划由有关部门组织编制，经相应层级的城乡规划主管部门综合平衡，报政府审批后纳入城乡总体规划及控制性详细规划，以避免城乡规划和专业规划在实施过程中发生冲突
天津	2017年3月2日，公布《天津市推动非户籍人口在城市落户工作方案》，提出工作目标："十三五"期间，常住人口城镇化率提高1.4个百分点，到2020年天津市常住人口城镇化率达到84%
四川	2017年4月5日，发布《四川省人民政府办公厅关于印发四川省推动农业转移人口和其他常住人口在城镇落户方案的通知》。"十三五"期间，城乡区间户籍迁移壁垒加速破除，配套政策体系进一步健全，户籍人口城镇化率年均提高1.3个百分点以上，年均落户120万人以上。到2020年，全省户籍人口城镇化率达到38%左右，各地区户籍人口城镇化率与常住人口城镇化率差距比2013年缩小2个百分点以上
北京	2017年5月18日，《关于深入推进供给侧结构性改革的实施意见》明确：建立去库存与用地挂钩制度；支持农民进城买房，可用宅基地退出补偿等抵作购房款
南京	2017年10月25日，发布《市政府办公厅关于印发南京市农民住房户型指导性设计方案推广实施办法的通知》。近郊或人均耕地1亩以下的镇街，每户宅基地不得超过130平方米；人均耕地1亩以上的，每户宅基地不得超过170平方米

（七）其他政策

另有不动产统一登记及房地产税收相关政策如表2.7所示。

表2.7　其他政策

省/城市	其他政策
郑州	2017年3月7日，制定《关于印发国有建设用地上不动产登记相关问题处理实施细则的通知》。个人独院（独立）住宅交易涉及划拨土地使用权转让的项目，由各区、开发区国土资源部门按住宅用地级别对应现行基准地价的40%直接核算土地出让金，并开具缴款通知书，票据内容为"补缴的土地价款（土地出让金）"
南京	2017年9月5日，发布《南京市关于加快推行不动产登记限期完成的实施方案》。2017年8月起，全市全面实现联网银行抵押权注销登记和不动产登记信息查询"不见面服务"，房产交易、税收、不动产登记"一窗受理、集成服务"；商品房类交易、税收、不动产登记"一窗受理、集成服务"2个工作日内办结，其他类不动产登记5个工作日内办结

省/城市	其他政策
山东	2017年9月19日，下发《山东省国土资源厅关于印发山东省不动产登记规范化建设实施意见的通知》。2017年底前，全省不动产登记实现"四统一"，省级不动产登记平台投入使用，所有市县接入部、省平台并实现新增数据实时汇交，各级不动产登记机构建立健全高效、安全的工作流程和机制体制。2018年底前，全省不动产登记存量数据汇交完成，形成省、市、县三级不动产登记数据网络，有效服务于有关部门行业管理和全省经济社会发展形势分析
黑龙江	2017年11月15日，提出《黑龙江人民政府办公厅关于推行不动产登记集成服务工作模式的指导意见》。推行机构集成和信息集成两种模式。机构集成模式，即整合不动产交易、登记职责，交由一个机构统一行使，实现不动产交易登记一体化，从根本上解决人员划转、资料移交、信息共享、部门衔接、政策不统一等问题，切实提升不动产交易登记效率
江西	2017年11月18日，发布《江西省国土资源厅关于解决当前不动产登记若干问题的指导意见》。不动产统一登记前，对国有建设用地上房屋已登记而未办理国有建设用地使用权首次登记或转移登记的不动产，权利人凭已取得的房屋所有权证书申请办理不动产登记的，不动产登记机构应按照"先行登记、并行完善"的原则予以受理，并分情形办理
广州	2017年12月14日，发布《广州市人民政府关于印发广州市国有土地上房屋征收与补偿实施办法的通知》。征收住宅房屋可实行搬迁时限奖励制度，搬迁时限奖励标准应控制在被征收房屋所处区位的新建普通商品住宅市场价格的15%以内

三、2018 年房地产市场相关政策展望

2017 年，在中央政府及地方政府对楼市的共同调控下，房地产市场发展有所平稳，延续上一年向好趋势，但城市仍存在分化现象，地方因城施策调控呈现差异化。一、二线城市房地产市场仍存在供给不足情况，库存处于低位；三、四线楼市虽量价齐升，但仍总体面临需求动力不足问题；在供地上工业用地供给过剩，而住宅用地供给相对较少；房地产市场存在轮动与外溢，调控压制一线城市及部分二线城市改善需求。2017 年 10 月 18 日，习近平总书记代表第十八届中央委员会向中国共产党第十九次全国代表大会作报告，在"提高保障和改善民生水平，加强和创新社会治理"章节中，提出"加强社会保障体系建设"，并对房地产市场定下"房子是用来住的、不是用来炒的"的基调。以此基调，预计 2018 年，政府主要从以下几方面调控房地产市场。

（一）审慎管理货币政策

未来货币政策将保持中性，继续以稳健的货币政策为主，宽松环境不再。货币政策受双重约束：一方面，全球货币宽松时代结束，利率水平在美元加息下压力不断攀升，在人民币汇率的压力之下，货币政策不能大幅宽松；另一方面，在居民、企业杠杆高企的背景下，利率提高会给实体经济带来巨大债务压力。十九大报告指出要"健全货币政策和宏观审慎政策双支柱调控框架"。预计 2018 年，货币政策运用以宏观审慎管理政策为主，传统的降准、降息或将不再作为首要调节工具。

（二）延续限贷限购政策

继 2016 年一线城市实行限购限贷政策之后，2017 年，部分二线城市也陆续推行限贷限购政策，同时，限购限贷政策在这些城市均取得了一定的效果。预计 2018 年，多地限贷限购的政策将保持不变，继续实行，另外，2018 年恐有新的二线城市甚至三、四线城市出现限购限贷政策。

（三）加强租购并举的住房制度

2018 年，将继续加快建立多主体供给、多渠道保障、租购并举的住房制度，让全体人民住有所居。当前，从中央到地方都在积极推进发展住房租赁市场，通过增加住房租赁市场的供应，缓解购房需求，建立健全租购并举的住房体系。随着越来越多的各项配套租赁细则落地，未来有关发展租赁市场的扶持政策将逐步对租赁市场供需双方形成机理。同时，集体土地成为国有建设用地建设保障性住房的有益补充，预计其他集体土地建设租赁住房政策也将逐步推进政策细则。

第三章 2017 年房地产市场运行状况评价

在多年研究与探索的基础上，中国科学院大学中国产业研究中心于 2013 年正式构建与推出"中国科学院房地产指数"系列（简称"中科房指"），包括"中科房地产健康指数"（CAS-REH 指数）、"中科房地产区域指数"（CAS-RERSD 指数）、"中科房地产场景指数"（CAS-RES 指数）与"中科房地产金融状况指数"（CAS-REF 指数）。该系列指数能够对房地产市场健康发展状况予以监测，通过科学方法获得的定量指标对中国城市房地产的健康发展做出全面和准确的探测，能够通过简单易行的方式发现房地产市场发展中存在的隐患和问题；能够检测房地产市场供给与需求匹配状况，在城市间进行横向比较，对房地产市场未来发展具有重要的预警作用，为调整房地产市场的地区结构和统筹兼顾提供参考；能够反映房地产的区位属性，指导房地产行业可持续发展，在某种程度上体现了区域房地产价格的发展潜力；并对我国房地产金融体系运行状况进行评估，预测我国房地产金融市场走势，监测我国潜在的房地产金融风险。

中房科指将在每年年度报告中更新发布。

一、CAS-REH 指数

（一）CAS-REH 指数指标体系

对房地产市场的健康状况进行评价，首先必须构建科学、全面和具有可操作性的指标体系。指标选取的准确性和正确性直接关系到指标的有效性和指导性。

CAS-REH 指数在指标选取过程中，首先，要求指标必须有全面性，即将市场整体的健康水平、房地产产业内部的健康水平以及房地产业与民生相关领域的健康水平予以综合考虑，以保证能够对市场中各个领域的问题都涵盖和涉及。其次，在全面选取的基础上，CAS-REH 指数还强调指标应具有代表性。房地产市场健康评价指标体系涵盖的内容十分丰富，每个方面的问题都可以通过很多指标予以体现，在指标选取的过程中，着重抓住与评价对象直接相关或能够产生重大影响的要素，突出具有代表性的对象。再次，CAS-REH 指数的指标选取还注重指标的可靠性。面对很多类似、重叠或者可以相互替代的指标，其可能由不同的发布部门发布，机构或部门间可能存在不同的统计口径，在时间长度等方面亦有不同。在选取指标时，CAS-REH 指数的指标尽可能选择时间长度较长、统计方法和统计口径较为稳定的指标作为指数的主要参考指标。最后，还应考虑指标的可获得性，指标的选取一定要便于在评价过程中的实施。指标的选取尽可能与国家现有的统计指标相一致，以使得评价和分析的指标更易获得。

（二）CAS-REH 指数指标简介

为了全面反映房地产市场运行健康状况，CAS-REH 指数指标系统共设置四个一级指标，分别是房地产业与国民经济协调关系、房地产市场供求关系、行业内部协调关系、房地产业与民生协调关系。每个一级指标下设若干二级指标，如表 3.1 所示。

表 3.1　CAS-REH 指数指标体系

指标分类	指标定义
房地产业与国民经济协调关系	房地产业开发投资额/GDP
	房地产开发投资额/固定资产投资额
	居民居住消费价格指数/居民消费价格指数
房地产市场供求关系	供需比（出让土地住宅用地规划建筑面积总和/住宅销售面积总和）
	房屋新开工面积/施工面积
	吸纳率
行业内部协调关系	商品房销售额
	房地产企业景气指数
	商品房新开工面积/商品房竣工面积
	房地产开发贷款资金/房地产企业自有资金
房地产业与民生协调关系	商品住宅平均销售价格/城镇居民可支配收入
	房价增长率/收入增长率

注：GDP 即国内生产总值

1. 房地产业与国民经济协调关系

（1）房地产业开发投资额/GDP：此指标反映的是当年房地产开发投资额占当年 GDP 总量的比例。房地产业与国民经济的协调发展非常重要，因为合理的房地产投资有利于推进房地产业经济的增长，带动相关产业的发展，从而促进国民经济的增长。如果房地产开发投资总额在 GDP 中所占比例过高，则会导致供给过剩。一般而言，房地产对区域经济有拉动作用，但是当房地产发展过热（或过冷）时，即与国民经济发展不协调时，房地产业开发投资额的增长速度（减少速度）会明显快于 GDP 的增长速度（减少速度），这时房地产业开发投资额/GDP 这一指标便会发生明显的变化。所以房地产市场与国民经济协调发展时，该指标应该维持在一个合理的比例范围内。

（2）房地产开发投资额/固定资产投资额：此指标反映在投资方面房地产业对宏观经济的拉动情况。一般而言，房地产投资增加（或减少），固定资产投资也会随之相应增加（或减少）。因此，在房地产市场及社会经济均发展稳定时，房地产开发投资额/固定资产投资额应该是一个比较稳定的数值，但是当房地产市场发生波动时，房地产开发投资额在固定资产投资额中所占的比例就会产生显而易见的波动。

（3）居民居住消费价格指数/居民消费价格指数（consumer price index，CPI）：此指标表示观察期内居民居住类消费占总体消费的比例。居民消费价格总指数由一揽子商品价格加权平均组成，其中某一时期居住类消费占总体比例过高或过低都能够反映出房地产市场波动状况对居民生活的影响，以及这种影响占总体消费的比重。观察这一指标有利于了解居住类消费的波动在物价总体波动中所扮演的角色。

2. 房地产市场供求关系

（1）供需比：供需比即出让土地住宅用地规划建筑面积总和/住宅销售面积总和。当 SD（housing supply/housing demand，即供需比值）>200%，处于供给严重过剩状态；120%<SD200%，处于供给轻度过剩状态；80%<SD120%，处于供需基本均衡状态；SD<80%时，处于供给相对不足状态。

（2）房屋新开工面积/施工面积：此指标是前瞻性指标，反映当年房屋新开工面积在当年施工面积中的比例大小。房屋新开工面积，是指在报告期内新开工建设的房屋建筑面积，不包括上期跨入报告期继续施工的房屋面积和上期停缓建而在本期恢复施工的房屋面积。房屋施工面积，是指报告期内施工的房屋建筑面积，包括本期新开工面积和上年开发跨入本期继续施工的房屋面积，以及上期已停建在本期复工的房屋面积。当此比值降低时，说明新开工面积的增长幅度放缓，是观望情绪浓厚等一些原因造成的销售市场低迷，因此二者的比值能从侧面反映商品房市场的供给情况。

（3）吸纳率。该指标反映房地产市场基本供求平衡的状况。观察期内商品房销售面积超过商品房竣工面积能够反映开发商手中可售房源存量下降，市场需求增强。如果商品房销售面积大幅超过商品房竣工面积，表明市场供不应求现象严重，可能催生投机炒房现象。同时，如果商品房竣工面积持续大于销售面积，表明市场中消费者观望气息浓重，成交放缓，开发商手中空置房屋面积出现不断增加的可能。

3. 行业内部协调关系

（1）商品房销售额：商品房销售额是指报告期内出售商品房屋的合同总价款，反映了市场的绝对规模。包括销售前期预售的定金、预售款、首付款及全部按揭贷款的本金等款项。

（2）房地产企业景气指数：房地产企业景气指数能够有效衡量房地产企业自身的发展状况，房地产市场的良性发展离不开稳定、健康的房地产开发企业。此指标能够从企业内部的运营状况角度反应房地产开发企业自身景气程度。

（3）商品房新开工面积/商品房竣工面积：此指标反映房地产市场当前与未来供给状况。观察期内商品房新开工面积过低，一方面反映出市场开发热情走低，亦有可能出现土地囤积现象，另一方面可能会在未来造成市场供给不足。此外，此指标数值过高表示市场出现过热现象，同时会导致未来某一时刻商品房集中入市，给市场造成冲击。

（4）房地产开发贷款资金/房地产企业自有资金：此指标反映房地产开发企业资金来源状况。观察期内房地产企业贷款数额和自有资金比例过高，表明房地产开发商开发热情高涨，通过大量银行贷款完成开发，同时表明房地产开发企业具有较大的资金风险，一旦市场出现波动，出现资金链断裂的可能性加大，为整个市场带来隐患。如果此比例过低，反映房地产企业开发热情减退，同时信贷支持力度不足，亦不利于房地产企业和房地产市场的高效运转。

4. 房地产业与民生协调关系

（1）商品住宅平均销售价格/城镇居民可支配收入：此指标反映商品住宅价格增长的幅度是否与居民收入的增长相协调。商品住宅平均销售价格说明市场上为大多数购买者提供的普通商品住宅所处的价格水平，当商品住宅平均销售价格与大多数购买者的收入比例相协调时，则商品住宅的价格不会脱离市场需求的支撑，仍然处于大多数购买者的购买能力之内；但是当商品住宅价格长期增长过快，远远高于大多数购买者的居民收入可承受范围时，则预示着商品住宅销售价格开始脱离市场支撑，容易产生市场波动，引起全社会的经济社会问题。客观上，商品住宅平均销售价格/城镇居民可支配收入必然有一个合理的比例区间。比例过低或比例过高，都存在相应的问题。

（2）房价增长率/收入增长率：此指标能够反映出房地产市场价格增长与市场中的消费者购买力的协调程度。如果房价增速大大高于居民的收入增长速度，则可能对民生产生极为负面的影响，会导致购房难等问题，同时，购房支出给消费者造成过重的负担可能导致消费者其他领域消费能力不足，影响消费者生活质量。两增长率的长期偏离会对市场的可持续发展造成威胁。

（三）CAS-REH 指数的解读及功能

围绕上文提出的房地产健康评价体系，运用因子分析法确定各指标的权重，以 Wind 数据库的数据为基础，计算 CAS-REH 指数，结果如表 3.2 所示。

表 3.2　CAS-REH 指数

时间	CAS-REH 指数	时间	CAS-REH 指数	时间	CAS-REH 指数
2001Q1	100.00	2004Q3	157.49	2008Q1	217.44
2001Q2	113.27	2004Q4	166.22	2008Q2	161.45
2001Q3	111.25	2005Q1	134.21	2008Q3	127.05
2001Q4	119.83	2005Q2	144.33	2008Q4	94.25
2002Q1	161.13	2005Q3	150.62	2009Q1	73.47
2002Q2	137.36	2005Q4	177.26	2009Q2	105.26
2002Q3	153.41	2006Q1	164.31	2009Q3	133.57
2002Q4	72.48	2006Q2	161.52	2009Q4	173.44
2003Q1	149.61	2006Q3	157.94	2010Q1	167.36
2003Q2	168.51	2006Q4	147.07	2010Q2	169.04
2003Q3	157.32	2007Q1	144.32	2010Q3	173.29
2003Q4	155.37	2007Q2	171.15	2010Q4	188.35
2004Q1	156.46	2007Q3	181.35	2011Q1	156.91
2004Q2	155.12	2007Q4	166.42	2011Q2	171.20

时间	CAS-REH 指数	时间	CAS-REH 指数	时间	CAS-REH 指数
2011Q3	160.97	2013Q4	163.41	2016Q1	195.46
2011Q4	127.36	2014Q1	148.29	2016Q2	169.52
2012Q1	183.44	2014Q2	132.36	2016Q3	214.36
2012Q2	143.57	2014Q3	118.53	2016Q4	219.39
2012Q3	156.92	2014Q4	143.26	2017Q1	221.07
2012Q4	146.87	2015Q1	138.71	2017Q2	234.95
2013Q1	147.95	2015Q2	157.33	2017Q3	229.86
2013Q2	154.37	2015Q3	167.14	—	—
2013Q3	151.22	2015Q4	155.41	—	—

根据表 3.2，我们构建了 CAS-REH 指数图，如图 3.1 所示。

图 3.1　CAS-REH 指数图

1. CAS-REH 指数解读

上溯到 1998 年，市场化主导的住房分配格局初步形成，在此基础上，房地产二级市场全面启动，在财税领域，有关房地产的配套税收等制度日趋成熟，在金融市场上，与房地产交易有关的融资贷款开始兴起，一系列新词汇诸如"按揭""房奴"等概念开始为人们所熟知。在以上这一系列综合政策的推动之下，中国的房地产业驶上了高速发展的快车道。这一快速发展的势头连续保持了多年，在这一轮房地产发展的浪潮中，一些城市特别是一线大城市，在一定的时期内出现了种种发展问题，导致了商品房价格以及土地价格不正常地扭曲上涨。

21 世纪的最初几年，是这一轮房地产市场新发展的起始时期，在这几年中，普通购房者的自用需求是市场的主导，商品房价格也没有出现迅速拉升，当然这也导致了市场供求并不旺盛，市场活跃度不高。从 CAS-REH 指数上看，随着市场的不断完善，各种机制理顺，市场健康水平在不断的波动中呈现稳定上升态势，2002 年出现的市场结构性过剩、空置率增加以及二级市场发展不成熟等问题也为整体市场留下了隐患，以致在 2002 年末指数出现了较大波动。

2003 年，中国整体的国民经济被突如其来的 SARS（重症急性呼吸综合征）疫情拖累，出现了增长缓慢和局部动荡，也正是在这一年，国务院发布《国务院关于促进房地产市场持续健康发展的通知》。在这一则通知中，首次提出了发展以住宅为主的房地产业已经成为国民经济的支柱产业，并明确了住房市场化的基本方向。中国房地产投资大幅增长，房地产业在这一年成为拉动国民经济整体上升的重要行业。从 CAS-REH 指数上看，这一阶段市场受到政策利好的刺激而得到良好发展，保持了较高的健康状态。

2004 年和 2005 年，国家相继出台了财税、金融政策，对房地产市场进行宏观调控，在调控政策的影响下，房地产市场成交价格有所下跌。2004 年第一季度，房地产行业开发投资额已经出现了超过 40%的增幅，2004 年全国商品房成交均价涨幅达到 14.4%，远远高出过去五年间不足 4%的平均增长幅度。在这样的背景下，政府迅速采取措施，对房地产市场施加了有效的政策干预，在当年启动的房地产市场调控措施中，暂停了半年内农用地向非农建设用地转化，同时中国人民银行提高了商业银行存款准备金率和项目资本金比例，对于不包含经济适用房的房地产开发项目的资本金的要求提高到了 35%。从 CAS-REH 指数上看，面对出现的市场过热苗头，在前期保持的良好健康水平下，2005 年的市场健康水平明显低于前一时期，但政府所采取的一系列有效措施，在短时间内对房地产市场起到了降温作用，使健康水平获得回升，市场健康程度仍属平稳。

2003 年至 2005 年的三年中，房地产市场为未来的快速上涨积蓄了充足的能量，这可以被视作房地产市场上涨期的前奏。这几年中，整体国民经济的快速发展使人民收入迅速提高，购买力持续提升，客观上对住房消费产生了极大刺激。但整体看来，这三年的商品房价格增速开始提高，房地产市场的投资功能被逐渐挖掘，大量资金涌入房地产市场，对房地产市场的整体火热起了关键的推动作用。在进入"十一五"时期后，由于前一阶段房地产调控措施打压了开发投资热情，房地产市场供应减缓。在对供给端施加影响的时候，市场中的购买需求并没有减少。新开工面积出现了明显的下降，对房地产市场投资者、自住者的心理预期造成了负面压力，给人们造成了供不应求的未来市场预期，一些重点城市的房地产价格逆势增长。面对被逐渐推高的房价和高涨的投资热情，政府从优化房地产市场结构、调整房地产相关领域税收以及严格控制土地使用和收紧贷款等诸多渠道对房地产市场进行宏观调控。2006 年出台了代表性的政策："套型建筑面积 90 平方米以下住房（含经济适用住房）面积所占比重，必须达到开发建设总面积的 70%以上。"

尽管政府在调控方面采取了一系列措施，但是从成效来看，与预期存在着较大的差距，2006 年至 2008 年，房地产市场在不断的调控中持续火爆，价格持续走高，房价已经成为民生问题的重要热点。虽然不断有新盘入市，但这几年间一直出现有效供给不充足的问题，在保障性住房领域举措不多，仅有的几项措施也没有能够完全落地实施，楼市追涨现象不断出现。截至 2007 年 12 月，70 个主要城市新建商品住房销售价格同比上涨达到 11.4%，环比上涨 0.3%。2006 年、2007 年两年，房价走出了一个不断冲高的轨迹。在 2008 年上半年，房地产市场销售价格已经稳定在高位，市场已经越来越清晰地意识到，期盼房价下跌几乎已经不再可能，市场观望气息浓重。2008 年上半年成交量下降超过 50%。但是，2008 年爆发的全球性金融危机使得房地产开发商在政策上获得了难得的红利，投资性需求对市场起到了主推和提振作用，在宏观经济出现下行风险和不利波动的同时，房地产市场反而走强。之后我国政府为了防范房地产市场受到国际金融危机的影响，采取了一系列措施使房地产业度过了经济危机。从 CAS-REH 指数上看，伴随着楼市的持续增温，市场变得空前活跃，但这种火热中却伴随着失控的风险，在 2006 年市场火爆中健康水平达到高位，但随着市场风险的增加以及市场价格与人民收入的不协调日趋显现，市场健康程度从开始一路向下，至 2008 年底达到了历史最低。

在 2009 年，随着经济危机影响的减退，房地产市场逐渐恢复，2009 年房地产业又呈现高速增长的态势，房地产开发投资额和房地产价格创历史新高。"小阳春"之后房价如脱缰之马般展开了全面的上涨，房地产市场重新走入了高涨期，全国各主要城市涨声四起，不少天价楼盘涌现，各地也频频出现"地王"。在金融危机的阴影还没有完全从市场退去的时候，与绝大多数仍然在困境中徘徊的行业相比，房地产业则走出了完全不一样的轨迹，不足半年就实现了从濒临绝境到重获新生的巨变，重新攀升的房价让购房者再次回到观望中，房地产市场成交额已经达到 GDP 的 20%，地产泡沫愈演愈烈。从 CAS-REH 指数上看，在 2009 年初，健康指数达到观察期内的最低值，随着保障性住房成规模上市以及对征收物业税的规划，政府再一次表明了坚决调控的态度，市场正在努力回归正常的轨道。

2010 年至 2012 年，房地产市场调控政策不断加码，中央管理层多次反复强调了要坚持住宅市场调控不动摇。房产税在上海和重庆两地试点，房地产市场调控亦被纳入地方政府考核关注之列，"限贷""限购"等一系列强力措施不断出台，在这一系列相关政策的作用下，楼市进入了一个相持期。2011 年，全国 70 个大中城市中有 68 个城市的房价上涨，其中 10 个城市的房价涨幅超过 10%。虽然其间我国政府连续 3 次出台宏观调控政策对房地产市场进行调控，但从以上数据来看，调控效果并不是很理想。从 CAS-REH 指数上看，和 2009 年的低谷相比，房地产健康程度明显改善，尽管在 2011 年前后由于市场对政策的"抗药性"逐渐显现，市场健康水平出现了下降，但仍然可以发现，我国的房地产市场的发展在经过十余年的波动和成长后，正在向着健康和稳定的趋势发展。

2013 年，"宏观稳、微观活"成为房地产政策的关键点，全国整体调控基调贯彻始终，不同城市政策导向出现分化。年初"国五条"及各地细则出台，继续坚持调控不动摇，"有保有压"方向明确。下半年以来，新一届政府着力建立健全长效机制、维持宏观政策稳定，十八届三中全会将政府工作重心明确为全面深化改革，不动产登记、保障房建设等长效机制工作继续推进，而限购、限贷等调控政策更多交由地方政府决策。不同城市由于市场走势分化，政策取向也各有不同，北京、上海等热点城市陆续出台措施平抑房价上涨预期，而温州、芜湖等市场持续低迷的城市，在不突破调控底线的前提下，微调当地调控政策以促进需求释放。全国房地产开发投资比上年名义增长 19.8%

（扣除价格因素，实际增长 19.4%）。其中，住宅投资占房地产开发投资的比重为68.5%。房地产开发企业房屋施工面积比上年增长 16.1%。房地产开发企业土地购置面积比上年增长 8.8%，土地成交价款增长 33.9%。商品房销售面积比上年增长 17.3%，房地产开发企业到位资金比上年增长 26.5%。从 CAS-REH 指数上看，与 2012 年相比，房地产健康程度在不断改善，我国房地产市场在向着更加稳定的趋势发展。

2014 年，全国、地方两会陆续召开，中央更加注重房地产市场健康发展的长效机制建设，积极稳妥推进市场化改革，加速推进不动产登记制度，全面深化改革成为关键点。新型城镇化规划的提出与落实，有助于房地产行业平稳发展；同时一系列房地产业相关制度渐进改革，房地产业长效机制逐步推进。从政策影响来看，随着信贷政策的适度收紧和市场供求关系的改变，全国房地产整体出现下滑迹象，新开工面积、销售面积、土地购置面积同比出现负增长，不同城市间的分化现象较为明显。从 CAS-REH 指数来看，房地产市场健康状况先有较小降低，之后呈现反弹状态。与此同时，各地房地产调控政策调整动作则趋于频繁，在"双向调控"的基调下，定向放松限购，通过信贷、公积金等方式鼓励刚需，成为部分面临去库存、降风险城市的政策突破口。下半年新一届政府的房地产调控思路已经逐渐清晰，中央更加看重经济增长的质量，更加重视增长方式转型和经济结构的升级，房地产开发投资增速平稳回落，新开工面积再次出现负增长，增幅下滑显著。受上半年基数偏高影响，房屋销售增速小幅下滑，销售形势整体趋紧，房地产贷款增速小幅回落，个人住房贷款增速平稳，房价同比上涨的城市个数稳定在高位，但整体涨幅持续回落，土地购置面积出现小幅下降，地价涨幅回落。从 CAS-REH 指数来看，房地产市场的健康状况呈现较小幅度的稳步上升趋势。

2015 年以来，利好政策持续出台，市场回暖趋势明确，连续多月创历史同期成交新高，前三季度成交同比增长近三成，其中一线城市增幅最为显著。百城住宅均价同比也止跌转涨，涨幅扩大，第三季度上涨 1.78%，涨幅较上半年扩大 0.96 个百分点。但前三季度土地供需维持低位，土地出让金下降，成交结构致楼面价持续上涨。品牌房企业绩保持稳定增长，前三季度房企拿地规模创近五年新低。展望未来，中央积极推进稳增长，未来房地产调控将通过多重政策鼓励企业投融资、加快企业开发节奏。第四季度，随着政策效应的逐渐趋弱，成交环比微幅下降，但全年仍呈显著增长。第四季度新增供应也将有所回升，但全年仍不及上年。从 CAS-REH 指数来看，总体而言，房地产市场正在回归正常轨道，且目前比较稳定。

2016 年以来，房地产市场环境整体宽松，但 1~8 月各项指标增速放缓，在第三季度尤为显著。其中全国商品房销售面积、销售额同比增长 25.5%、38.7%，较 1~8 月分别都收窄 1.1 个百分点；新开工面积同比增长 12.2%，开发投资额同比增长 5.4%，增速较 1~8 月分别减少 1.5 个、0.1 个百分点。价格方面，百城价格指数则从 2013 年 9 月开始回落，之后呈现持续下滑态势，直至 2014 年 9 月跌至近年来低点。2015 年开始，百城价格指数开始上升。2016 年百城住宅均价环比第一季度累计上涨 2.92%，3 月环比涨幅达历史新高，为 1.9%；二季度累计上涨 7.39%；第三季度进一步扩大，累计上涨 14.02%，同比已连续上涨 17 个月。截至 9 月底，百城住宅均价上涨至 12 617 元/米^2。从 CAS-REH 指数来看，和 2015 年房地产健康状况的动荡相比，2016 年房地产健康程度呈现继续改善的情况，房地产市场的发展经过波动和成长后，在向着更加稳定和健康的方向发展，这从侧面反映了政府坚决调控的态度，市场在逐步向着正常的轨道回归。

2017 年以来，各地陆续出台房地产调控政策。与往年的限贷、限购不同的是，本年新增了限售政策，同时对房企新开盘楼盘进行了限价；在土地端，"限房价竞地价""土拍熔断""熔断后竞自持"等政策进一步对土地市场进行规范；房地产市场调控的城市能级也逐步下沉至三、四线城市，防止三、四线城市因楼市过热而产生新的一轮库存。十九大报告中习近平总书记表示"坚持房子是用来住的、不是用来炒的定位，加快建立多主体供给、多渠道保障、租购并举的住房制度，让全体人民住有所居"。2017年前三季度，商品房销售面积累计同比增长 10.3%；商品房销售额同比增长 14.6%；从销售价格来看，70 个大中城市中一、二线城市的同比增速下滑明显，三线城市逐渐企稳，房地产价格已基本实现"稳着陆"。从 CAS-REH 指数来看，由于多种调控政策的齐头并举和"因城施策""因地制宜"的调控方式，2017 年前两季度 CAS-REH 指数保持小幅稳步上升态势，第三季度小幅回落。CAS-REH 指数整体相对 2016 年有所升高，从往年频繁的波动中趋缓，达到了自 2001 年以来的最高值。可以看出，政府的多元化调控政策促使房地产市场保持在健康的轨道上发展。

2. CAS-REH 指数的功能

首先，CAS-REH 指数能够对房地产市场健康发展状况予以监测，通过科学方法获得的定量指标对中国城市房地产发展的健康发展做出全面和准确的探测，并能够通过简单易行的方式发现房地产市场发展中存在的隐患和问题。CAS-REH 指数对极为不利的市场变化十分敏感，如 2009 年初 CAS-REH 指数所表现出来的极低指数。除此之外，对于不同城市，CAS-REH 指数能够用来进行横向比较，以针对不同城市房地产市场健康发展程度提供量化意见，对房地产市场健康程度欠佳的地区或城市提供借鉴和参考。

其次，CAS-REH 指数还具备市场引导功能，其能够通过一定的标准，为市场发展和人们的思维意识指明方向。在当前中国房地产市场发展面临诸多问题和困难的背景下，CAS-REH 指数对市场将起到重要的指引作用。CAS-REH 指数在对房地产市场发展的评价过程中，摈弃了单一、粗放的评价方式，将市场及其内外部的协调性统一考虑，对房地产市场的协调和可持续发展提供重要参考。引导政府、企业和消费者从全面、合理的角度看待房地产市场发展，有助于决策者及时调整管理手段和调控措施，有助于房地产企业走上科学发展的轨道，亦有助于消费者面对纷繁复杂的市场局面做出理性和正确的判断。

最后，CAS-REH 指数对未来市场具有预警作用。房地产市场出现的波动可能会对整体社会经济运行造成巨大危害，除对房地产市场进行监测和对市场进行引导外，CAS-REH 还力图为市场提供预警功能。通过对房地产市场健康状况的跟踪、监控，CAS-REH 反映出房地产市场的变化和整体健康水平，政府主管部门可以利用该指数了解房地产业发展状况与行业结构及行业与宏观经济的协调比例关系，为调控国民经济产业结构和引导房地产业健康发展服务，同时减少银行信贷风险，为调整房地产业的地区结构和统筹兼顾提供参考。

二、CAS-RERSD 指数

（一）CAS-RERSD 指数简介

由于各个地区经济发展水平不同，资源禀赋等存在差异，我国房地产市场也呈现区域差异。各个城市、地区之间房地产市场的运行情况各不相同，往往会出现区域分化。CAS-RERSD 指数，以我国一、二、三线 35 个大中城市为样本，比较各个城市、地区房地产市场的相同点和不同点，为个人消费者进行购房决策提供数值依据，也为政府实施多角度、多层次的房地产政策提供重要的理论依据。

CAS-RERSD 指数由中国科学院大学房地产研究中心推出，它通过各项房地产市场指标的加成求值反映我国 35 个大中城市房地产市场的供需现状，以便进行不同地区、不同城市房地产市场的横向比较，为国家进行房地产市场区域化调控、为房地产企业进行区域性投资、为个人消费者购房决策提供数值依据。CAS-RERSD 指数以北京、上海、广州、深圳、天津、南京、杭州、沈阳、武汉、成都、重庆、济南、西安、乌鲁木齐、青岛、大连、宁波、哈尔滨、长春、厦门、郑州、长沙、福州、兰州、贵阳、南宁、合肥、太原、石家庄、呼和浩特、南昌、西宁、银川、海口、昆明等 35 个大中城市经济运行及房地产市场运行的年度数据为依据，以各城市之间的相对得分反映我国区域房地产市场供需发展的相对现状和趋势。CAS-RERSD 指数位于不同区间，代表城市房地产市场供需情况，如表 3.3 所示。

表 3.3　CAS-RERSD 样本城市

类别	城市
一线城市	北京、上海、广州、深圳、天津
二线城市	南京、杭州、沈阳、武汉、成都、重庆、济南、西安、乌鲁木齐、青岛、大连、宁波、哈尔滨、长春、厦门、郑州、长沙、福州、兰州、贵阳、南宁、合肥、太原、石家庄、呼和浩特、南昌
三线城市	西宁、银川、海口、昆明

（二）CAS-RERSD 指数指标体系

1. 评价指标选取的原则

对区域房地产市场供需现状进行评价，首先要建立科学、全面、具有可操作性的指标体系。指标选取的准确性和正确性直接关系到最终得出数值的有效性、可靠性和指导性。

CAS-RERSD 指数的指标选取遵循科学性、代表性、全面性、可靠性、可获得性的原则。首先，要求选取的指标具有科学性。在指数计算指标选取中，我们总结出经典房地产市场理论并结合我国房地产市场运行现状，选取反映房地产市场供需状况的六个指标，它们是城市年末总人口数、人均可支配收入、固定资产投资中的国内贷款、商品房待售（空置）面积、商品房竣工面积和房地产市场投资额。同时，这些指标的选取具有代表性。其次，要求指标具有全面性，即将房地产市场运行的基本指标与城市区域特征进行综合考虑，要充分考虑区域的人口特征、经济发展特征、居民收入特征等。同时，这些指标以占比、增长率、人均值等方式去除区域经济差异，客观反映了区域间的相对情况。再次，CAS-RERSD 指数中指标的选取注重指标的可靠性。数据由不同的机构发布，机构或部门间可能存在不同的统计口径，并且很多指标是类似、重叠或者可以互相替代的，因此，在指标选取时，CAS-RERSD 指数尽可能选择统计方法和统计口径较为稳定的指标作为主要参考指标。最后，指标的可获得性也非常重要。选择的指标可获得，才能进行指标体系的构建和最终数值的计算。例如，部分税收指标在房地产区域指数中有一定影响，但由于数据难以获得，所以未编制在我们的指标体系内。

2. 评价指标选取的理论依据

20 世纪 90 年代后，研究者们开始综合考虑各种宏观经济因素对房地产价格的影响，其理论依据为存量-流量模型或者代表性个人模型。尽管这两类模型的理论背景不同，可以总结出描述房地产市场的模型一般包含三个方程——需求方程、供给方程和市场均衡方程。Iacoviello（2005）在新凯恩斯模型的框架下引入房地产，发现房地产抵押贷款极大地放大了房地产总需求对于房地产价格冲击的反应。同时王来福和郭峰（2007）通过实证研究，发现货币供应量与利率变化冲击对中国房地产价格有正向影响。史永东和陈日清（2009）建立了一个随机最优控制模型，发现房地产价格和贷款利率有较强的正相关关系。从张涛等（2006）的研究发现，最优房地产价格水平取决于房地产抵押贷款和住房消费的收益与成本的对比，根据其所得到的房价决定公式为

$$P_H = \frac{U'_H/U'_C}{R_A + \beta(R_m - R_A) + (\delta + \tau + m)} \tag{3.1}$$

其中，U'_H、U'_C 分别表示效用函数对非耐用消费品、住房的一阶偏导数；R_A 表示资产回报率；R_m 表示住房抵押贷款回报率；δ 表示住房折旧率；m 表示住房维持成本与住房实际总价值比值。货币因素通过影响房地产需求决定房价水平有两种传导途径：一是通过调节按揭贷款利率，二是通过调节按揭贷款成数，在式（3.1）中以 β 表示，即调节住房按揭贷款首付款比例。由于我国各地区的贷款利率水平较为相似，分析各个城市货币政策对于房价的作用，通过利率水平来反映区域差距，已有学者采用利率水平分析各个城市货币政策对房价的作用，来反映区域差异，其结果由于所选取样本的不同，各有差异。在本书中，由于各个城市房地产按揭贷款统计数据获取较为困难，拟通过城市银行贷款数额来反映货币政策的实施对城市信贷规模的影响，进而得到对城市房价水平的影响。在存量-流量模型中，对房地产价格的分析主要建立在供给、需求层面，通过建立供给、需求方程对房地产价格的形成因素进行分析。Muellbauer和 Murphy（1997）构建的房地产需求方程为

$$Q^d_{it}/\text{pop} = f(y, \text{uc}.D) \tag{3.2}$$

其中，y 表示人均收入；pop 表示人口；uc 表示资本使用成本。

Muellbauer 和 Murphy（1997）以及 Quigley（1999）构建的房地产供给方程为

$$Q_{it}^s = s(p, vac, const, D) \tag{3.3}$$

其中，vac 表示房屋空置率；const 表示新开工面积；D 表示影响房地产供给的其他因素，在其中可以选用房地产开发投资额这一指标。

根据以上研究的影响因素可以得到类似的影响区域房地产价格的约简模型。如式（3.4）所示，模型的左边 P 为房地产价格，右边为影响区域房地产价格的各个指标。

$$P = F(Pop, Pcdi, Loan, Vacancy, Completed, Inv, D) \tag{3.4}$$

其中，Pop 表示人口，Pcdi 表示人均可支配收入，Loan 表示银行贷款规模，Vacancy 表示房地产空置面积，Completed 表示商品房竣工面积，Inv 表示房地产市场投资额，D 表示其他外生变量。

选用的房地产价格指标是通过计算得到的，其计算方式为各个城市商品房销售额除以商品房销售面积，单位为元/米^2。其中商品房销售额、商品房销售面积数据来源于各省相关年份的统计年鉴以及各城市统计年鉴。其他数据包括城市总人口数、人均可支配收入、供给、固定资产投资中的国内贷款、商品房待售（空置）面积、商品房竣工面积以及房地产市场投资额来源于各省以及各城市相关年份统计年鉴、CEIC 宏观经济数据库与 Wind 数据库。

3. 指标简介

以上获取的 CAS-RERSD 指标系统中的六个指标，可以分别从需求和供给两个角度进行分类。这六个指标分别代表了城市房地产市场的需求和供给状况，如表 3.4 所示。

表 3.4 CAS-RERSD 指数指标体系

需求	单位
城市总人口数	千人
人均可支配收入	元/人
供给	单位
固定资产投资中的国内贷款	万元
商品房待售（空置）面积	万平方米
商品房竣工面积	万平方米
房地产市场投资额	百万元

代表城市房地产市场需求的指标有城市总人口数和人均可支配收入。

城市总人口数是指城市常住人口总数，与城市的活动有密切关系，是构成城市的社会主体。

人均可支配收入是指个人可支配收入的平均值。个人可支配收入是指个人收入扣除直接税和非商业性费用后的余额。人均可支配收入是决定消费支出的重要的决定因素，是衡量国民生活水平的重要指标。

代表城市房地产市场供给的指标有固定资产投资中的国内贷款、商品房待售（空置）面积、商品房竣工面积、房地产市场投资额。

固定资产投资中的国内贷款反映房地产开发企业资金来源和资金周转状况。固定资产投资主要包括国内贷款、国家预算内资金、利用外资、自筹资金和其他资金来源。其中，国内贷款在我国固定资产投资中占主要份额。

商品房待售（空置）面积主要是指在房地产开发项目中，已竣工的商品房至报告期尚未售出或出租的商品房的面积。

商品房竣工面积主要是指商品房按照设计施工全部完工，达到入住和使用条件，正式移交使用的房屋建筑面积总和。

房地产市场投资额是指城市固定资产投资中，投入房地产领域的资金额度。

4. 2015 年 CAS-RERSD 指数

围绕上文提出的房地产区域供需状况评价体系，运用因子分析法确定各指标的权重，以统计年鉴、Wind、CEIC 数据库的数据为基础，计算 CAS-RERSD 指数，结果如表 3.5 所示。

表 3.5　35 个大中城市 CAS-RERSD 指数

地区	城市	得分	排名	地区	城市	得分	排名
华东	上海	96.83	2	华中	郑州	69.75	11
	杭州	76.36	6		武汉	71.74	8
	青岛	68.04	14		长沙	70.14	10
	南京	71.04	9		南昌	58.76	28
	济南	64.05	20	西北	西安	66.77	15
	福州	64.94	18		乌鲁木齐	56.99	32
	厦门	61.31	24		兰州	55.92	34
	宁波	68.40	13		西宁	55.73	35
	合肥	63.88	21		银川	58.69	29
华南	广州	76.30	7	西南	重庆	95.80	3
	深圳	68.81	12		成都	78.22	5
	海口	56.59	33		昆明	64.46	19
	南宁	60.55	26		贵阳	60.03	27
华北	北京	100.00	1	东北	沈阳	66.27	17
	太原	57.32	31		大连	63.03	22
	天津	81.37	4		长春	60.92	25
	石家庄	61.42	23		哈尔滨	66.37	16
	呼和浩特	58.46	30		—	—	—

注：得分是将原始分标准化在 0~100 范围内的数值，是相对分数，单独考察没有含义

（三）CAS-RERSD 的解读及功能

1. CAS-RERSD 指数解读

由表 3.5 的评分结果可以看出，CAS-RERSD 指数排名前五的城市依次是北京、上海、重庆、天津、成都，主要分布在华北、华东和西南地区，均为一、二线城市；而排名最后的五个城市为西宁、兰州、海口、乌鲁木齐和太原，均为二、三线城市，西北地区占比较多。可以看出一线城市房地产市场供给和需求匹配程度较高。从需求层面来看，重庆、上海、北京、成都、天津城市总人口数最多，人均收入相对较高，因此对房屋的有效需求较高。此外由于一线城市市场发展程度较高，资源可以通过市场自行调节配置，所以房地产供需较为平衡。而我国三线城市和部分二线城市因城市化发展水平较低，需要依靠政府引导配置房地产资源。近年房地产市场行情大热，全国房价"涨声一片"，二、三线城市盲目跟风投资房地产开发，导致供给迅速增加，但城市自身消化能力不足，目前二、三线城市房地产市场人面临较大去库存压力。此外，在一线城市中，用于投资目的的房地产较二、三线城市更多，从住房空置面积可以看出，空置面积最大的城市为重庆、北京、上海。而太原、兰州、西宁的空置面积最小。可见，投资需求也为一线城市的总需求贡献颇多。

总体而言，由于我国房地产市场的区域经济发展水平，人口年龄结构和房地产市场发展状况不同等原因，我国房地产市场供给和需求状况在不同城市之间有明显差异。全国采用无差别的房地产政策存在问题。政府可根据一、二、三线城市或者其他划分，对我国房地产市场进行差别化调控。

2. CAS-RERSD 指数的功能

首先，CAS-RERSD 指数通过理论基础分析和科学方法对房地产市场的供给和需求匹配状况进行测算，对房地产市场未来的发展进行全面和准确的探测，进而发现房地产市场发展中存在的隐患和问题。CAS-RERSD 指数对不利的房地产市场变化十分敏感，对不同城市的房地产市场能够进行横向比较，对不同城市的房地产市场发展程度提供量化意见，对房地产市场供给和需求匹配欠佳的地区或城市提供借鉴和参考。

其次，CAS-RERSD 指数具有市场引导功能，为房地产市场供给和需求匹配不佳的城市指明政策微调的方向。CAS-RERSD 指数，摈弃了单一、粗放的评价方式，根据经典宏观经济和城市经济学理论，采用科学的计算方法，对城市房地产市场的供给和需求匹配状况进行评价，为房地产市场的协调和可持续发展提供重要参考。

最后，CAS-RERSD 指数对房地产市场未来发展具有重要的预警作用。房地产市场创新程度低、受国家政策影响大、市场化程度不高，但是房地产市场可以为投资人带来大额收益。收益的来源不是源于技术进步，也不是源于实体经济的发展。因此，房地产市场的巨额收益应该引起人们的关注。CAS-RERSD 指数能够检测房地产市场供给与需求匹配状况，在城市间进行横向比较，对房地产市场未来发展具有重要的预警作用，为调整房地产市场的地区结构和统筹兼顾提供参考。

三、CAS-RES 指数

（一）CAS-RES 指数指标体系

1. 评价指标的选取

根据科学性、系统性、综合性和可操作性原则，对科教、文化、卫生、交通与环境五个层面进行综合考虑构建场景指标体系；在此基础上，本着代表性的原则针对每个层次选取子指标，着重抓住与评价对象关系密切的要素。

此外，CAS-RES 指数指标体系的选取必须注重各子指标的可靠性。不同部门发布的诸多相似、具有可替代的统计指标，其统计口径、统计频率等方面可能不尽相同。在选取指标时，CAS-RES 指数指标体系尽可能挑选统计频率较为合适、统计方法和统计口径较为稳定的指标作为主要参考指标。

2. 指标简介

为了全面反映房地产区位属性，CAS-RES 指数指标体系设置在 5 个一级指标下，分别是：①科教；②文化；③卫生；④交通；⑤环境。每个一级指标下设若干二级指标。指标体系如表 3.6 所示。

表 3.6　CAS-RES 指数指标体系

目标层	二级指标	一级指标	单位
场景指数	科教	普通高等学校	所
		普通中学	所
		小学	所
		普通高等学校教师	人
		普通中学教师	人
		小学教师	人
	文化	剧场、影剧院数	个
		公共图书馆藏书	千册
	卫生	医院、卫生院数	个
		医院、卫生院床位数	张
		医生数	人
	交通	公共汽车数量	辆
		城市道路面积	万平方米
	环境	建成区绿化覆盖率	%

（二）CAS-RES 指数构建

围绕上文提出的 CAS-RES 指数指标体系，以 2006~2015 年的数据为样本，运用因子分析法确定 CAS-RES 指数体系各指标权重[①]，我们选取 60 个大中城市为样本，数据来源于中经网统计数据库，结果如表 3.7 所示。

表 3.7 2006~2015 年全国 60 个大中城市 CAS-RES 指数

城市	2006 年	2007 年	2008 年	2009 年	2010 年	2011 年	2012 年	2013 年	2014 年	2015 年
北京	100.00	100.48	103.13	105.92	105.21	106.75	110.10	113.38	117.73	119.40
上海	111.45	98.31	99.16	114.25	131.49	131.94	135.21	136.30	137.11	120.75
天津	61.75	61.89	61.59	64.38	65.31	66.59	69.07	71.65	76.16	78.62
重庆	92.21	93.49	97.74	99.51	95.17	97.71	99.25	102.78	104.15	106.29
安庆	29.70	28.86	28.78	28.58	27.73	27.70	27.46	27.84	26.90	26.47
蚌埠	17.66	17.42	17.61	17.77	17.72	17.80	18.19	17.14	18.49	18.91
包头	15.74	15.74	15.73	16.35	16.76	17.01	17.11	17.45	17.83	17.79
北海	9.01	9.37	9.46	9.44	9.61	9.96	10.16	8.97	13.32	10.76
常德	24.14	23.85	23.37	23.75	23.76	23.98	23.85	24.25	24.80	25.06
大连	37.13	37.72	39.46	40.50	41.04	41.75	42.07	42.95	43.42	42.94
丹东	12.95	13.03	12.98	12.99	13.30	14.09	13.58	13.77	13.58	13.95
福州	38.40	38.24	38.05	38.60	40.27	37.53	38.70	40.88	40.09	41.34
赣州	38.64	39.10	39.55	38.81	39.44	39.03	39.94	40.78	41.70	43.78
贵阳	25.76	27.23	26.47	28.55	28.87	31.59	32.60	33.79	32.75	35.37
桂林	24.65	24.34	23.96	23.99	23.86	23.77	23.16	23.88	23.97	23.90
哈尔滨	61.85	60.74	61.33	62.32	62.65	63.59	63.35	62.48	60.78	62.90
海口	13.72	13.64	13.81	13.82	14.34	15.73	16.08	16.09	17.02	17.27
杭州	44.16	41.62	46.11	47.82	47.66	49.24	51.43	52.91	55.35	60.14
合肥	32.22	33.49	34.60	35.93	38.34	47.84	49.32	48.65	48.37	51.47
呼和浩特	19.49	18.98	19.87	20.31	20.49	21.03	21.20	20.83	23.05	23.68
惠州	18.22	18.91	18.32	19.85	20.35	20.75	21.67	22.78	24.01	25.27
吉林	23.40	23.43	23.37	23.18	23.35	23.47	23.50	23.45	23.53	23.24
济南	60.24	62.13	43.90	45.06	44.37	45.56	46.81	47.57	49.16	50.16
济宁	31.54	31.65	32.27	32.45	32.43	33.26	35.50	36.44	36.28	37.11
锦州	15.96	15.60	15.74	15.34	15.48	16.37	15.54	15.21	15.41	15.79
昆明	43.82	46.00	37.60	45.79	44.21	47.28	48.43	52.47	54.74	54.20
兰州	25.90	27.44	25.56	26.49	27.50	26.44	27.62	28.59	28.01	29.50
泸州	16.10	16.38	16.78	17.25	17.56	18.51	19.38	20.23	20.46	20.75
洛阳	34.45	34.38	34.62	35.37	35.65	36.45	37.03	37.61	37.14	37.31

---

① 详细方法参见：吴迪等（2011）。

续表

城市	2006 年	2007 年	2008 年	2009 年	2010 年	2011 年	2012 年	2013 年	2014 年	2015 年
牡丹江	15.95	15.35	15.20	15.20	15.55	15.52	15.43	15.30	14.86	15.13
南昌	35.31	35.25	35.62	36.20	36.81	37.79	38.96	40.09	40.26	42.86
南充	29.48	29.65	30.57	29.82	30.29	30.62	31.28	31.39	31.49	31.67
南京	50.03	52.05	53.64	55.24	55.73	58.00	59.69	63.27	64.32	66.02
南宁	36.34	36.76	41.44	41.89	43.77	44.27	44.22	45.24	46.37	47.25
宁波	30.24	31.02	31.14	32.08	32.19	33.30	34.29	35.42	36.05	37.25
平顶山	23.87	23.79	24.64	24.71	24.99	25.29	21.46	25.41	26.01	26.34
秦皇岛	17.34	17.99	17.78	17.63	17.99	18.00	16.57	19.06	20.06	19.22
青岛	41.86	43.20	43.88	44.05	44.67	46.27	48.17	49.56	50.31	51.43
泉州	33.39	33.62	34.04	34.15	34.90	34.58	35.97	35.65	36.88	37.55
厦门	16.22	17.34	18.61	19.93	20.45	21.22	22.42	22.96	23.60	24.35
韶关	17.10	16.85	18.95	16.65	15.12	15.03	15.03	15.13	15.02	15.17
沈阳	47.51	46.13	46.86	48.22	48.98	50.20	51.56	53.17	53.22	53.90
太原	32.47	32.22	32.30	32.77	33.67	34.47	35.03	35.10	35.92	35.68
唐山	37.36	37.16	37.28	36.50	37.24	37.09	36.28	38.17	37.88	38.27
温州	35.08	35.52	35.87	35.88	36.45	35.50	37.35	37.73	38.65	39.94
乌鲁木齐	26.97	25.22	37.95	26.32	25.56	26.20	28.00	30.07	29.50	29.90
无锡	29.06	29.03	29.63	29.81	30.49	31.19	32.06	33.10	32.65	33.58
武汉	55.73	57.09	57.94	62.22	63.17	64.50	66.59	66.45	67.36	70.46
西安	52.54	55.17	55.74	57.01	57.25	58.85	60.17	61.75	62.18	63.42
西宁	15.38	15.50	18.92	14.86	14.85	15.83	15.80	15.94	15.96	16.70
徐州	35.33	35.82	36.30	36.80	37.20	37.66	39.54	40.58	41.62	42.77
烟台	31.09	31.76	31.80	31.81	32.22	32.59	32.28	32.85	32.06	32.16
扬州	19.19	19.28	18.83	19.36	19.33	19.85	20.27	20.56	20.45	20.87
宜昌	17.64	17.30	17.49	17.38	17.47	17.80	18.25	18.68	19.16	19.24
银川	18.82	18.01	18.20	14.30	14.68	15.22	15.61	16.59	16.83	17.48
岳阳	25.57	26.09	25.80	26.33	24.96	24.01	23.82	23.77	24.66	24.44
湛江	30.51	31.12	31.83	33.45	33.66	33.64	33.00	30.31	30.60	30.12
长春	46.15	46.00	46.63	47.44	49.17	49.76	50.17	50.47	51.56	51.90
长沙	40.91	42.07	42.29	43.96	44.54	45.53	45.68	47.37	49.83	50.86
郑州	43.39	45.27	46.07	47.68	53.48	56.57	51.66	57.67	62.00	64.10

为了进一步揭示场景与房价之间的匹配性，下文对商品房销售均价标准化数据与 CAS-RES 指数做商，以此反映城市房价的性价比。根据我们的研究假设，房价指标比 CAS-RES 指数指标，数值越大则性价比越低，数值越小则性价比越高。例如，重庆市 2006~2015 年，房价场景比都不高于 0.5，则表明，重庆市场景与房价之间的匹配性较高。结果如表 3.8 所示。

表 3.8 2006~2015 年全国 60 个大中城市房价场景匹配性指数

城市	2006 年	2007 年	2008 年	2009 年	2010 年	2011 年	2012 年	2013 年	2014 年	2015 年
北京	1.00	1.11	1.09	1.02	1.05	0.96	0.94	0.90	0.86	0.91
上海	0.80	0.87	0.81	0.89	0.71	0.68	0.65	0.68	0.67	0.84
天津	1.06	1.05	1.03	0.97	0.94	0.95	0.83	0.78	0.76	0.74
重庆	0.44	0.43	0.40	0.40	0.43	0.41	0.41	0.40	0.39	0.37
安庆	1.15	1.13	1.13	1.17	1.23	1.20	1.25	1.31	1.39	1.38
蚌埠	2.24	2.22	2.22	2.22	2.29	2.23	1.99	2.15	2.06	1.92
包头	2.38	2.72	2.65	2.43	2.49	2.27	2.22	2.27	2.19	2.08
北海	3.97	4.18	4.17	4.12	4.22	3.92	3.66	4.03	3.08	3.35
常德	1.52	1.33	1.40	1.30	1.27	1.31	1.36	1.40	1.43	1.44
大连	1.70	1.67	1.57	1.45	1.34	1.37	1.33	1.25	1.33	1.24
丹东	3.07	2.89	2.93	2.95	2.68	2.36	2.47	2.55	2.72	2.62
福州	1.61	1.57	1.58	1.58	1.54	1.81	1.88	1.66	0.95	0.92
赣州	0.48	0.84	0.46	0.90	0.92	0.98	1.04	0.98	1.02	0.89
贵阳	1.62	1.53	1.59	1.48	1.38	1.32	1.21	1.14	1.26	1.08
桂林	1.63	1.55	1.64	1.55	1.56	1.51	1.57	1.49	1.58	1.54
哈尔滨	0.73	0.70	0.77	0.73	0.74	0.70	0.68	0.70	0.72	0.69
海口	3.34	3.41	3.80	3.81	4.19	3.18	3.10	3.10	3.04	2.85
杭州	1.80	1.91	1.77	1.82	1.93	1.70	1.64	1.62	1.43	1.25
合肥	1.52	1.34	1.31	1.26	1.28	1.01	0.94	0.91	1.00	0.94
呼和浩特	2.14	2.06	1.96	2.12	1.95	1.77	2.01	1.90	1.76	1.61
惠州	2.62	2.66	2.70	2.29	2.18	2.13	2.05	1.86	1.79	1.66
吉林	1.48	1.47	1.51	1.53	1.53	1.55	1.44	1.44	1.51	1.56
济南	0.88	0.78	1.14	1.10	1.15	1.10	1.07	1.02	1.00	0.96
济宁	1.16	1.16	1.10	1.10	1.05	1.06	0.93	0.93	0.94	0.92
锦州	2.21	2.18	2.40	2.29	2.36	1.98	1.97	2.08	2.24	2.23
昆明	1.07	0.94	1.24	0.93	0.85	0.85	0.91	0.80	0.70	0.71
兰州	1.70	1.53	1.65	1.56	1.47	1.47	1.53	1.43	1.58	1.45
泸州	1.92	1.95	1.99	1.85	1.90	1.82	1.68	1.75	1.72	1.70
洛阳	1.09	1.08	1.09	1.00	0.98	0.94	0.95	0.92	0.93	0.93
牡丹江	0.94	0.91	0.92	0.66	1.09	1.22	1.17	1.11	1.08	1.19
南昌	1.39	1.33	1.25	1.17	1.15	1.23	1.22	1.21	1.14	1.07
南充	1.04	1.05	1.13	1.16	1.13	1.18	1.12	1.12	1.22	1.19
南京	1.25	1.17	1.06	1.17	1.22	1.10	1.12	1.09	0.24	0.96
南宁	1.29	1.24	1.16	1.13	1.03	0.96	1.03	1.05	0.99	0.93
宁波	2.38	2.21	2.34	2.39	2.38	2.17	2.12	1.90	1.80	1.62
平顶山	1.41	1.32	1.31	1.25	1.25	1.21	1.45	1.19	1.22	1.25
秦皇岛	2.69	2.67	2.71	2.60	2.33	2.29	2.48	2.43	2.06	2.01
青岛	1.44	1.39	1.29	1.23	1.18	1.17	1.17	1.10	1.07	1.03

续表

城市	2006 年	2007 年	2008 年	2009 年	2010 年	2011 年	2012 年	2013 年	2014 年	2015 年
泉州	0.55	1.38	1.42	1.40	1.29	1.51	1.35	1.33	1.24	1.13
厦门	4.99	4.89	3.12	3.50	3.16	3.22	3.49	3.45	1.62	1.57
韶关	1.99	2.05	1.90	2.09	2.34	2.33	2.50	2.36	2.33	2.29
沈阳	1.09	1.04	1.06	0.97	0.95	0.92	0.92	0.84	0.83	0.83
太原	1.65	1.53	1.51	1.50	1.67	1.49	1.42	1.42	1.40	1.33
唐山	1.11	1.16	1.11	1.12	1.07	1.15	1.23	1.04	1.05	1.01
温州	2.16	2.22	2.37	2.98	2.42	2.88	2.81	2.45	2.06	1.70
乌鲁木齐	1.47	1.57	1.13	1.52	1.63	1.62	1.53	1.43	1.51	1.46
无锡	1.99	1.90	1.99	1.91	1.93	1.93	1.81	1.57	1.56	1.46
武汉	0.98	0.98	0.94	0.84	0.77	0.82	0.79	0.77	0.23	0.73
西安	0.97	0.82	0.86	0.76	0.73	0.80	0.81	0.75	0.72	0.69
西宁	2.49	2.43	2.12	2.46	2.42	2.19	2.45	2.30	2.63	2.42
徐州	1.12	1.04	1.06	1.05	1.02	1.03	1.01	0.99	0.37	0.92
烟台	1.49	1.38	1.37	1.35	1.24	1.27	1.33	1.31	1.45	1.29
扬州	2.44	2.32	2.42	2.39	2.26	2.36	2.31	2.20	1.87	1.83
宜昌	2.31	2.25	2.34	2.20	2.18	2.17	2.18	1.98	1.85	1.92
银川	2.23	2.08	2.18	2.84	2.66	2.52	2.44	2.27	2.14	2.13
岳阳	1.17	1.18	1.32	1.13	1.29	1.29	1.32	1.27	1.30	1.35
湛江	1.27	1.25	1.22	1.26	1.20	1.24	1.25	1.34	1.36	1.31
长春	0.94	0.96	0.96	0.94	0.92	0.95	0.86	0.86	0.86	0.84
长沙	1.09	1.06	1.02	0.94	0.93	1.01	1.01	0.94	0.87	0.80
郑州	1.08	1.04	1.04	0.96	0.83	0.80	0.91	0.84	0.81	0.74

（三）CAS-RES 指数的解读及功能

1. CAS-RES 指数解读

从 CAS-RES 指数来看，大多数城市的 CAS-RES 指数值在 2006~2015 年都有所增加，但是安庆、桂林、吉林、济南、锦州、牡丹江、韶关、银川、岳阳、湛江等 10 个城市的 CAS-RES 指数却有所下降，其中济南下降幅度最大。这说明虽然全国范围内大多数城市发展水平不断提高，但是部分城市发展水平仍有提升的余地。其中，2013~2015 年北京、上海、重庆 3 个城市 CAS-RES 指数超过 100，表明 3 个城市在科教、文化、卫生、交通、环境方面发展水平较好。该指数通常与地区经济发展水平密切相关，不同经济发展水平的城市之间 CAS-RES 指数差异较大。从房价场景匹配性指数来看，数据显示，一线城市中，上海的房价场景匹配性指数小于 1，二线城市中，重庆、哈尔滨、武汉、西安、长春房价场景匹配性指数小于 1，住宅性价比值最高。其中重庆的房价场景匹配性指数一直小于 0.5，表明重庆的居住场景性价比较高。一方面，重庆基础设施及场景建设处于全国较高水平；另一方面，重庆商品房销售均价相对便宜。

一线城市内部，北京、上海的房价场景匹配性指数均在 1 左右波动，主要有两方面原因：一方面，北京、上海房价处于相对全国较高的水平；另一方面，北京和上海的基础设施建设水平在全国数一数二，随着经济的发展，北京与上海的城市建设水平不断增强，场景完善程度也遥遥领先于其他城市，因此场景指数显示北京、上海的城市住宅性价比尚处于合理范围之内。

根据房价场景匹配性指数结果，发现厦门的指数从 2006 年的 4.99 下降到 2015 年的 1.57，下降幅度明显，主要原因在于厦门市卫生、交通、环境三方面的水平有了显著的提高，同时 2014、2015 两年的房屋销售价格有所下跌。除了这些主要城市，我们可以看到，60 个大中城市中，锦州、西宁、秦皇岛、银川等城市房价场景匹配性指数较高。

2. CAS-RES 指数的功能

CAS-RES 指数能够反映房地产的区位属性，指导房地产行业可持续发展。场景因素在我国城市居民居住区位选择中具有重要的影响作用。尤其是在截面意义上，场景水平与房地产发展水平显著相关，场景指数越高的地区，房价水平普遍较高；反之较低。我国房地产行业所采用的粗放型发展方式已经不可维持，必须改变现有的经营和发展模式，将发展和经营的重点由原来的规模化转向精细化，在绿色、低碳、人文领域实现新的增长和突破。本指数反映了房地产产品的根本属性——区位性，可以为房地产行业的精细化经营服务提供借鉴和参照。此外，场景指数也在某种程度上体现了区域房地产价格的发展潜力。场景的丰富与完善必将带来房地产及其相关行业的不断发展，而房地产的发展又进一步带来周围场景投资的阶跃式增长，从而推动房地产的进一步发展。

四、CAS-REF 指数

（一）CAS-REF 指数简介

CAS-REF 指数是由中国科学院大学房地产研究中心于 2013 年首度推出的，反映我国整体房地产金融体系运行状况的综合指数。CAS-REF 指数以 2000 年 1 月为基期（2000M1=100），通过观察其变动趋势或与其他相关指标结合分析，可以评判和预测我国整体房地产金融体系的运行状况，甚至在一定程度上可以反映我国潜在的房地产金融风险。

在我国，房地产业是一个高投入、高收益和高风险的资本密集型产业，对金融资本的依赖度很高。而目前我国的房地产金融市场仍处于一个初级阶段，尚未形成一个健全的、多层次的市场体系。我国房地产金融体系以一级市场为主，二级市场尚未真正建立起来。其中，一级市场又以商业银行为主，相关数据和调查均显示，房产在银行的总贷款额占比很高。因此，我国房地产金融市场尤其是商业银行业蕴含很大的房地产金融风险。但与此同时，我国房地产金融市场又肩负"为房地产开发经营提供资金保障"和"支持居民住房消费能力的提高"两大主要使命。

目前，国内学者和相关机构尚未建立关于专门针对我国房地产金融市场运行状况的指数。已有的相关指数，如金融状况指数，也不足以充分反映我国房地产金融市场的运行状况。鉴于此，中国科学院大学房地产研究中心建立 CAS-REF 指数，旨在达到两方面的目的：一是考量其能否较好地为房地产开发经营提供资金保障和支持居民住房消费能力的提高提供依据；二是监测我国潜在的房地产金融风险。

（二）CAS-REF 指数的指标体系与评价方法

1. 评价指标的选取原则

科学合理地选取评估我国房地产金融状况的指标是构建 CAS-REF 指数的基本前提，由于反映房地产金融状况的指标不易界定，因此在构建 CAS-REF 指数的指标体系时按照以下五项基本原则来挑选指标。

第一，全面性。对房地产金融状况的评估应该涵盖房地产金融的主要方面，CAS-REF 指数既要监测我国房地产金融风险，又要考量其能否较好地为房地产开发经营提供资金保障和支持居民住房消费能力的提高提供依据。因此，对于房地产金融状况每一个主要方面的变动都应采用一个或者多个指标进行评估，而且这种评估要能较好地度量变动或影响的程度。

第二，简洁性。一般而言，选取指标的数量越多越能充分全面反映房地产金融的状况，但是指标太多也容易造成指标的重复和累赘，而且并非所有的指标都能达到预期的度量目的，因此在选取指标时要考虑指标的实用性。只有选定的指标体系为完备集中的最小集合，才能避免重复和累赘，并能达到识别的目的。

第三，可操作性。可操作性一是指所选择的指标必须是可量化的，而且可以通过某些方式取得相应的数据。二是指各个指标数据的长度和频度必须保持一致，对于频度不一致的指标数据，可以通过一定的工具和手段进行调整，最终确保所有指标数据具有相同的时间长度和频度。

第四，可比性。为了便于与其他指标或历史数据进行横向或纵向对比，CAS-REF 指数评价指标应保持指标的名称和体系结构等方面尽量与现行制度保持统一，对于指标的计算口径和相应数据的选取曾出现历史变动的，应进行相应调整以确保数据的连续和相对稳定。此外，对其中的异常点也要进行调整，这样的指标体系才具有实际意义。

第五，预警性。CAS-REF 指数的重要功能是就是它的预警功能，这就要求在建立指标体系时应尽量选取具有先行性的指标，或者所选指标能从根本上反映我国房地产金融体系所面临的潜在风险，或者所选指标能预示我国房地产金融体系能在多大程度上为房地产开发经营提供资金保障和支持居民住房消费能力的提高。

2. CAS-REF 指数的指标体系

基于以上五项指标选取原则，着眼于我国房地产金融体系进行指标选取，共选取了如下 7 个指标。具体指标及相应的指标解释如表 3.9 所示。

表 3.9　CAS-REF 指数评价指标体系

序号	指标	指标解释
1	商品房销售均价	房价的变动跟房地产金融风险密切相关，我们选用商品房销售均价（商品房销售额/商品房销售面积）作为衡量房地产金融风险的指标之一
2	上证房地产指数	上证房地产指数（000006.sh）是衡量房地产金融状况的指标之一（月数据由日数据加权平均所得）
3	房地产开发国内贷款	衡量房地产金融状况的指标之一（房地产开发资金来源：国内贷款）
4	房地产开发自筹资金	间接衡量房地产金融状况（房地产开发资金来源：自筹资金）
5	银行间同业拆借加权平均利率	同业拆借市场能够迅速反映货币市场的资金供求状况，银行间同业拆借加权平均利率可以作为金融市场市场利率的代理变量
6	人民币实际有效汇率指数	真正体现一国汇率水平并对宏观经济产生实际影响的应当是实际汇率而不是名义汇率，我们采用人民币实际有效汇率指数（2010 年=100）作为汇率的代理指标
7	CPI	选用消费者价格指数（上年=100）作为衡量通货膨胀率指标

3. CAS-REF 指数的评价方法

1）向量自回归模型

向量自回归（vector autoregression，VAR）模型是一种常用的计量经济模型，由克里斯托弗·西姆斯（Christopher Sims）提出。VAR 模型是基于数据的统计性质建立模型，把系统中每一个内生变量作为系统中所有内生变量的滞后值的函数来构造模型，从而将单变量自回归模型推广到由多元时间序列变量组成的"向量"自回归模型。VAR 模型是处理多个相关经济指标的分析与预测最容易操作的模型之一，并且在一定的条件下，多元 MA 和 ARMA 模型也可转化成 VAR 模型，因此近年来 VAR 模型受到越来越多的经济工作者的重视。

VAR（p）模型的数学表达式为

$$y_t = A_1 y_{t-1} + \cdots + A_p y_{t-p} + BX_t + \varepsilon_t \qquad (3.5)$$

其中，y_t 为 k 维内生变量向量；X_t 为 d 维外生变量向量；p 为滞后阶数；t 为样本个数。$k{\times}k$ 维矩阵 $A_1, \cdots, A_p$ 和 $k{\times}d$ 维矩阵 B 是要被估计的系数矩阵。ε_t 为 k 维扰动向量，它们相互之间可以同期相关，但不与自己的滞后值相关及不与等式右边的变量相关，假设 Σ 是 ε_t 的协方差矩阵，是一个（$k{\times}k$）的正定矩阵。

2）广义脉冲响应函数

VAR 模型的动态分析一般采用"正交"脉冲响应函数来实现，而正交化通常采用 Cholesky 分解完成，但是 Cholesky 分解的结果严格地依赖于模型中变量的次序。Koop 等（1996）提出的广义脉冲响应函数正好克服了上述缺点。

运用广义脉冲响应函数后，设响应指标 Z_0 对冲击指标 Z_i 在第 t 期的响应为 λ_{it}，则响应指标 Z_0 对冲击指标 Z_i 在 t 期内的加权响应为

$$\lambda_i = \sum_{t=1}^{T} \frac{1}{t} \lambda_{it}, i = 1, 2, \cdots, n \qquad (3.6)$$

则表 3.9 的指标体系内每个指标的权重为

$$w_i = \frac{\lambda_i}{\sum_{i}^{n} |\lambda_i|}, i = 1, 2, \cdots, n \qquad (3.7)$$

计算综合评价函数为

$$F_t = \sum_{i}^{m} w_i y_{it}, i = 1, 2, \cdots, n \qquad (3.8)$$

以样本内第一期的值为基准，设基期的综合评价得分为 f_0，报告期内其他期的综合评价得分 f_t。设定基期的值为 100，则报告期内其他期的值为

$$F_t' = \frac{F_t}{F_0} \times 100, \ t = 1, 2, \cdots, T \qquad (3.9)$$

3）CAS-REF 指数的构建

我们选取表 3.10 内指标的 2000 年 1 月至 2017 年 9 月的数据为样本，通过对数据进行插值、季节性调整、剔除通货膨胀影响和平稳性处理后，将处理后数据按照上文的评价方法进行评价，得到的结果如下所示。

表 3.10　CAS-REF 指数结果

时间	CAS-REF 指数	时间	CAS-REF 指数	时间	CAS-REF 指数	时间	CAS-REF 指数
2000-01	100.00	2001-08	101.22	2003-03	101.84	2004-10	98.78
2000-02	99.53	2001-09	102.78	2003-04	99.26	2004-11	102.41
2000-03	99.81	2001-10	105.01	2003-05	99.90	2004-12	101.15
2000-04	97.18	2001-11	99.69	2003-06	99.97	2005-01	101.55
2000-05	100.37	2001-12	98.92	2003-07	106.01	2005-02	100.01
2000-06	93.74	2002-01	115.24	2003-08	102.58	2005-03	103.43
2000-07	99.41	2002-02	106.31	2003-09	101.73	2005-04	104.75
2000-08	98.70	2002-03	90.44	2003-10	100.32	2005-05	103.24
2000-09	105.26	2002-04	100.20	2003-11	102.73	2005-06	99.40
2000-10	97.96	2002-05	100.86	2003-12	98.80	2005-07	103.80
2000-11	90.29	2002-06	101.28	2004-01	100.47	2005-08	95.45
2000-12	95.23	2002-07	91.08	2004-02	96.95	2005-09	96.33
2001-01	90.78	2002-08	101.68	2004-03	99.97	2005-10	99.96
2001-02	122.23	2002-09	100.13	2004-04	100.46	2005-11	100.09
2001-03	97.24	2002-10	100.67	2004-05	105.27	2005-12	98.24
2001-04	94.77	2002-11	105.34	2004-06	102.17	2006-01	98.35
2001-05	92.99	2002-12	105.00	2004-07	104.76	2006-02	98.79
2001-06	103.07	2003-01	101.07	2004-08	102.71	2006-03	98.00
2001-07	102.39	2003-02	105.00	2004-09	100.73	2006-04	93.82

续表

时间	CAS-REF 指数	时间	CAS-REF 指数	时间	CAS-REF 指数	时间	CAS-REF 指数
2006-05	99.69	2009-04	79.45	2012-03	96.94	2015-02	121.40
2006-06	99.86	2009-05	73.62	2012-04	100.73	2015-03	85.69
2006-07	96.87	2009-06	74.78	2012-05	94.83	2015-04	52.16
2006-08	95.30	2009-07	74.17	2012-06	93.78	2015-05	68.52
2006-09	92.93	2009-08	129.32	2012-07	102.75	2015-06	66.49
2006-10	97.11	2009-09	107.95	2012-08	110.57	2015-07	170.54
2006-11	84.29	2009-10	87.88	2012-09	101.02	2015-08	116.00
2006-12	77.33	2009-11	94.48	2012-10	96.29	2015-09	127.68
2007-01	91.20	2009-12	111.54	2012-11	97.69	2015-10	78.08
2007-02	105.05	2010-01	120.21	2012-12	91.22	2015-11	89.73
2007-03	80.98	2010-02	117.55	2013-01	79.37	2015-12	115.43
2007-04	62.96	2010-03	95.11	2013-02	107.56	2016-01	124.25
2007-05	52.94	2010-04	112.46	2013-03	115.87	2016-02	113.65
2007-06	71.09	2010-05	127.83	2013-04	103.73	2016-03	100.30
2007-07	100.51	2010-06	98.10	2013-05	92.94	2016-04	112.11
2007-08	31.62	2010-07	100.26	2013-06	105.88	2016-05	107.04
2007-09	88.87	2010-08	90.58	2013-07	103.81	2016-06	89.21
2007-10	102.95	2010-09	101.39	2013-08	91.58	2016-07	84.88
2007-11	117.42	2010-10	88.39	2013-09	81.49	2016-08	79.74
2007-12	130.70	2010-11	105.55	2013-10	98.78	2016-09	94.85
2008-01	86.85	2010-12	105.48	2013-11	110.91	2016-10	93.54
2008-02	120.38	2011-01	95.19	2013-12	111.49	2016-11	84.02
2008-03	129.97	2011-02	109.18	2014-01	103.77	2016-12	113.80
2008-04	141.55	2011-03	96.76	2014-02	104.14	2017-01	83.15
2008-05	125.55	2011-04	94.44	2014-03	105.63	2017-02	94.89
2008-06	131.15	2011-05	108.84	2014-04	97.43	2017-03	111.11
2008-07	104.04	2011-06	98.11	2014-05	104.47	2017-04	100.29
2008-08	121.87	2011-07	97.59	2014-06	93.86	2017-05	109.66
2008-09	114.08	2011-08	106.15	2014-07	90.29	2017-06	78.80
2008-10	105.57	2011-09	104.26	2014-08	89.46	2017-07	83.24
2008-11	98.68	2011-10	112.15	2014-09	98.51	2017-08	97.42
2008-12	83.71	2011-11	99.73	2014-10	95.83	2017-09	95.30
2009-01	101.96	2011-12	109.21	2014-11	83.89	—	—
2009-02	81.68	2012-01	95.96	2014-12	62.34	—	—
2009-03	90.15	2012-02	96.86	2015-01	57.75	—	—

资料来源：Wind 数据库

（三）CAS-REF 指数的功能及指导性

1. CAS-REF 指数解读

从图 3.2 来看，我国房地产金融状况可以大致分成三个阶段，第一个阶段为 2007 年以前，第二个阶段为 2007~2010 年，第三个阶段为 2010 年至今。

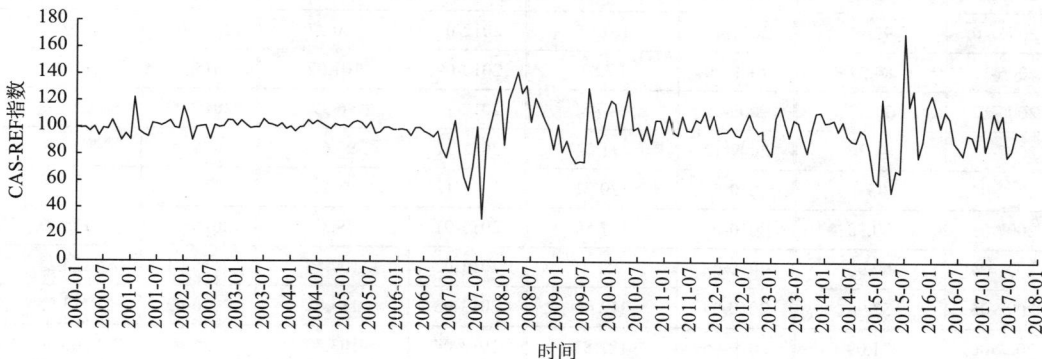

图 3.2　CAS-REF 指数趋势图

2007 年以前，整个房地产金融状况非常平稳，指数波动幅度很小，说明此阶段我国的房地产金融状况良好，房地产市场运行正常。

2007~2010 年，此阶段 CAS-REF 指数的波动幅度较大。2007 年 2 月至 5 月的房地产金融状况指数持续大幅下降，在 5 月第一次跌破 60 达到低点，随后迅速回升，在 7 月达到 100.51，之后再次剧烈暴跌，在 8 月达到史上最低点 31.62。2007 年 8 月后呈趋势性上升，在 2008 年 4 月达到这一阶段的高点 141.56，随后又呈持续性下降趋势，2009 年 11 月跌至 94.47，结束本阶段的剧烈波动。究其原因，主要是由于 2008 年是我国遭受由美国次贷危机引发的全球经济危机影响最严重的时期，房价大幅下跌，房地产企业面临着前所未有的困境，购房者也因房价下跌而出现了还款违约行为，此时的房地产金融状况在不断恶化。之后房地产市场在政府的经济刺激下，房地产金融状况也出现了转好的迹象，从 CAS-REF 指数上来看，2009 年 8 月底就已经回升到 129.32，虽然之后 CAS-REF 指数有一定幅度的波动，但还在相对较高的数值上，说明在次贷危机影响过后，从 2009 年第三季度我国的房地产金融状况就有了明显的好转。

2010 年后，此阶段我国房地产金融状况相对比较平稳，但波动幅度比第一阶段的幅度相对要大，虽然在经济危机影响过后，我国的房地产金融状况运行良好，相对平稳，但与 2007 年前相比，我国的房地产金融状况波动幅度增大，房地产市场的风险也在增大。

如图 3.3 所示，2015 年 CAS-REF 指数出现大幅波动，2015 年 1 月 CAS-REF 指数为 57.75，而在 2 月快速增至 121.40，随后又大幅下降，至 2015 年 7 月 CAS-REF 指数出现更猛烈的暴增，至 170.54，随后又再次回落，2015 年底 CAS-REF 指数下降至 115.43。2016 年至 2017 年 9 月 CAS-REF 指数相对平稳，但波动幅度较大，2015 年的剧烈波动与经济危机有关。

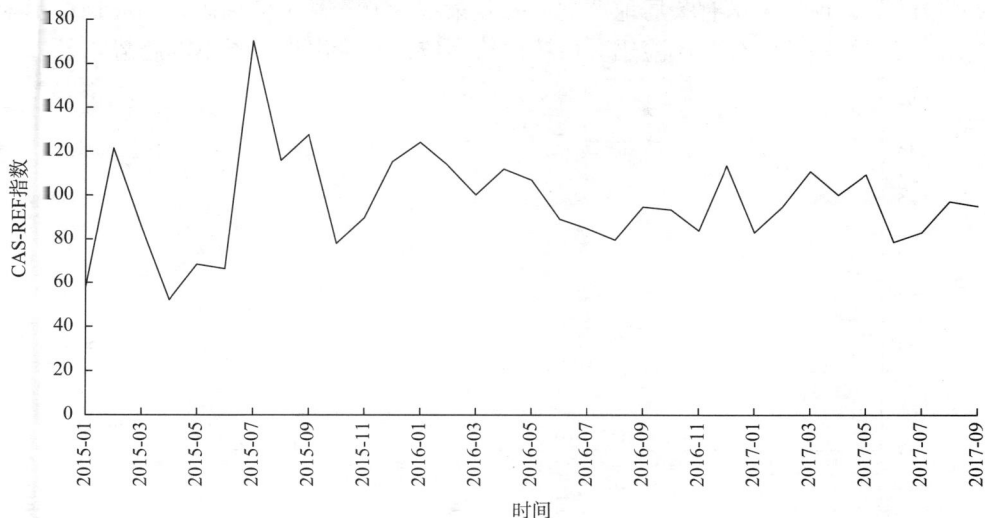

图 3.3　2015~2017 年 CAS-REF 指数趋势图

预计未来我国房地产金融状况 CAS-REF 指数呈现平稳态势。十九大出台了一系列的房地产调控措施，短期内房地产政策调控不放松，保持政策的连续性和稳定性；长期因城区地施策、建立长效机制，调控政策在一、二、三、四线城市出现分化。在新的房地产干预政策和前期的去库存压力下，我国房地产市场从整体上来看趋于均衡和更加合理，房地产市场的风险未来可能会逐步缓慢下降。

CAS-REF 指数对我国潜在的房地产金融风险也有一定的监测作用。CAS-REF 指数以月度数据为样本数据，其对我国房地产金融状况的变化较为敏感。我们以 CAS-REF 指数历史期的标准差来衡量我国房地产金融市场面临的潜在风险。

从图 3.4 可以看出，我国潜在的房地产金融风险在 2007 年出现大幅剧烈上升，是之前的 2 倍还多。2007 年之前我国房地产金融风险状况较为稳定，风险水平基本维持在 8 以下。2007 年开始的我国潜在的房地产金融风险上升趋势持续至 2009 年底。2010 年开始我国潜在的房地产金融风险基本始终在高位并保持较稳定的态势。

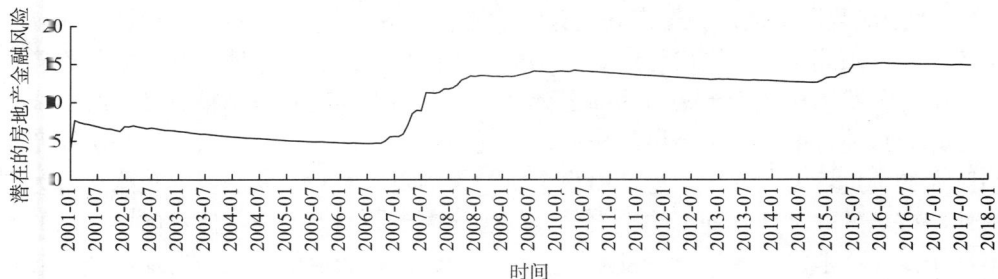

图 3.4　2001~2018 年我国潜在的房地产金融风险趋势图

从图 3.5 可以看出，2015~2017 年我国潜在的房地产金融风险在 2015 年明显上升，主要是由于 2015 年的经济危机以及不断收紧的房地产调控政策。十九大强调"房子不是用来炒的"，预计未来有关房地产的调控政策不会放松甚至会加码，因此预计未来短期内我国潜在的房地产金融风险仍会持续保持高位，不会出现明显下降趋势。

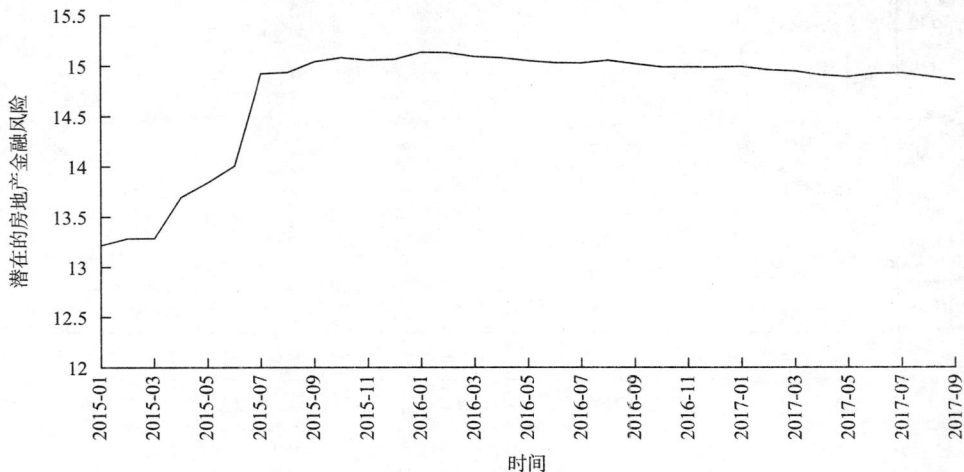

图 3.5　2015~2017 年我国潜在的房地产金融风险趋势图

2. CAS-REF 指数的功能及指导性

从前文构建 CAS-REF 指数的过程及解读来看，CAS-REF 指数有利于对我国房地产金融体系的整体运行状况进行科学、客观的评估。其主要具有三方面的功能：一是评估我国房地产金融体系运行状况的功能；二是预测我国房地产金融市场走势的功能；三是监测我国潜在的房地产金融风险的功能。

（1）评估我国房地产金融体系运行状况的功能。2000 年我国房地产金融市场相对稳定，CAS-REF 指数以 2000 年 1 月为基期（2000M1=100），通过比较报告期与基期数值的差距可以评估我国房地产金融体系在报告期内的运行状况。同时，通过观察报告期内 CAS-REF 指数的变化也有助于加强各界人士对我国房地产金融市场变化趋势的认识，政府亦可以通过该指数来评估房地产相关调控政策的实施效果，探析当前我国房地产金融市场面临的问题，并以此作为依据来颁布或调整相应房地产金融调控政策。

（2）预测我国房地产金融市场走势的功能。CAS-REF 指数具有先行性，通过观察其走势，可以预测未来我国房地产金融体系的运行趋势。对于房地产开发商和购房者而言，准确预测我国房地产金融市场的运行趋势，有助于其较好地调整自己的经营策略和消费方式。目前，由于我国严厉的房地产宏观调控，房地产企业尤其是中小房地产企业面临巨大的资金压力，许多房地产中小企业纷纷倒闭。而对于购房者，其购房行为则受对房地产市场的非理性预期影响很大。我国房地产市场两大参与主体目前所面临的形势都不利于我国房地产市场的健康发展。而 CAS-REF 指数恰好可以为房地产开发商和购房者选择更合适的经营策略和消费方式提高参考，从而最终间接促进我国房地产市场的发展。

（3）监测我国潜在的房地产金融风险的功能。CAS-REF 指数以月度数据为样本数据，其对我国房地产金融状况的变化较为敏感。中国科学院大学房地产研究中心采用 CAS-REF 指数历史期的标准差来衡量我国房地产金融市场面临的潜在风险。通过前文的分析，可以看出 CAS-REF 指数对于我国潜在的房地产金融风险确实具有监测作用，通过观察 CAS-REF 指数历史期的标准差（反映我国潜在的房地产金融风险）趋势图，可以评古我国房地产金融风险变化的趋势及变化的程度。此外，结合 CAS-REF 指数历史期的标准差的趋势图，也可以对我国宏观调控政策的效果在一定程度上进行评估。

第四章 重点城市房地产市场运行情况

2017 年 1~10 月，在强调坚持住房居住属性的背景下，地方调控政策差异化明显，热点城市政策不断收紧，限购限贷力度及各项监管措施频频加码，开启"限售"模式且不断扩大，同步加强房地产金融监管，着力抑制投资投机性需求。中央出台住房租赁市场管理条例，加快购租并举住房制度建设，深化土地、人口改革，加快长效机制的建立，为房地产平稳健康发展构建良好的环境。

2017 年 1~10 月宏观经济总体平稳，稳中向好；投资结构持续改善，进出口复苏；资金持续收紧，按揭利率逐步走高，房地产企业资金来源增速下滑；需求端、供给端挂钩调控，因城施策，进入多重限制阶段。具体而言，需求端房地产政策缩紧从严，城市持续扩容，调控手段全面升级，调控力度区域性分化；供给端房地产政策加速供应，因城施策调整土地供应，引入多种土拍模式，加快培育住房租赁市场。地方调控密集出台，力度大小不一，一线城市调控政策最为严苛，二线热点城市不断加强限购力度，三、四线城市调控出现分化，城市群周边的三、四线城市开始限购，大部分城市仍执行"去库存"政策，调控力度相对温和。

总体而言，房地产市场商品房销售面积增幅、销售额增速均持续回落，开发投资额拐点出现，房地产企业趋于谨慎，新开工与竣工面积持续放缓。同时各能级城市分化加剧，受市场调控力度持续加大影响，市场成交热度下降趋势梯次向下转移，一、二线城市成交量同比出现回落，三、四线城市成交量则略有上涨，但分化趋势明显。房地产企业融资渠道全面收窄，TOP20 品牌房地产企业销售额同比均有增长。各房地产企业积极拿地补仓，碧桂园拿地规划面积再居榜首，房地产企业收并购热情不减，收购拿地成为扩张的新方式。

本章首先针对北京、上海、广州、深圳四个一线城市进行分析，接着选取了二线城市中经济发展较好的重庆和青岛两个城市进行分析，再次对热点城市南京、福州、汕头进行了分析，最后选取长沙和温州作为三、四线城市代表进行了分析。

一、北京市 2017 年 1~10 月房地产市场分析

（一）北京市经济形势概况

2017 年以来，北京市坚持"稳中求进"工作总基调，紧紧围绕首都城市战略定位，深入推进供给侧结构性改革，全市经济保持了稳中向好的发展态势，增长平稳、民

生改善、结构优化、质量提升的良好格局得到进一步巩固。北京市前三季度 GDP 累计增速分别为 6.9%、6.8%、6.8%。根据北京市统计局最新数据，前三季度北京市实现地区生产总值 19 569.8 亿元，按可比价格计算，比上年同期加快 0.1 个百分点，增速与上半年持平。整体上，北京市前三季度 GDP 增速低于全国平均水平 0.1 个百分点。从各个产业来看，第一产业实现增加值 86.9 亿元，下降 4.6%。第二产业实现增加值 3 429.6 亿元，增长 5.4%，其中北京市规模以上工业增加值按可比价格计算，同比增长 6%，增速比上年同期提高了 2.1 个百分点；建筑业总产值 6 644.4 亿元，同比增长 13.2%。第三产业实现增加值 16 053.3 亿元，增长 7.1%。

2017 年 1~10 月，北京市经济运行主要呈现以下特点。

1. 都市型现代农业发展平稳，农业生态功能不断增强

都市型现代农业发展平稳。前三季度，全市观光园实现总收入 20.7 亿元，同比增长 5.1%，农业会展、农事节庆活动接待游客 414.6 万人次，实现收入 2.4 亿元；设施农业实现亩均收入 1.9 万元，增长 4.6%。农业生态功能增强。在生态景观造林和京津风沙源治理等造林工程带动下，前三季度全市林业产值同比增长 15.5%，农业生态服务价值大幅提升。

2. 工业生产加快，效益效率提升

2017 年 1~10 月，北京市规模以上工业企业实现主营业务收入 16 030.9 亿元，比上年同期增长 5.8%；实现利润总额 1 552.2 亿元，比上年同期增长 29.2%。截至 10 月末，规模以上工业企业应收账款 4 440.5 亿元，同比增长 6.4%；产成品资金 939.2 亿元，同比增长 11.5%。

分经济类型看，国有企业实现利润总额 554.3 亿元，比上年同期增长 50.1%；股份制企业实现利润总额 353.7 亿元，同比下降 5.2%；外商及港澳台商投资企业实现利润总额 643.6 亿元，同比增长 41.2%。

分规模看，大中型企业实现利润总额 1 342.3 亿元，比上年同期增长 30.6%。

分行业看，在 39 个工业行业大类中，27 个行业利润实现同比增长。其中，电力、热力生产和供应业实现利润总额 575.8 亿元，同比增长 42.2%；汽车制造业实现利润总额 337.3 亿元，同比增长 23.1%；医药制造业实现利润总额 152.8 亿元，同比增长 19.3%；计算机、通信和其他电子设备制造业实现利润总额 135.3 亿元，同比增长 104.7%。

3. 服务业增势平稳，优势行业发挥重要带动作用

2017 年前三季度，北京市第三产业增加值同比增长 7.1%，快于全市经济增速 0.3 个百分点。其中，金融、科技服务、信息服务等优势行业保持稳定增长，对全市经济增长的贡献率合计达 53.2%。金融业实现增加值 3 408.6 亿元，增长 7.4%；科学研究和技术服务业实现增加值 2 312.3 亿元，增长 10.8%；信息传输、软件和信息技术服务业实现增加值 2 144.5 亿元，增长 10.2%。

流通领域增势良好。交通运输、仓储和邮政业在运输行业较快增长带动下，实现增加值 925 亿元，同比增长 13.1%，快于第三产业增速 6 个百分点。公共服务业虽然规模较小，但增长较快。其中，水利、环境和公共设施管理业增加值增长 12.2%，教育业增

加值增长 8.6%。

4. 投资增长稳定，补短板惠民生作用增强

2017 年 1~10 月，北京市完成全社会固定资产投资 6 955.6 亿元，比上年同期增长 4.2%。从主要领域及区域投资情况看，主要分为以下几个方面。

（1）产业投资：第一产业完成投资 72.1 亿元，同比增长 5%。第二产业完成投资 647 亿元，增长 17.8%，其中工业投资完成 645.6 亿元，增长 18.2%。第三产业完成投资 6 236.5 亿元，增长 2.9%；其中，租赁和商务服务业增长 1.4 倍，信息服务业增长 63%，交通运输、仓储和邮政业增长 21.5%，水利、环境和公共设施管理业增长 17%。

（2）基础设施投资：基础设施投资完成 2 224.7 亿元，同比增长 25.9%，占全市投资的比重为 32%，同比提高 5.5 个百分点。其中，交通运输领域完成投资 909.1 亿元，增长 21.5%；公共服务领域完成投资 576.9 亿元，增长 19.6%；能源领域完成投资 355.6 亿元，增长 47.9%。

（3）各功能区投资：首都功能核心区完成投资 463.6 亿元，同比增长 12.3%；城市功能拓展区完成投资 2 806.6 亿元，增长 5.5%；城市发展新区完成投资 2 941.6 亿元，增长 1.9%；生态涵养发展区完成投资 743.9 亿元，增长 3.7%。

在房地产市场方面，2017 年 1~10 月，北京市商品房施工面积为 11 839.2 万平方米，同比下降 6.9%。其中，住宅施工面积为 5 106.3 万平方米，下降 11.9%；写字楼为 2 341 万平方米，下降 3%；商业、非公益用房及其他为 4 391.9 万平方米，下降 2.6%。商品房新开工面积为 1 769.6 万平方米，同比下降 26.3%。其中，住宅新开工面积为 843.5 万平方米，下降 16.8%；写字楼为 284.6 万平方米，下降 29.7%；商业、非公益用房及其他为 641.5 万平方米，下降 34.7%。商品房竣工面积为 749.8 万平方米，同比下降 42.7%。其中，住宅竣工面积为 319.2 万平方米，下降 55.3%；写字楼为 182 万平方米，下降 16.9%；商业、非公益用房及其他为 248.6 万平方米，下降 33.8%。

5. 市场消费较快增长，消费结构继续升级

2017 年 1~10 月，北京市实现社会消费品零售总额 9 253.4 亿元，同比增长 5.1%。其中，限额以上批发零售企业实现网上零售额 1 696.1 亿元，同比增长 9.6%。从商品用途看，吃、穿、用和烧类商品分别实现零售额 2 088.3 亿元、624.0 亿元、6 112.4 亿元和 428.7 亿元，同比分别增长 6.3%、3.2%、5.1% 和 2.3%。限额以上单位商品类值中，汽车类商品实现零售额 1 627.3 亿元，同比增长 4%；文化办公用品类商品实现零售额 488.5 亿元，同比增长 14.4%；家用电器和音像器材类商品实现零售额 430.3 亿元，同比增长 17.8%。汽车类、文化办公用品类、家用电器和音像器材类商品均拉动社会消费品零售总额 0.7 个百分点。

6. 消费价格温和上涨，生产者价格保持平稳

2017 年 10 月，北京市居民消费价格总水平环比上涨 0.3%；同比上涨 1.8%，涨幅较上月高 0.2 个百分点。1~10 月，北京市居民消费价格总水平比上年同期上涨 1.9%。其

中，前三季度北京市居民消费价格同比上涨 1.9%；消费品价格同比持平，服务项目价格上涨 47%。8 大类商品和服务项目价格 7 升 1 降。其中，医疗保健、居住、其他用品和服务、教育文化和娱乐等 4 类价格分别上涨 7.4%、3.8%、2.9%和 2.4%，生活用品及服务、交通和通信、食品烟酒等 3 类价格分别上涨 0.5%、0.4%和 0.4%；衣着类价格下降 2.2%。

2017 年前三季度，北京市工业生产者出厂价格和购进价格同比分别上涨 0.9%和 5%。9 月，全市工业生产者出厂价格和购进价格同比分别上涨 0.3%和 3.4%，环比分别持平和上涨 0.1%。

7. 居民收入增长加快

2017 年前三季度，北京市居民人均可支配收入 42 641 元，同比增长 9.2%，扣除价格因素，实际增长 7.2%，增速比上年同期提高 0.1 个百分点。按常住地分，城镇居民人均可支配收入 46 296 元，同比增长 9.1%；农村居民人均可支配收入 19 347 元，同比增长 8.4%；扣除价格因素，分别实际增长 7.1%和 6.4%。

（二）北京市房地产市场概况

1. 房地产开发投资

北京市 2017 年 1~10 月房地产投资额同比增长幅度下滑较明显，总体增长幅度较上年也出现下滑趋势（图 4.1）。2017 年 10 月，北京市完成房地产开发投资 2 920.07 亿元，比上年同期下降 7.8%，其中，住宅投资完成 1 342.31 亿元，同比下降 12.7%。

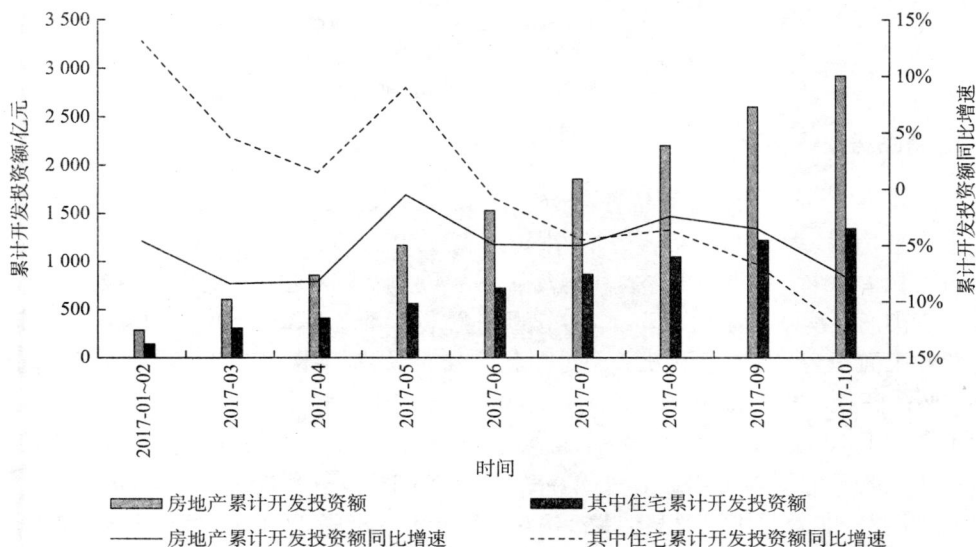

图 4.1 北京市 2017 年 1~10 月房地产累计开发投资额及同比增速

资料来源：北京市统计局

从房地产开发投资累计同比变化趋势来看，受 2016 年房地产开发投资下降以及

2017 年国家出台的一系列房地产政策的影响，房地产累计开发投资额同比增速一直处于负值，在−5%左右波动。住宅累计开发投资额同比增速整体来看处于下降趋势，前两个季度同比上年仍保持增长，7 月开始至 10 月较上年同比增速为负。

如图 4.2 所示，1~10 月，北京市房地产开发项目本年到位资金为 5 146.75 亿元，比上年同期下降 18.5%。其中，来自银行及非金融机构贷款的为 1 328.64 亿元，同比下降 19.1%；自筹资金为 1 265.04 亿元，同比下降 20.1%；而在利用外资方面，利用外资资金为 18.38 亿元，而上年同期累计值只有 0.9 亿元，利用外资资金有了明显的增长。这一系列现象的出现，很大一部分是因为政府推出的房地产调控新政对国内资金投资房地产市场形成限制，此外还受到经济发展处于转型期的影响。

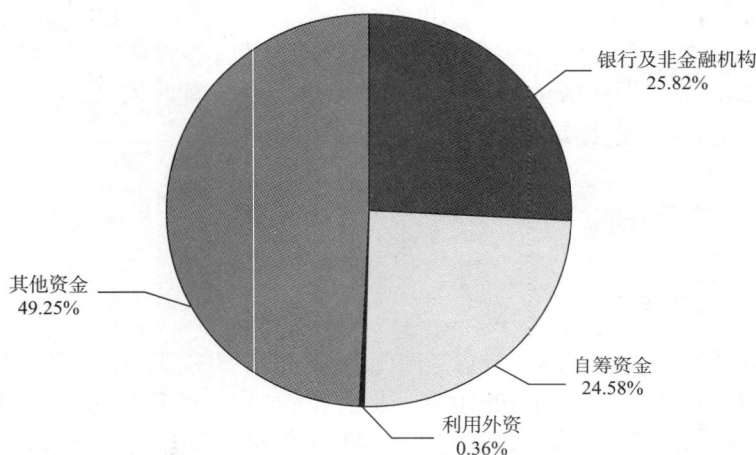

图 4.2　北京市 2017 年 1~10 月分资金来源房地产开发投资情况
各项百分比之和不等于 100%，是因为进行过舍入修约
资料来源：北京市统计局

2. 商品房建设情况

2017 年 1~10 月，北京市商品房累计施工面积为 11 839.2 万平方米，同比下降 6.9%。其中，住宅施工面积为 5 106.3 万平方米，同比下降 11.9%（图 4.3）；写字楼为 2 341 万平方米，同比下降 3.0%；商业、非公益用房及其他为 4 391.9 万平方米，同比下降 2.6%。

北京市商品房新开工面积为 1 769.6 万平方米，同比下降 26.3%（图 4.4）。其中，住宅新开工面积为 843.5 万平方米，同比下降 16.8%；写字楼为 284.6 万平方米，同比下降 29.7%；商业、非公益用房及其他为 641.5 万平方米，同比下降 34.7%。

2017 年 1~10 月北京市商品房竣工面积为 749.8 万平方米，同比下降 42.7%（图 4.5）。其中，住宅竣工面积为 319.2 万平方米，下降 55.3%；写字楼为 182 万平方米，下降 16.9%；商业、非公益用房及其他为 248.6 万平方米，下降 33.8%。受本年房地产调控政策以及近几年来北京市商品房建设增速放缓的影响，2017 年 1~10 月北京市商品房竣工面积增速同比出现了较大幅度的下降。

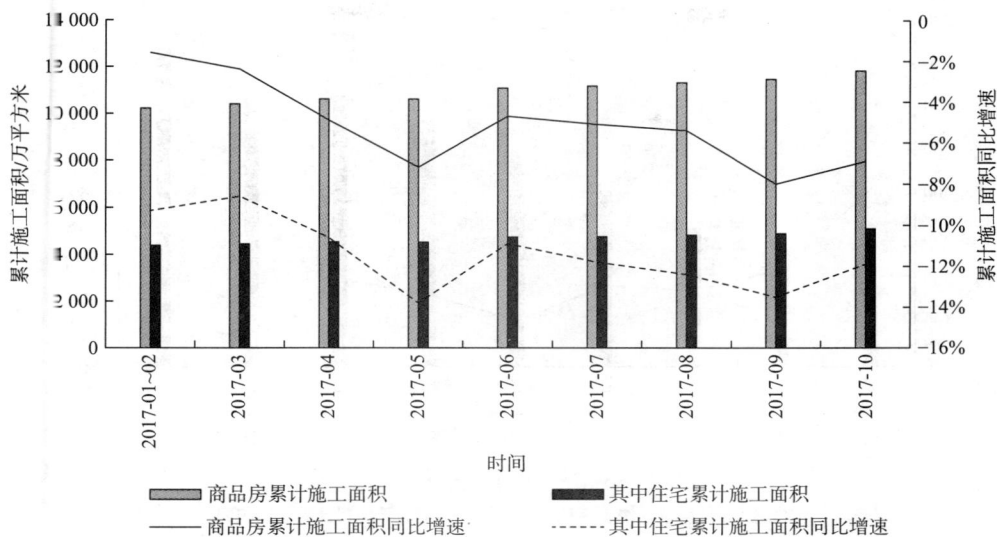

图 4.3　北京市 2017 年 1~10 月商品房累计施工面积及同比增速

资料来源：北京市统计局

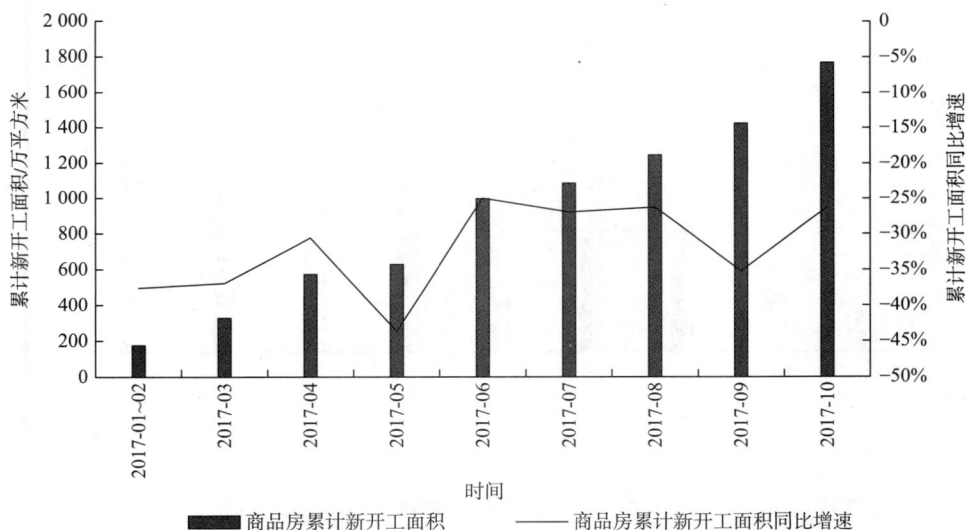

图 4.4　北京市 2017 年 1~10 月商品房累计新开工面积及同比增速

资料来源：北京市统计局

3. 商品房交易情况

2017 年 1~10 月，北京市商品房月度交易较上年同期均出现下降态势，其中住宅销售面积同比持续下降。1~10 月商品房销售面积为 607.3 万平方米，同比下降 51.4%。其中，住宅销售面积为 402.8 万平方米，下降 44.4%（图 4.6）；写字楼为 86.6 万平方米，下降 74.7%；商业、非公益用房及其他为 117.9 万平方米，下降 35.3%。

63

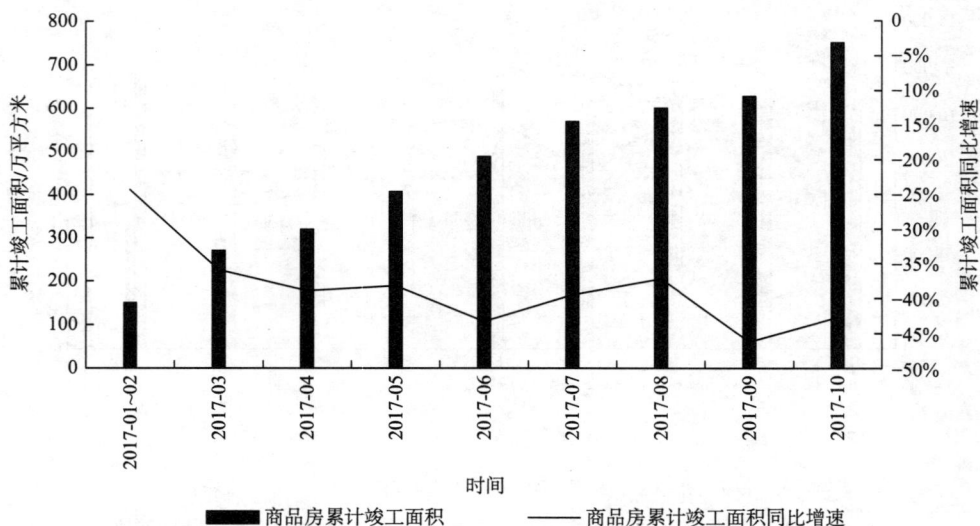

图 4.5 北京市 2017 年 1~10 月商品房累计竣工面积及同比增速

资料来源：北京市统计局

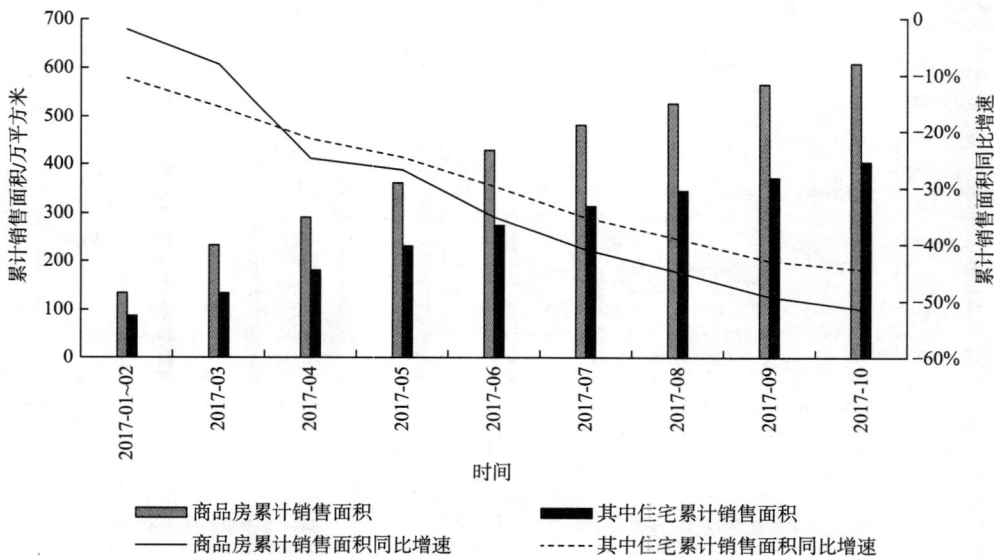

图 4.6 北京市 2017 年 1~10 月商品房累计销售面积及同比增速

资料来源：北京市统计局

4. 商品房交易价格

如图 4.7 所示，2017 年 1~10 月北京市新建商品住宅价格基本上波动不大，同比价格呈现小幅下降趋势，环比价格也呈现小幅下降趋势。

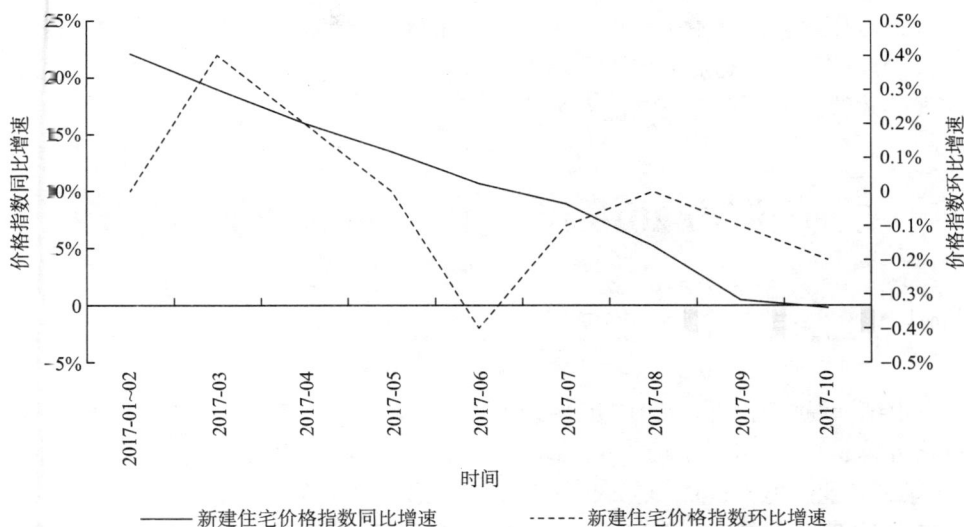

图 4.7　北京市 2017 年 1~10 月新建商品住宅价格指数同比与环比增速

资料来源：北京市统计局

（三）政策建议

2017 年以来，受国家政策等因素影响，房地产市场整体处于冷冻期，各方面指标均较上年同期呈现不同程度的下降。同时，受到供地结构调整的影响，房地产市场新开工面积以及竣工面积等也出现较大程度的下滑。国家房地产新政对北京市房地产市场的调控作用十分明显。

1. 继续加强房地产宏观调控，加强金融方面的调控力度

2017 年上半年北京整体房地产市场处于一个稳中有降的趋势。2016 年底，市场较为"爆热"，各路房地产企业去库存，成交量与成交价增长势头过快，在此形势下，国家出台了多项限购限贷政策严控房地产市场上涨过猛，让市场回归一个较为平稳的态势。北京楼市从 2017 年 3 月开始，加大对稳定房地产市场环境稳定性的调控政策，出台多种政策平抑房价，其中就包括去金融杠杆，从目前看来取得了不错的成效。因此，应继续加强对房地产市场的宏观调控，加大力度去金融方面的杠杆。

2. 推进"以租代售"，"租售同举"政策的施行，并继续推进各类保障房建设

"以租代售"是指开发商以租房时的价格卖给租房者，而租房者在租房期内所交的房租，可以抵冲部分购房款，待租房者付清所有房款后，便获得该房的全部房产权；如果租房者在合同期限内不购房，则作退租处理，先期交纳的租金可以作为房产开发商收取的房租。这种"以租代售"开拓出了一种崭新的销售市场，也可以在一定程度上稳定房地产市场。另外，保障性住房既是事关社会和谐稳定的民生工程，也是现阶段调整多元化住房供应体系的重点，同时在当前整体经济增速趋缓以及住宅投资增速出现下滑的阶段，保障性住房建设对于稳定投资的功能更加凸显。北京市应大力推进"以租代售"的房地产发展模式，继续加大保障房建设力度，在土地供给上逐步有序放开；同时制定切实有效的政策，改善夹心层刚性需求的利益。

二、上海市 2017 年 1~10 月房地产市场分析

（一）上海市经济形势概况

上海市统计局数据显示，2017 年 1~10 月，上海市地区生产总值为 19 529.67 亿元，按可比价格计算，比上年同期增长 6.7%。其中，第一产业产值 61.13 亿元，约占比重为 0.31%，第二产业产值 5 630.27 亿元，约占比重为 28.83%，第三产业产值 13 838.27 亿元，约占比重为 70.86%。在三大产业中，第一产业同比下降较大，为 - 12.1%，第二产业略有下降，为 - 0.7%，第三产业同比有较大增幅，达到了 10.3%，其中的金融业，信息传输、软件和信息技术服务业，房地产业以及交通运输、仓储和邮政业方面增长最快。

2017 年 1~10 月，上海市房地产开发投资总体来说还是不断增长的，到 10 月，全市房地产开发投资 3 054.15 亿元。2017 年以来，在党中央、国务院和上海市委、市政府的坚强领导下，全市认真贯彻落实以习近平同志为核心的党中央的决策部署，坚持稳中求进工作总基调，坚持以提高发展质量和效益为中心，以推进供给侧结构性改革为主线，以自贸试验区改革为突破口，以科技创新中心建设为重要载体，深入推进创新驱动发展、经济转型升级。2017 年前三季度，上海经济运行总体平稳、稳中有进、稳中向好、好于预期，经济结构不断优化，新兴动能加快成长，质量效益进一步提高。

上海经济运行主要呈现以下几个特点。

1. 经济运行总体平稳，第三产业比重保持稳定

初步核算，2017 年 1~10 月上海市完成地区生产总值 21 617.52 亿元，按可比价格计算，比上年同期增长 7.0%，增速比上半年提高 0.1 个百分点。其中，第一产业增加值 53.89 亿元，下降 9.2%；第二产业增加值 6 660.45 亿元，增长 8.1%；第三产业增加值 14 903.18 亿元，增长 6.6%。第三产业增加值占全市生产总值的比重为 68.9%。

从主要行业看，2017 年前 10 个月，工业增加值 6 055.92 亿元，比上年同期增长 8.9%；批发和零售业增加值 3 084.68 亿元，增长 6.2%；交通运输、仓储和邮政业增加值 1 008.61 亿元，增长 11.6%；住宿和餐饮业增加值 294.78 亿元，增长 2.6%；信息传输、软件和信息技术服务业增加值 1 344.88 亿元，增长 13.7%；金融业增加值 3 746.88 亿元，增长 11.0%；房地产业增加值 1 229.72 亿元，下降 15.1%。

2. 工业生产继续回升，企业利润增长较快

2017 年前 10 个月，上海市完成规模以上工业总产值 24 834.84 亿元，比上年同期增长

9.4%，增速比上半年提高 1.2 个百分点。分行业看，六个重点行业工业总产值 17 039.88 亿元，增长 12.1%。其中，电子信息产品制造业增长 14.0%，汽车制造业增长 23.0%，石油化工及精细化工制造业增长 1.9%，精品钢材制造业增长 2.8%，成套设备制造业增长 5.2%，生物医药制造业增长 9.2%。规模以上工业出口交货值 5 710.20 亿元，比上年同期增长 10.9%。

2017 年前 10 个月，全市战略性新兴产业制造业完成总产值 7 524.05 亿元，比上年同期增长 7.9%，增速比上半年提高 1.1 个百分点。其中，新能源汽车增长 27.9%，新一代信息技术增长 12.3%，生物医药增长 9.2%，节能环保增长 6.9%，高端装备增长 5.0%，新材料增长 4.3%。

2017 年 1~8 月，全市规模以上工业企业主营业务收入 23 907.84 亿元，比上年同期增长 12.4%，增速比上半年提高 0.6 个百分点。全市规模以上工业企业实现利润总额 2 073.56 亿元，增长 15.7%。

3. 商品市场增速较稳，网络零售增长较快

2017 年前 10 个月，上海市完成商品销售总额 82 757.50 亿元，比上年同期增长 13.4%，增速比上半年提高 0.9 个百分点；社会消费品零售总额 8 666.54 亿元，比上年同期增长 8.0%，增速比上半年回落 0.1 个百分点。

分行业看，前 10 个月，批发和零售业零售额 7 911.67 亿元，比上年同期增长 8.0%；住宿和餐饮业零售额 754.87 亿元，增长 7.8%。分商品类别看，通信器材类、体育娱乐用品类零售额增长较快，分别增长 62.1% 和 24.5%。

从零售业态看，前 10 个月，无店铺零售额 1 463.03 亿元，比上年同期增长 15.2%，增速高出社会消费品零售总额 7.2 个百分点。其中，网上商店零售额 1 180.12 亿元，增长 16.4%，占社会消费品零售总额的比重为 13.6%，比上年同期提高 2.3 个百分点。

4. 固定资产投资增速平稳，民间投资增速提高

2017 年前 10 个月，上海市完成固定资产投资额 4 702.98 亿元，比上年同期增长 6.4%，增速与上半年持平。

从主要领域看，城市基础设施投资 1 042.04 亿元，比上年同期增长 10.7%，增速比上半年回落 7.9 个百分点；房地产开发投资 2 709.62 亿元，增长 5.0%，增速提高 0.9 个百分点；工业投资 642.82 亿元，增长 2.0%，扭转上半年的下降态势。从产业看，第一产业投资 0.65 亿元，比上年同期下降 74.2%；第二产业投资 643.46 亿元，增长 1.6%；第三产业投资 4 058.86 亿元，增长 7.3%。从经济主体看，国有经济投资 1 302.13 亿元，增长 18.0%；非国有经济投资 3 400.85 亿元，增长 2.6%，其中，民间投资 1 838.91 亿元，增长 15.4%，增速比上半年提高 1.4 个百分点。

5. 货物贸易快速增长，利用外资金额有所下降

据上海海关统计，2017 年前 10 个月，上海市货物进出口总额 23 861.71 亿元，比上年同期增长 16.6%。其中，进口 14 209.63 亿元，增长 21.2%；出口 9 652.08 亿元，增长

10.5%。

2017 年前 10 个月，全市外商直接投资实际到位金额 126.78 亿美元，比上年同期下降
8.4%。

6. 居民消费价格温和上涨，工业生产者价格涨幅回落

2017 年前 10 个月，上海市居民消费价格比上年同期上涨 1.8%，涨幅比上半年回落
0.1 个百分点。从两大分类看，服务价格上涨 2.5%，涨幅回落 0.2 个百分点；消费品价格
上涨 1.2%，涨幅回落 0.1 个百分点。从八大类别看，食品烟酒价格上涨 1.2%，衣着价格
上涨 0.8%，居住价格上涨 2.2%，生活用品及服务价格上涨 1.3%，交通和通信价格持平，
教育文化和娱乐价格上涨 0.4%，医疗保健价格上涨 7.5%，其他用品和服务价格上涨
2.5%。

2017 年前 10 个月，全市工业生产者出厂价格比上年同期上涨 3.6%，涨幅比上半年
回落 0.3 个百分点；工业生产者购进价格上涨 9.7%，涨幅回落 1.6 个百分点。

7. 一般公共预算收入增速平稳，货币信贷运行平稳

2017 年前 10 个月，上海市地方一般公共预算收入 5 559.88 亿元，比上年同期增长
8.3%，增速与上半年持平。其中，增值税 2 074.33 亿元，增长 15.3%；企业所得税
1 246.01 亿元，增长 3.4%；个人所得税 547.40 亿元，增长 16.7%。全市地方一般公共预
算支出 5 507.85 亿元，增长 5.9%，增速比上半年回落 4.4 个百分点。其中，社会保障和
就业支出 931.24 亿元，增长 19.9%；医疗卫生与计划生育支出 299.85 亿元，增长 7.7%。

2017 年 9 月末，全市中外资金融机构本外币存款余额 11.06 万亿元，比上年同期增长
4.6%，比年初增加 127.59 亿元。中外资金融机构本外币贷款余额 6.61 万亿元，增长
14.4%，比年初增加 6 107.41 亿元。

8. 城乡居民收入稳步增长，就业形势保持稳定

据抽样调查，2017 年前 10 个月，上海市居民人均可支配收入 44 360 元，比上年同期
名义增长 8.5%。其中，工资性收入 26 017 元，增长 4.8%；经营净收入 1 246 元，增长
8.8%；财产净收入 6 574 元，增长 13.7%；转移净收入 10 523 元，增长 15.3%。前 10 个
月，城镇常住居民人均可支配收入 46 839 元，名义增长 8.5%；农村常住居民人均可支配
收入 23 006 元，名义增长 9.0%，增速比上半年提高 0.2 个百分点。

2017 年前 10 个月，全市新增就业岗位 52.68 万个，比上半年增加 18.45 万个。截至
9 月底，全市城镇登记失业人数 21.71 万人，比上半年减少 0.13 万人。

2017 年前 10 个月，全市经济运行实现了总体平稳、稳中有进、稳中向好、好于预
期的积极态势。稳的格局在巩固，进的走向在延续，好的态势更明显，发展的包容性和
获得感进一步增强。下阶段，全市将以党的十九大精神为统领，狠抓政策落实改革落
地，促进经济持续健康发展。

（二）上海市房地产市场概况

1. 房地产开发投资

2017 年 1~10 月，上海市房地产开发投资总体来说还是不断增长的，到 10 月，全市房地产开发投资 3 054.15 亿元，比上年同期增长 4.5%。1~9 月全社会固定资产投资额达到了 12 876.07 亿元，房地产开发投资占全社会固定资产投资的比重达 21.4%。

从不同房屋类型看，商品住宅投资仍然是房地产开发投资的主体，且商品住宅投资上升幅度高于办公楼投资和商业营业用房投资。2017 年 1~10 月，上海市商品住宅投资 1 715.3 亿元，比上年上升 12.5%，约占全部房地产开发投资的 59.36%。1~10 月商业营业用房累计投资额为 403.7 亿元，约占全部房地产开发投资的 18.79%，比上年同期增长 5.53%。而 1~10 月办公楼投资达 450.4 亿元，约占全部房地产开发投资的 18.55%，比上年同期增长 4.13%。

在图 4.8 中，3~6 月的房地产开发投资额同比变化一直处于下降的趋势，至 6 月低为 4.5%，7~9 月波动上升，9 月同比达到 5.1%。发生波动的主要原因是 7 月上海房市受全国房地产交易市场影响，成交量高涨，刺激了房地产开发投资。而上半年上海房地产市场低送，造成了 7~10 月房地产开发投资的上涨。

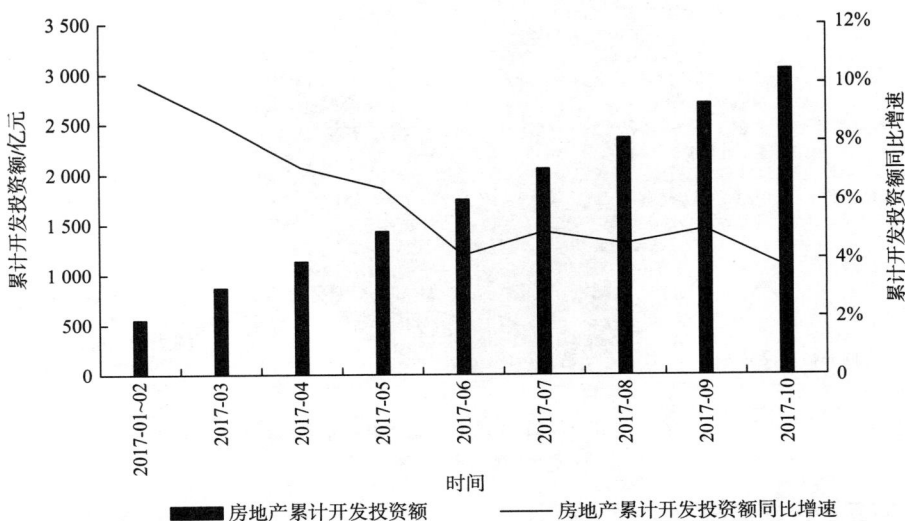

图 4.8　上海市 2017 年 1~10 月房地产累计开发投资额及同比增速

资料来源：上海市统计局

而从图 4.9~图 4.12 来看，虽然房地产开发投资额各月度同比变化有比较大的起伏，但是住宅投资额一直在房地产开发投资额中占主导地位。这也说明住宅类开发依旧是房地产投资者最为关注的模块。

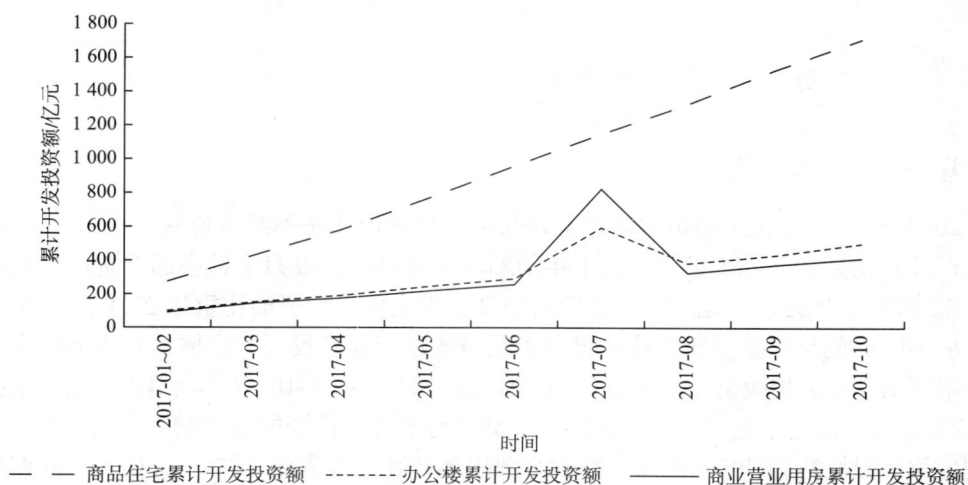

图 4.9　上海市 2017 年 1~10 月房地产累计开发投资额变化趋势

资料来源：上海市统计局

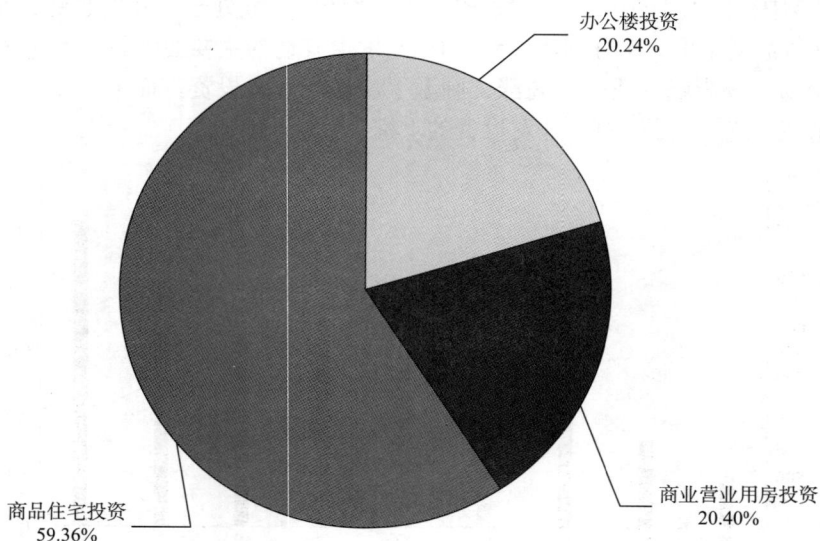

图 4.10　上海市 2017 年 1~10 月房地产开发各类投资额累计占比

资料来源：上海市统计局

2. 商品房建设情况

从图 4.13 和图 4.14 来看，2017 年第一季度，新开工面积较上年同期有较大增长，4 月之后，新开工面积较上年同期有小幅增长。至 2017 年 10 月，竣工面积较上年同期均有小幅上升。至 2017 年 10 月，上海市商品房施工面积达 14 705.34 万平方米，比上年同期下降了 3.2%，其中商品住宅施工面积累计 7 715.79 万平方米，比上年同期下降了 0.4%。商品房新开工面积 1 807.54 万平方米，比上年同期下降 8.2%。其中商品住宅新开工面积 972.82 万平方米，比上年同期下降了 8.9%。

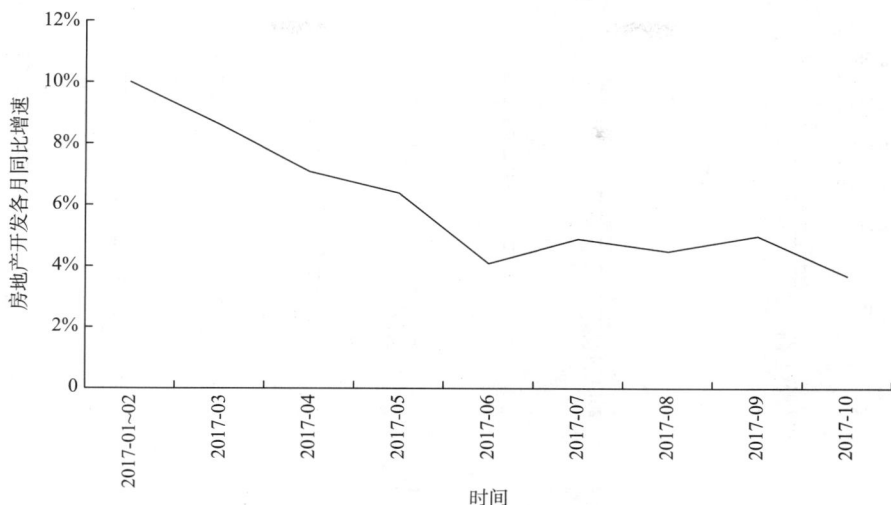

图 4.11　上海市 2017 年 1~10 月房地产累计开发投资额同比变化趋势

资料来源：上海市统计局

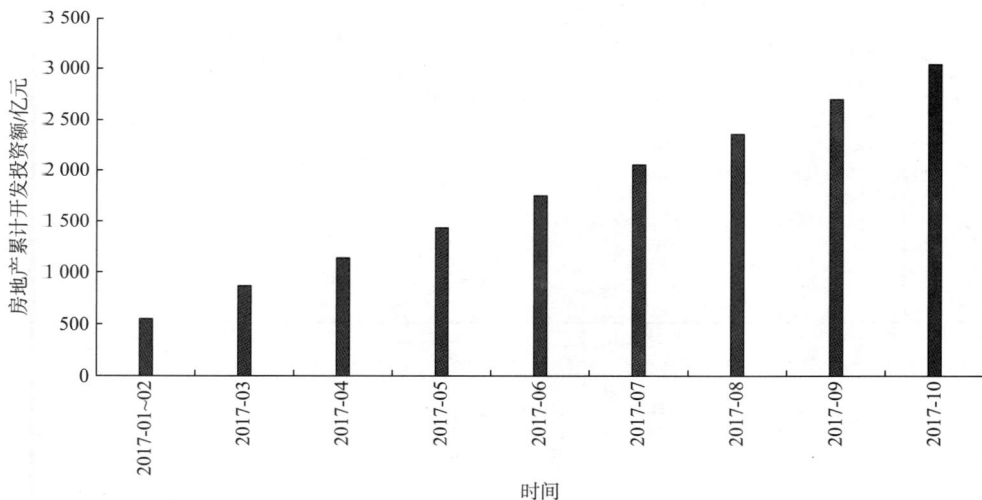

图 4.12　上海市 2017 年 1~10 月房地产累计开发投资额变化趋势

资料来源：上海市统计局

竣工面积各月波动较小，同比均有小幅下降。新开工面积同比增长 4.6%，4 月同比上升 33.9%，主要原因是当月当地产开发投资额的下降。从较高的施工面积和较低的新开工面积来看，2017 年房地产开发投资额较上年有增长。7~10 月竣工面积有明显提高，在一定程度上说明了房地产市场的回暖。

3. 商品房交易情况

2017 年前 10 个月上海商品房交易并没有延续上年第四季度的火热，各月销售价格和成交量均低于上年同期。10 月，上海商品房累计销售 1 389.65 万平方米，比上年同期

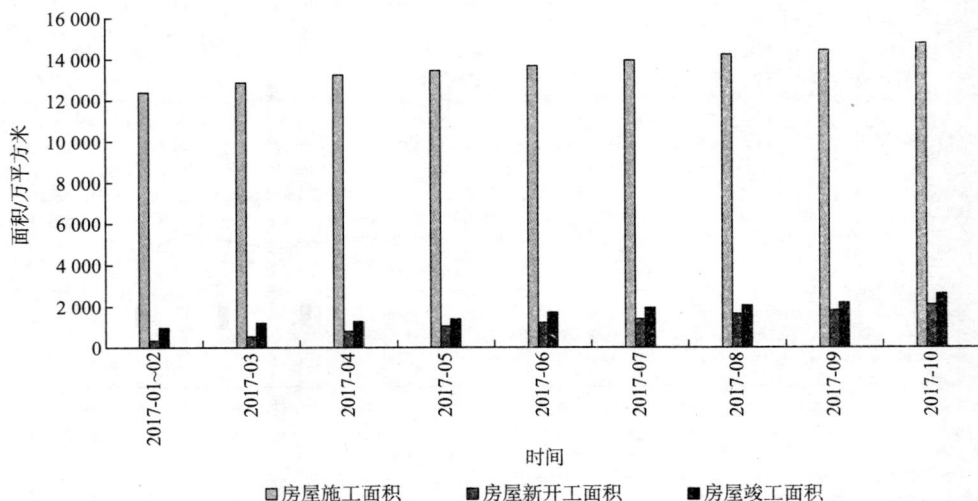

图 4.13　上海市 2017 年 1~10 月房地产施工、新开工、竣工面积情况

资料来源：上海市统计局

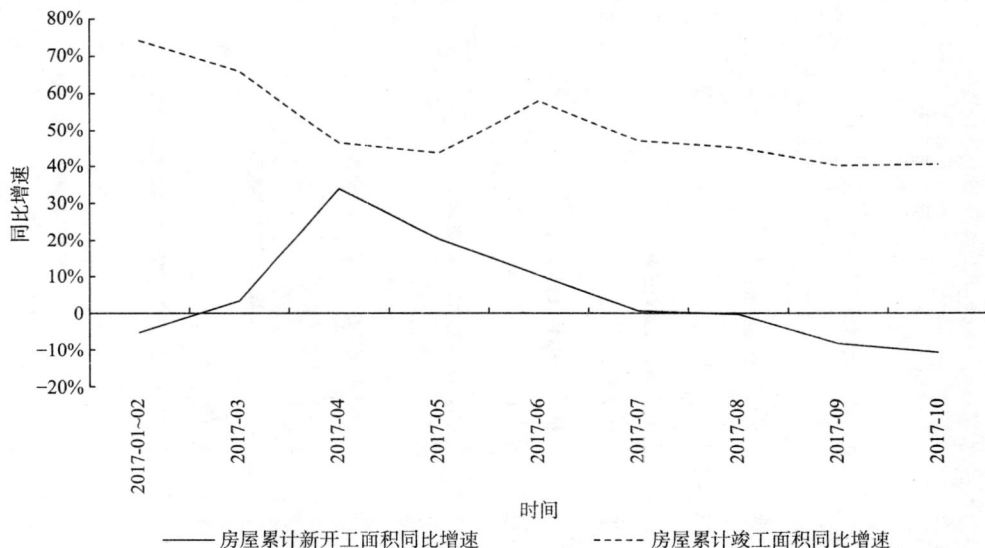

图 4.14　上海市 2017 年 1~10 月房地产累计新开工、竣工面积同比增速

资料来源：上海市统计局

下降了 36.6%，其中商品住宅累计销售面积 1 180.05 万平方米，比上年同期下降了 36.5%。房天下咨询网调查显示，上海本地人仍是购买主力，但非沪籍购房者比例在攀升。虽然商品房以及住宅的面积不断上升，但房屋新开工面积累计同比增速却在 4 月后开始大幅度下降，而且商品房和住宅销售面积同比增速一直为负数，从图 4.15 可以明显看出上海房地产市场成交规模相比上年较为低迷。

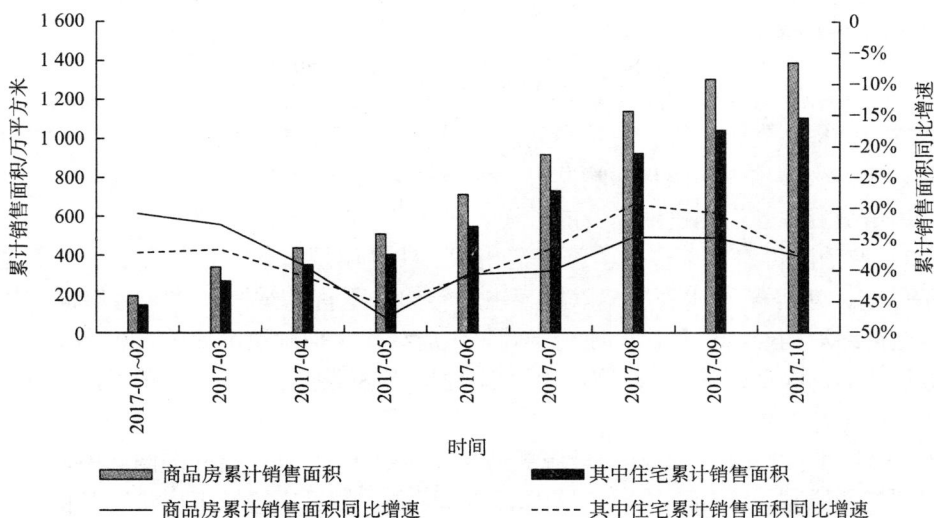

图 4.15　上海市 2017 年 1~10 月商品房累计销售面积及同比增速

资料来源：上海市统计局

如图 4.16 所示，2017 年 1~3 月，在房地产市场新建商品住宅销售价格指数（环比）和新建住宅销售价格指数（环比）基本不变的趋势下，二手住宅销售价格指数（环比）波动较大。在 4 月之后，房地产市场新建商品住宅销售价格指数（环比）、新建住宅销售价格指数（环比）和二手住宅销售价格指数（环比）走势趋同，4~10 月趋势平稳。总体而言，1~10 月上海市房地产市场新建商品住宅销售价格指数（环比）、新建住宅销售价格指数（环比）和二手住宅销售价格指数（环比）均高于 100，表现出了稳定中含上涨趋势的特点，符合上海市前 10 个月房地产市场交易情况。

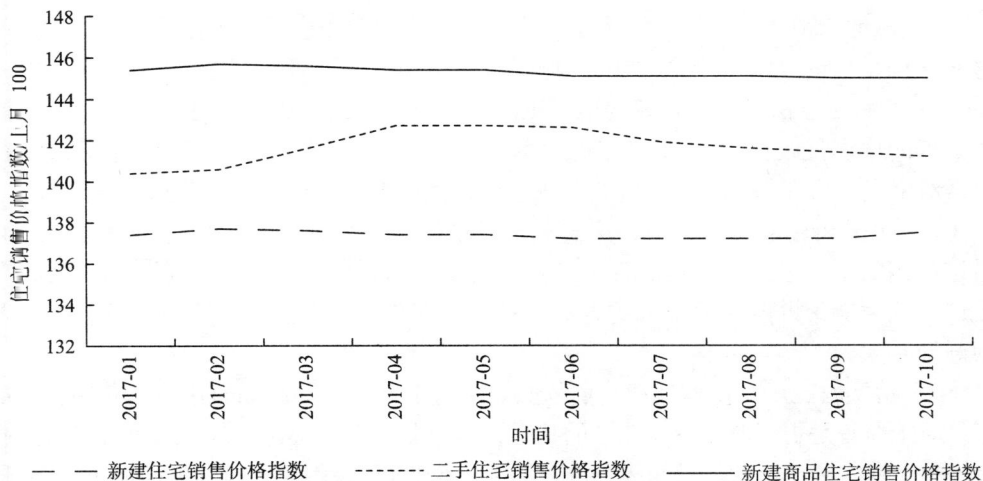

图 4.16　上海市 2017 年 1~10 月房地产销售价格指数环比

资料来源：上海市统计局

4. 房地产相关政策

（1）购房限购政策。取消商业银行的差别化信贷，并通过住房公积金贷款的低利率、低首付、提高贷款上限，支持中间阶层置业。现行的差别化信贷政策违背商业银行的逐利本能，必须靠中国银行保险监督管理委员会三令五申才可实施，而限购令可基本禁绝利用信贷资源炒房和过度投资的行为。

（2）取消限价房，逐步取消经济适用房。中产阶层可购买性价比更好的新建或二手商品住宅；住房保障体系从"以售为主"转向"租售并举"，将来可转向"以租为主"直至最终取消经济适用房。原用于调整供应结构、抑制地价的 90/70 和中小套型、中低价位普通商品房用地可以取消。国有土地出让继续坚持市场化改革方向，尽量减少易导致暗箱操作的综合评标。

（3）增加土地供应。原国土资源部部长姜大明在 2016 年召开的两会中表示，将采取分类调控的原则，增加一线城市的土地供应面积。最近一线城市房价上升快，引起关注，为防止异常交易推高房价，全力支持一线城市地方政府调控措施。由于此前房地产市场的不景气，包括上海等一线城市在 2016 至 2017 年间均大幅减少了土地出让的宗数和面积，与此同时，由于 2017 年下半年以来土地市场的火爆，北京、上海、深圳等一线城市屡屡拍出高价地。姜大明关于将增加一线城市土地供应的消息一经传出，即在地产界引发了热议。

（4）整治"首付贷"。2016 年下半年以来，上海等一线城市房价大幅上涨，以"首付贷"为代表的杠杆资金被认为是推动此轮房价上涨的一个重要因素。在上海"链家事件"[①]发生以后，记者曾在《地产中介链家的"金融风暴"》中提到"首付贷"给房地产市场带来的风险。在 2017 年两会上，"首付贷"将何去何从成为委员代表和媒体记者关注的一个焦点。

（5）房地产税立法。2016 年两会期间，全国人大常委会预算工作委员会副主任刘修文透露，调整后的人大常委会立法规划已将房地产税法列入第一类立法项目，全国人大常委会 2017 年的立法工作计划将房地产税法列为预备项目。刘修文用 12 个字概括此前在上海试点的房产税改革："细致扎实、运行平稳、成效明显。"他表示，上海改革试点是探索对个人住房在保有环节征税的宝贵经验，是符合房地产税制改革总体方向的。

（6）房贷利息抵税。所谓"房贷利息抵税"，是指允许那些拥有自己房子的纳税人通过他们的主要住宅（或第二住宅）担保的贷款所付的利息来减少他们的应税收入。关于这一政策能帮助购房者省多少钱的计算案例非常多，但总体而言还是越有钱的人获得的好处越大。

（7）落实营改增。商业地产目前依然处于低谷期。一些高端商业地产存在着大量的库存。对于新政是否能改善商业地产的状况，多位业内人士认为，这一新政将会对商业地产市场去库存起到一定的积极作用，推动一部分企业新购写字楼，但实际影响可能有限。

---

① 2016 年上海链家因利用首付贷等金融产品赚取高额利息、隐匿房屋抵押信息的事件，受到媒体的广泛关注，从而被推到了舆论的风口浪尖，上海链家随后也暂停了首付贷业务（首付贷产品主要是针对一些在银行贷款买房，但首付款不够的人群。首付贷在帮助购房者凑齐首付的同时，由于其杠杆的不断放大，风险也不断增加）。

（三）政策建议

1. 加大住房用地供应力度

加快住房用地出让前期工作，增加商品住房用地供应，提高商品住房用地的中小套型比例，中心城区不低于70%，郊区不低于60%（供需矛盾突出的郊区，供应比例提高到70%）。

2. 加强商品住房用地交易资金来源监管

建立由市规划和国土资源管理局、市金融服务办公室和金融监管机构等部门组成的商品住房用地交易资金来源监管联合工作小组，开展土地交易资金监管工作。根据国家有关规定，银行贷款、信托资金、资本市场融资、资管计划配资、保险资金等不得用于缴付土地竞买保证金、定金及后续土地出让价款。竞买人在申请参加土地招拍挂活动时，应承诺资金来源为合规的自有资金。违反规定的，取消竞买或竞得资格，已缴纳的竞买保证金不予退还，并三年内不得参加上海市国有建设用地使用权招标拍卖出让活动。

3. 从严执行住房限购政策

提高非本市户籍居民家庭购房缴纳个人所得税或社会保险的年限，将"自购房之日起计算的前3年内在本市累计缴纳2年以上"，调整为"自购房之日前连续缴纳满5年及以上"。

企业购买的商品住房再次上市交易，需满3年及以上，若其交易对象为个人，按照本市限购政策执行。

4. 实行差别化住房信贷政策

对拥有1套住房的居民家庭，为改善居住条件再次申请商业性个人住房贷款购买普通自住房的，首付款比例不低于50%；对拥有1套住房的居民家庭，为改善居住条件再次申请商业性个人住房贷款购买非普通自住房的，首付款比例不低于70%。

商业银行应加强对购房人首付款的核查，购房人在申请贷款时，应承诺首付款为自有资金，如违反承诺，则将其作为失信行为信息纳入本市公共信用信息服务平台。

5. 强化市场监管和开展执法检查

进一步加强商品房预销售管理，防止捂盘惜售。进一步加强交易管理，将住房限购审核从房产登记环节前置至交易备案环节。规范房产中介行为，强化房产中介机构和从业人员的网上签约管理。建立二手房交易资金第三方监管制度。加强房屋抵押管理、房屋租赁管理和房屋产权管理。

加强对房地产开发企业和房产中介机构的监管，重点查处捂盘惜售、炒作房价、虚假广告、诱骗消费者交易等违法违规行为。对涉案房地产开发企业，可依法暂停其网上销售，降低直至取消其开发资质，并将相关信息纳入本市公共信用信息服务平台。对涉案房产中介机构，可依法取消相关门店网上签约资格；情节严重的，取消区域网上签约资格，予以公开曝光，并将相关信息纳入本市公共信用信息服务平台。

严禁房地产开发企业、房产中介机构从事首付贷、过桥贷及自我融资、自我担保、设立资金池等场外配资金融业务。对各类非正规金融机构为房产交易提供各种形式的金融业务的行为，开展专项整治。

三、广州市 2017 年 1~10 月房地产市场分析

（一）广州市经济形势概况

2017 年以来，国内外经济环境依然错综复杂。面对严峻形势，广州市委、市政府积极推动供给侧结构性改革，积极改善营商环境，努力实施稳中求进、提质增效措施，以高站位、高标准、高力度、高效率的姿态扩大招商引资，为经济长远发展不断积聚强大的动能。前三季度全市经济运行总体平稳，新动能加快成长，质量效益稳步提升。前三季度，广州实现地区生产总值 15 509.06 亿元，增长 7.3%，增速比上半年回落 0.6 个百分点。其中第一产业增加值下降 0.9%，第二、三产业增加值分别增长 4.1% 和 9.0%。三次产业结构为 1.01∶30.07∶68.92。

1. 生产领域总体平稳，工业平稳增长，服务业支撑作用明显

（1）工业平稳增长。2017 年前三季度，全市规模以上工业总产值和增加值分别为 14 610.77 亿元和 3 499.20 亿元，同比均增长 4.2%。三大支柱产业增长 9.4%，其中占比 25.5% 的汽车制造业增长 21.1%，对全市工业增长的支撑作用明显；电子产品、石油化工制造业总产值分别增长 6.9% 和下降 8.9%。全市 35 个行业大类中有 20 个行业同比增长，其中增速超过 10% 的行业有 8 个。13 个市属工业集团增势良好，合计产值 2 837.50 亿元，增长 24.4%。

（2）服务业支撑作用明显。第三产业增加值对经济增长的贡献率达 82.4%，优势行业发挥主要带动作用，信息软件业，交通运输、仓储和邮政业，金融业增加值分别增长 24.3%、19.1% 和 8.3%。三大战略枢纽建设成效显著，港口集装箱吞吐量增长 11.1%，机场旅客吞吐量增长 10.3%。金融机构存贷款继续扩大，9 月末银行业机构本外币存、贷款余额分别增长 8.2% 和 11.3%，增速较 6 月末均提升 0.1 个百分点。互联网经济新业态引领服务业增长，1~8 月互联网和相关服务、软件和信息技术服务业营业收入合计增速达 35.7%。

2. 三大需求稳定扩大，投资稳中略缓，消费市场增长平稳，外贸出口较快增长

（1）投资稳中略缓。2017 年前三季度，全市完成固定资产投资 3 971.35 亿元，同比

增长 7.4%。三大投资领域"两增一降"，其中基础设施投资增长 15.3%，增速比上半年加快 8.3 个百分点；房地产开发投资增长 7.9%，工业投资下降 8.4%。从三次产业投资看，第三产业投资增长 10.3%，比全市投资增速高 2.9 个百分点。173 个"攻城拔寨"重大项目完成投资 929.22 亿元，占全市投资的 23.4%，比重比上半年（22.8%）提高 0.6 个百分点。

（2）消费市场增长平稳。前三季度，全市实现社会消费品零售总额 6 888.89 亿元，同比增长 8.4%。其中，批发和零售业、住宿和餐饮业分别增长 8.7%和 6.2%。石油及制品类商品零售快速增长，受国内成品油零售价格同比提高影响，限额以上石油及制品类商品零售额同比增长 7.7%，增速比上年同期提高 13.5 个百分点。外贸出口较快增长。前三季度，全市商品进出口总值 7 387.79 亿元，同比增长 17.9%，但增速仍高于全国（16.6%）。其中出口 4 467.08 亿元，增长 15.8%；进口 2 920.71 亿元，增长 21.3%。

3. 改革积蓄新动能，转型升级态势明显，新产业新产品发展较好

（1）提质增效成果显现。供给侧结构性改革扎实推进。2017 年 8 月末，规模以上工业企业资产负债率 50.1%，同比下降 1.8 个百分点。1~8 月，规模以上工业企业主营业务收入利润率为 6.8%，同比提高 0.14 个百分点。规模以上服务业企业实现营业利润 667.51 亿元，增速达 31.1%。

（2）新动力成长势头加快。先进制造业继续保持良好增长势头，仪器仪表、专用设备制造产值分别增长 23.0%和 16.1%，增速比上半年分别提升 0.2 个和 0.8 个百分点。高新技术产品产值同比增长 9.5%。

（3）新产品增势良好。汽车、信息技术、智能装备等新动能快速发展，引领工业经济加快转型升级。2017 年前三季度，运动型多用途乘用车（SUV）累计产量突破百万辆，达 105.89 万辆，增长 36.5%。光电子器件、液晶显示屏两大信息类产品保持较快增长，增速分别为 85.7%和 17.3%；移动通信基站设备、工业自动调节仪表与控制系统、工业机器人、医疗仪器设备及器械等装备类产品增势良好，同比分别增长 99.2%、23.3%、31.0%和 29.3%。

（4）新消费新业态加快发展。前三季度，与居民消费质量提升和品质改善相关的行业的零售额都保持较快增长。金银珠宝类、中西药品类、通信器材类、日用品类零售额同比分别增长 18.4%、16.4%、13.5%和 12.4%。从新业态看，在京东商城华南总部、"天猫超市"等电商龙头带动下，限额以上网上商店零售额继续快速发展，增速达 17.6%。

（5）新主体不断涌现。前三季度，新注册企业 14.8 万家，增长 48.6%；其中注册资本 1 亿元以上大型企业 101 家，增长 83.6%；1 亿元至 10 亿元的企业 994 家，增长 57.0%。新增上市企业 17 家、新三板企业 101 家，累计分别达 150 家、449 家。

4. 经济运行质量环境良好，财政收入稳定增长，工业企业经营状况较好，消费价格水平稳定

（1）财政收入稳定增长。2017 年前三季度，全市完成一般公共预算收入 1 147.49 亿元，增长 10.6%。其中占比 79.1%的税收收入增长 15.7%。一般公共预算支出 1 518.66

亿元，增长 15.1%。

（2）工业企业经营状况较好。1~8 月，全市规模以上工业企业实现主营业务收入 12 095.83 亿元，同比增长 10.3%；实现利润总额 822.33 亿元，同比增长 12.6%。

（3）消费价格水平稳定。前三季度，消费价格涨幅略有扩大，CPI 同比上涨 2.3%，涨幅比上半年扩大 0.1 个百分点。工业品价格涨幅持续放缓，工业生产者购进价格和出厂价格同比分别增长 9.5%和 2.6%，涨幅较上半年分别回落 1.1 个和 0.4 个百分点。

（二）广州市房地产市场概况

1. 房地产开发投资速度放缓

由图 4.17 可见，2017 年前 10 个月，广州市房地产开发投资完成额为 2 173.23 亿元，同比增速为 8.4%。广州市前三季度房地产开发投资完成额同比增速均为正数，与上年同期相比都有所提高。4 月到 5 月同比增速有较大下降，6 月增速略微提高，与上年同比增速（17.40%）相比，下降 9 个百分点，房地产开发投资速度放缓。

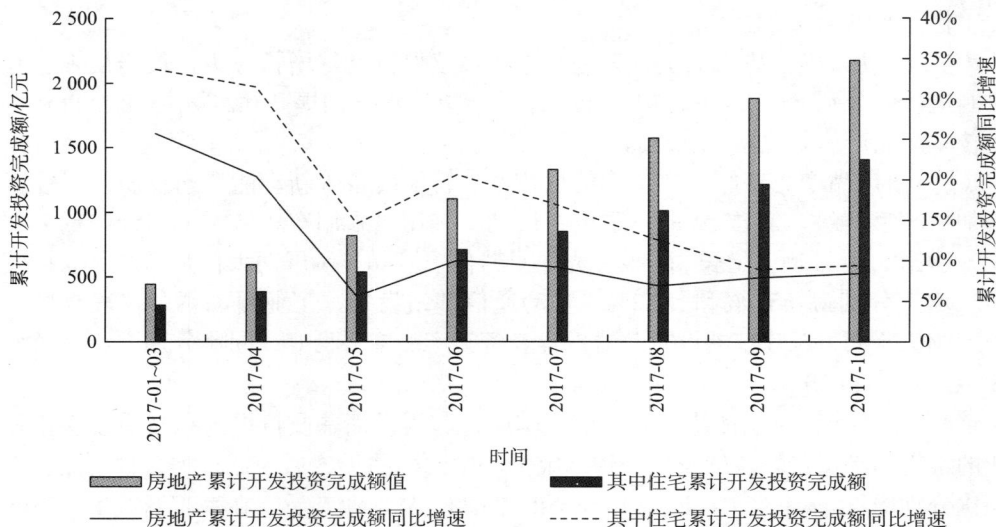

图 4.17　广州市 2017 年 1~10 月房地产累计开发投资完成额及同比增速

资料来源：广州市统计局

2. 商品房施工面积变化平稳

由图 4.18 可见，2017 年前 10 个月，广州市房地产房屋施工面积 10 196.93 万平方米，同比增速 6.8%，其中商品住宅施工面积为 6 137.85 万平方米，同比增速 4.5%，比上年同期同比增速（7%）降低 2.5%。自 2017 年 2 月至 10 月，房屋施工面积和商品住宅施工面积每月同比增速有小幅下降，但总体平稳。前 10 个月同比增速 6.8%，与上年同比增速 6.5%相比，上升了 0.3 个百分点。

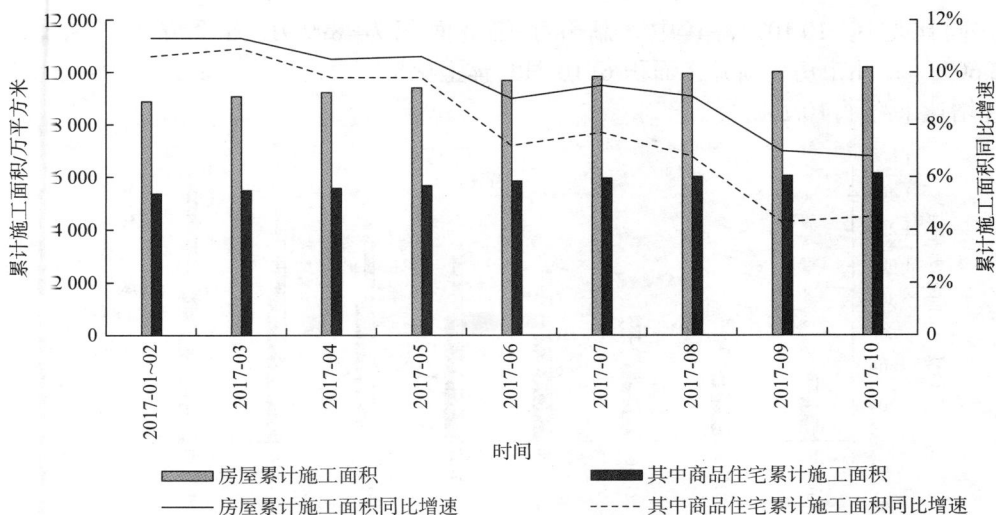

图 4.18　广州市 2017 年 1~10 月房屋累计施工面积及同比增速

资料来源：广州市统计局

3. 商品房竣工面积同比大幅上升

由图 4.19 可以看到，2017 年前 10 个月，广州市房屋竣工面积为 645.99 万平方米，同比增速为 128.7%，其中，商品住宅竣工面积为 418.47 万平方米，同比增速 105.4%。3 月至 8 月每月平均同比增速在 150% 左右，广州市房屋竣工面积同比增速一直处于很高的水平，虽然至 10 月已回落至 128.7%，但仍处于高位。

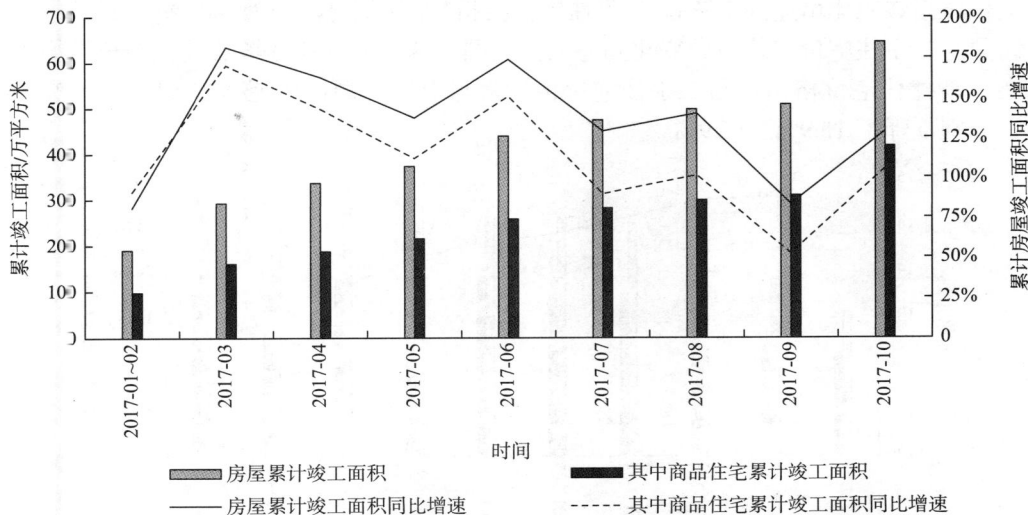

图 4.19　广州市 2017 年 1~10 月房屋累计竣工面积及同比增速

资料来源：广州市统计局

4. 商品房新开工面积持续下降

由图 4.20 可以看到，2017 年前 10 个月，广州市房屋新开工面积为 1 482.02 万平方

米，同比增速−10.10%，其中，新开工住宅面积为 899.91 万平方米，同比增速
−12.60%。广州市房屋新开工面积 6~10 月总体上保持明显的下降趋势，8 月略有反弹，
同比增速下降了 10.1%。

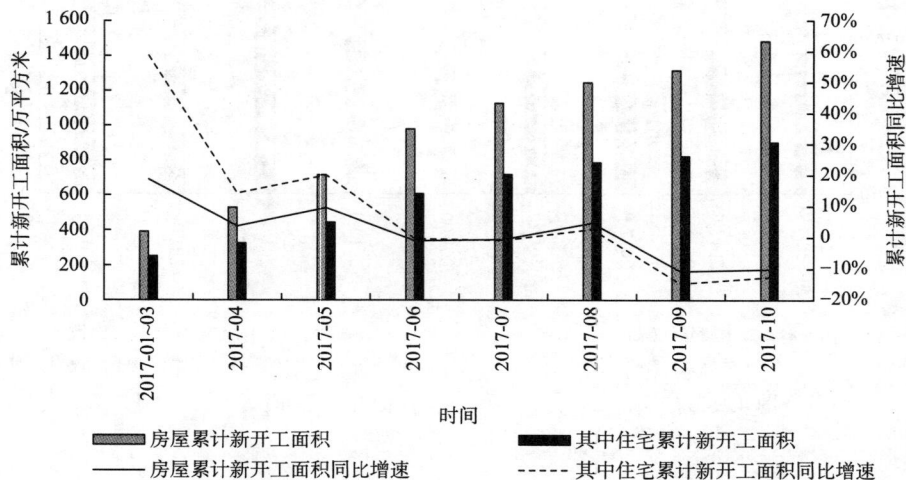

图 4.20　广州市 2017 年 1~10 月房屋累计新开工面积及同比增速

资料来源：广州市统计局

5. 房屋价格指数持续上涨

由图 4.21 可以看到，2017 年前 10 个月，广州市房屋价格指数持续上涨，其中新建
住宅价格指数同比增速为 7.7%，二手住宅价格指数同比增速为 12.5%。新建商品住宅价
格指数与二手住宅价格指数的变化趋势大体相同，两者的增速逐渐放缓，增长趋势逐渐
减弱。新建住宅价格指数与二手住宅价格指数与上年的同比增速（23.6%、25.4%）相
比，分别下降了 15.9%、12.9%。

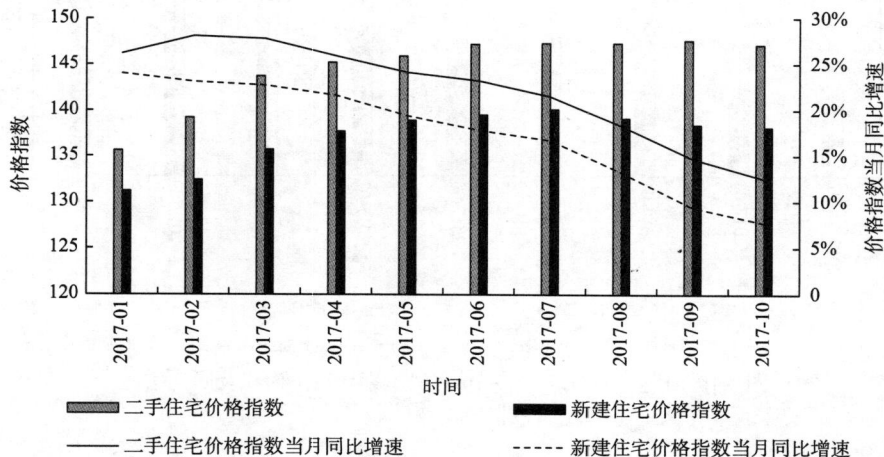

图 4.21　广州市 2017 年 1~10 月房地产房屋价格指数

资料来源：国家统计局

6. 商品房销售额显著下降

由图 4.22 可以看到，2017 年前 10 个月，广州市商品房销售额为 1 908.21 亿元，同比增速−10.30%。从 1 月到 10 月，广州市的商品房销售额总体呈下降趋势，与上年相比，整体销售额都在下降，与上年的同比增速（41.3%）相比，下降了 51.6%，说明消费者的购房需求减弱。

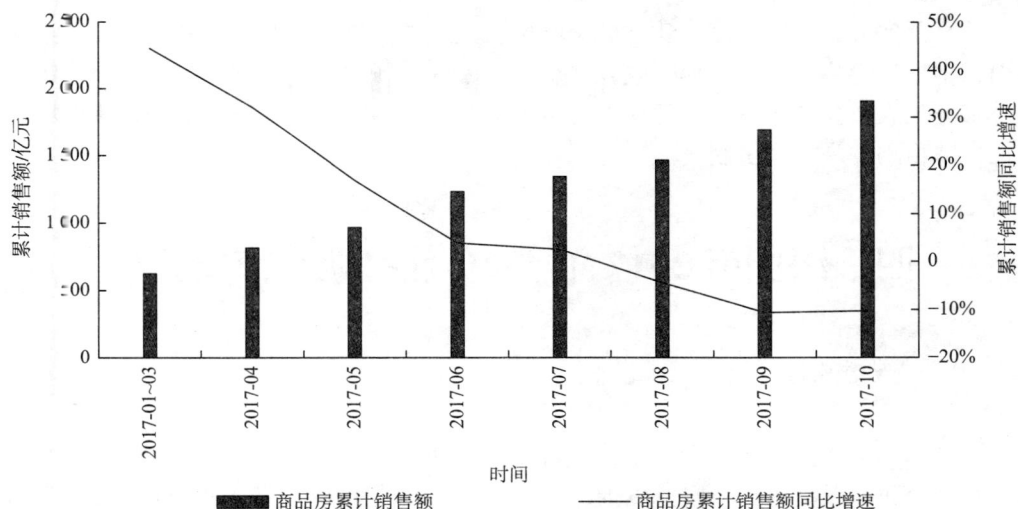

图 4.22　广州市 2017 年 1~10 月商品房累计销售额及同比增速

资料来源：广州市统计局

（三）政策建议

1. 加大住宅用地供应力度

积极推进土地供给侧结构性改革，进一步增大用地供应力度。调整土地供应结构，根据市场需求，加大住宅供地比例，合理确定租赁住房建设规模。土地公开出让时，采取竞配建、竞自持等多种方式有效控制地价快速上涨。

2. 严肃查处房地产市场违法违规行为

加大市场监管执法力度，依法严肃查处、严厉打击开发企业捂盘惜售、囤积房源、闲置土地，以及房地产经纪机构、信息广告服务机构参与炒房、哄抬房价、发布虚假房源及价格信息等违法违规行为，严厉打击各类交易欺诈行为。

3. 防控房地产市场金融风险

加强商品房预售资金监管，确保专项用于工程建设。商业银行等金融机构均要严格执行中国人民银行、中国银行保险监督管理委员会有关房地产信贷政策，严把房贷业务真实性、合规性，防控金融风险。严禁房地产中介机构收取房款、自我融资、自我担保、设立资金池等场外配资金融业务。严禁互联网金融企业、小额贷款公司等机构从事首付贷、筹凑购房等金融杠杆配资业务，严厉整治房地产交易中涉嫌非法集资的行为。严禁投资基金、银行信贷资金违规进入房地产市场，对企业开发贷款、高杠杆、高负债要全面清查，严格监管。

4. 加强住房保障工作

认真落实人才绿卡制度，建立健全高层次人才住房支持机制。进一步扩大公租房覆盖面，多渠道筹集城镇中等偏下收入住房困难家庭、新就业无房职工和在城镇稳定就业的外来务工人员公共租赁住房房源，逐步解决其居住困难问题。培育发展租赁市场，积极推进"租购并举"住房制度。

四、深圳市 2017 年 1~10 月房地产市场分析

（一）深圳市经济形势概况

2017 年 1~10 月以来，深圳积极践行新发展理念，紧紧围绕"五位一体"总体布局和"四个全面"战略布局，坚持以推进供给侧结构性改革为主线，加快建设现代化国际化创新型城市和国际科技、产业创新中心，全力打造社会主义现代化先行区，扎实推进改革，全市经济稳中向好态势持续发展。

1. 经济持续稳步增长

2017 年前三季度深圳市生产总值 15 408.62 亿元（含深汕特别合作区），按可比价计算，比上年同期（下同）增长 8.8%，增幅与上半年持平，比上年同期提高 0.1 个百分点，高于全国 1.9 个百分点。分产业看，第一产业增加值 13.14 亿元，增长 25.6%；第二产业增加值 5 961.57 亿元，增长 9.3%；第三产业增加值 9 433.91 亿元，增长 8.4%。二、三产业结构为 38.7：61.2。第三产业中，批发和零售业增加值 1 580.76 亿元，增长 4.7%；住宿和餐饮业增加值 270.52 亿元，增长 0.5%；交通运输、仓储和邮政业增加值 477.64 亿元，增长 8.6%；金融业增加值 2 298.47 亿元，增长 7.2%；房地产业增加值 1 485.49 亿元，增长 0.7%；其他服务业增加值 3 308.17 亿元，增长 15.2%。

2. 工业生产加快发展

2017 年 1~10 月，深圳市规模以上工业增加值 6 298.28 亿元，按可比价计算，比上年同期（下同）增长 9.3%，同比提高 2.8 个百分点，比前三季度回落 0.4 个百分点。其中，股份制企业增长 12.1%，外商及港澳台商投资企业增长 4.5%；计算机及其他电子设备制造业增长 10.9%。工业高端化发展态势良好。先进制造业（新口径）和高技术制造业增加值分别为 4 389.08 亿元和 4 067.76 亿元，增速分别为 12.7% 和 12.9%，占规模以

上工业增加值比重分别为 69.7%和 64.6%。

3. 固定资产增速持续高位增长

2017 年 1~10 月,深圳市固定资产投资 4 083.26 亿元,增长 28.4%,同比提高 5.4 个百分点,比前三季度回落 2.7 个百分点。其中,房地产开发投资 1 760.38 亿元,增长 25.8%;非房地产开发投资 2 322.88 亿元,增长 30.4%。工业和工业技术改造投资继续保持高位增长,工业投资 708.08 亿元,增长 40.0%,其中工业技术改造投资 301.57 亿元,增长 97.5%。第三产业投资 3 377.78 亿元,增长 26.5%。民间投资 2 121.10 亿元,增长 27.6%。商品房销售面积 522.94 万平方米,下降 11.2%。

4. 消费市场持续较快增长

2017 年 1~10 月,深圳市社会消费品零售总额 4 883.37 亿元,增长 9.2%,同比提高 1.6 个百分点,比前三季度加快 0.1 个百分点。其中,批发和零售业零售额 4 342.14 亿元,增长 9.5%;住宿和餐饮业零售额 541.23 亿元,增长 6.7%。商品销售总额 24 748.37 亿元,增长 10.2%,同比提高 6.4 个百分点,比前三季度回落 1.4 个百分点,其中,家用电器和音响器材类增长 55.4%,文化办公用品类增长 22.4%,体育娱乐用品类增长 17.6%,日用品类增长 13.2%,书报杂志类增长 8.0%,食品饮料烟酒类增长 7.1%,服装鞋帽针织类增长 5.3%,金银珠宝类增长 4.8%,通信器材类增长 1.4%,汽车类下降 3.4%。

5. 规模以上服务业增势良好

2017 年前三季度,深圳市规模以上服务业(不含金融、房地产开发、批零住餐等行业)实现营业收入 5 677.80 亿元,增长 18.6%。主导产业驱动作用增强。交通运输、仓储和邮政业,信息传输、软件和信息技术服务业、租赁和商务服务业三大主导行业保持平稳较快增长,分别实现营业收入 1 472.50 亿元、2 148.20 亿元和 936.90 亿元,分别增长 19.0%、26.8%和 12.1%,拉动规模以上服务业营业收入增长 16.5 个百分点,合计实现利润总额 1 476.70 亿元,占全部规模以上服务业九成以上。

6. 进出口增幅缓慢回升

2017 年 1~10 月,深圳市进出口总额 22 066.71 亿元,增长 6.8%,同比提高 7.6 个百分点,比前三季度加快 0.4 个百分点。其中,出口总额 13 165.65 亿元,增长 6.2%,同比提高 7.9 个百分点,比前三季度加快 0.3 个百分点;进口总额 8 901.06 亿元,增长 7.7%,同比提高 7.2 个百分点,比前三季度加快 0.7 个百分点。

7. 一般公共预算收入及本外币存贷款增速有所回落

2017 年 1~10 月,深圳市一般公共预算收入 2 886.28 亿元,按同口径增长 8.4%,比前三季度加快 1.2 个百分点;一般公共预算支出 3 637.12 亿元,增长 14.6%,同比提高 0.1 个百分点,比前三季度回落 10.3 个百分点。

8. 居民消费价格温和上涨

2017 年前三季度，深圳市居民消费价格同比上涨 1.3%。其中，服务价格上涨 1.7%，消费品价格上涨 1.1%。分类别看，食品烟酒价格持平，衣着价格上涨 4.1%，居住价格上涨 0.3%，生活用品及服务价格上涨 1.6%，交通和通信价格上涨 1.7%，教育文化和娱乐价格上涨 2.6%，医疗保健价格上涨 6.7%，其他用品和服务价格上涨 1.3%。

9. 居民可支配收入持续增长

2017 年 10 月末，深圳市金融机构（含外资）本外币存款余额 67 918.88 亿元，增长 1.3%，比前三季度回落 5.1 个百分点；贷款余额 45 491.29 亿元，增长 15.3%，比前三季度回落 0.7 个百分点。

10. 新增企业增长势头迅猛、贡献显著

2017 年前三季度，新增规模以上工业企业 951 家，占规模以上工业家数的 14.3%，实现增加值 247.87 亿元，增长 77.6%；新增限额以上批发业企业 1 122 家，实现商品销售额 3 521.00 亿元，增长 29.9%，高于全市限额以上 16.7 个百分点；新增限额以上零售业企业 143 家，实现商品销售额 217.80 亿元，增长 43.7%，高于全市限额以上 33.5 个百分点；新增限额以上住宿业企业 17 家，实现营业额 3.50 亿元，增长 46.0%，高于全市限额以上 36.9 个百分点；新增限额以上餐饮业企业 74 家，实现营业额 9.40 亿元，增长 8.0%，高于全市限额以上 0.6 个百分点；新增规模以上服务业企业 930 家，实现营业收入 661.50 亿元，增长 27.1%，高于全市 8.5 个百分点。

11. 新兴产业成为经济增长的重要支撑

新兴产业（七大战略性新兴产业和四大未来产业）保持较好增长势头。2017 年前三季度，新兴产业实现增加值 6 269.66 亿元（已剔除行业间交叉重复），增长 14.6%，分别高于上半年和上年同期 0.7 个和 3.4 个百分点，占 GDP 比重达到 40.7%。其中，新一代信息技术产业增加值 3 029.11 亿元，增长 12.3%；互联网产业增加值 742.01 亿元，增长 20.9%；新材料产业增加值 306.71 亿元，增长 17.3%；生物产业增加值 204.22 亿元，增长 20.1%；新能源产业增加值 474.70 亿元，增长 14.5%；节能环保产业增加值 463.58 亿元，增长 15.7%；文化创意产业增加值 1 576.08 亿元，增长 15.1%；海洋产业增加值 284.39 亿元，增长 17.4%；航空航天产业增加值 104.74 亿元，增长 40.2%；生命健康产业增加值 64.03 亿元，增长 13.7%；机器人、可穿戴设备和智能装备产业增加值 425.50 亿元，增长 17.8%。新业态中 195 家供应链企业共创造增加值 110.80 亿元，增长 6.6%，占 GDP 的 0.7%；新增 1 356 家商业企业共创造增加值 185.60 亿元，增长 30.6%，占 GDP 比重 1.2%。新模式（主要是商业综合体及大个体）创造增加值 362.30 亿元，增长 11.5%，占 GDP 比重 2.4%。其中，商业综合体增加值 69.20 亿元，增长 17.0%；大个体增加值 293.10 亿元，增长 10.3%。

（二）深圳市房地产市场概况

1. 房地产开发投资增速上涨

由图 4.23 可以看到，2017 年 1~10 月，深圳市房地产开发投资完成额为 1 760.38 亿元，同比增速 25.8%。深圳市房地产开发投资完成额增幅较大，累计同比增速基本上都处在较高位置，这表明深圳市房地产开发投资一直保持着乐观的前景。

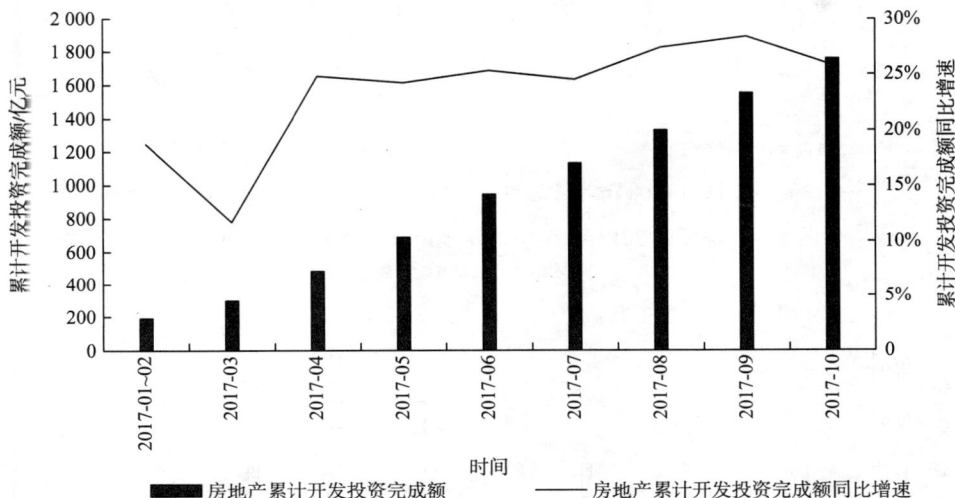

图 4.23　深圳市 2017 年 1~10 月房地产累计开发投资完成额及同比增速
资料来源：深圳市统计局

2　房屋施工面积增速放缓

由图 4.24 可以看到，2017 年 1~10 月，深圳市房屋施工面积 5 519.51 万平方米，同比增逗 10.4%，其中，住宅施工面积为 2 922.63 万平方米，同比增速-1.2%。深圳市房屋施工面积波动幅度并不大，同比增速也是波动平缓，住宅施工面积以及同比增速也是如此。

3. 房屋竣工面积增速下降

日图 4.25 可以看到，2017 年 1~10 月，深圳市房屋竣工面积为 236.58 万平方米，同比增速为-15.4%，其中，住宅竣工面积为 159.55 万平方米，同比增速为 6.2%。商品房累计竣工面积同比增速和住宅累计竣工面积同比增速均有所下降。

4. 房屋新开工面积同比有所下跌

日图 4.26 可以看到，2017 年 1~10 月，深圳市房屋新开工面积为 832.49 万平方米，同比增速-4.4%。其中，住宅新开工面积为 386.95 万平方米，同比增速为-6.6%。1~10

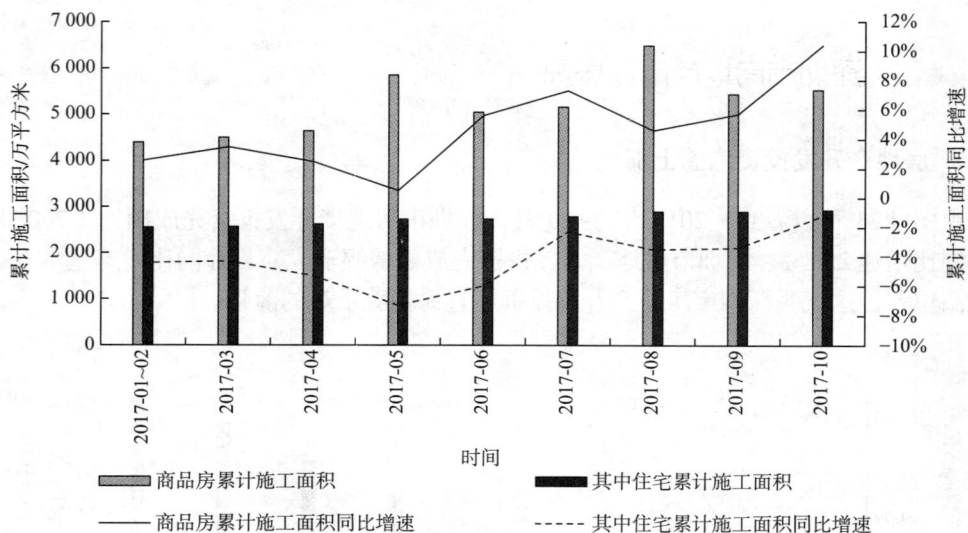

图 4.24 深圳市 2017 年 1~10 月房地产累计施工面积及同比增速

资料来源：深圳市统计局

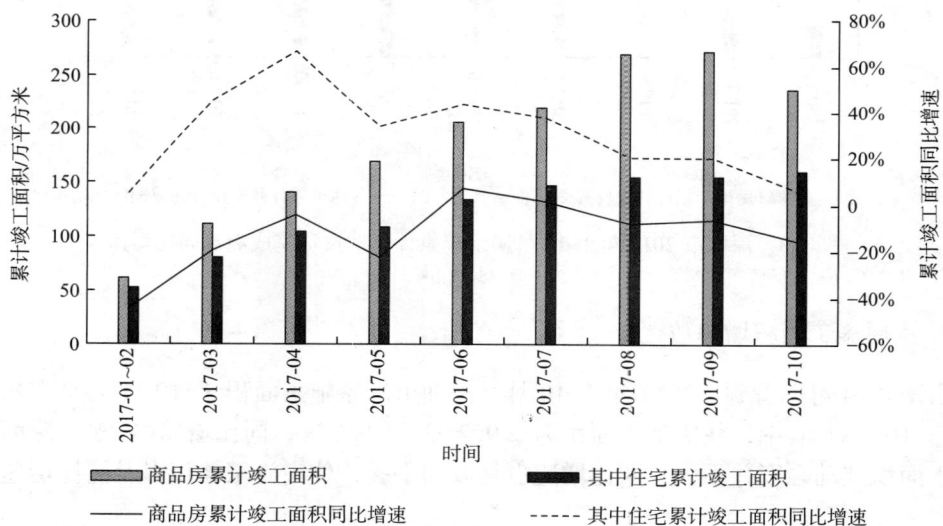

图 4.25 深圳市 2017 年 1~10 月房地产累计竣工面积及同比增速

资料来源：深圳市统计局

月，深圳市房屋新开工面积累计同比增速先快速下跌然后小幅上涨，住宅新开工面积累计同比增速在 5 月达到最低点，总体上来看，深圳市房屋新开工面积同比有所下跌。

5. 房屋价格指数同比增速大幅下降

由图 4.27 可知，2017 年 1~10 月，新建商品住宅价格指数同比增速为−3.3%，二手住宅价格指数同比增速为 0.1%。深圳市 1~10 月的房屋价格指数同比增速总体呈下降趋势，在 9 月达到最低，但整体来看，深圳市的房价仍处于非常高的位置。

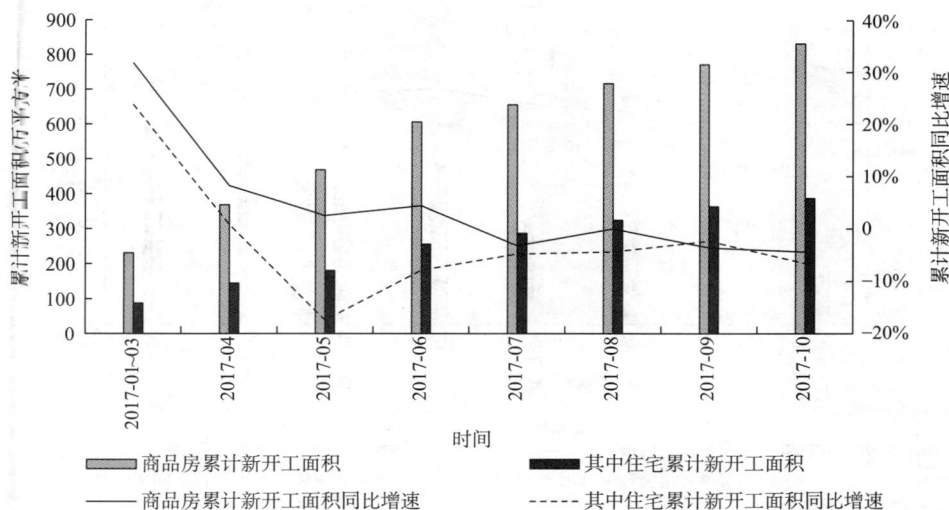

图 4.26 深圳市 2017 年 1~10 月房地产累计新开工面积及同比增速

资料来源：深圳市统计局

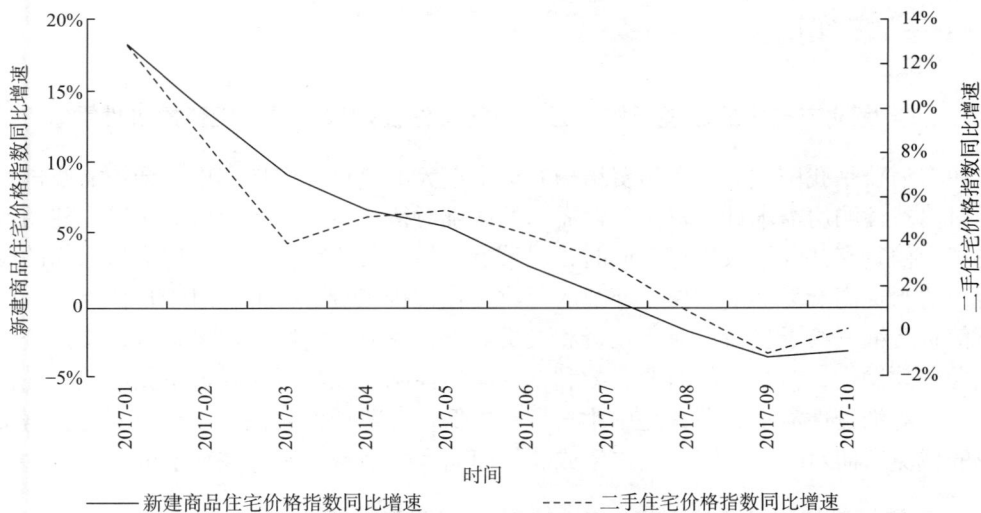

图 4.27 深圳市 2017 年 1~10 月房地产价格指数同比增速

资料来源：深圳市统计局

6 商品房销售额同比增幅处于平稳状态

由图 4.28 可以看到，2017 年 1~10 月，深圳市商品房销售额为 2 434.47 万平方米，同比增速为－9.9%，其中，住宅销售额为 1 959.85 万平方米，同比增速为-19.8%。深圳市 1~10 月商品房累计销售额一直在上升，但累计同比增速波动上涨再处于一个平稳的趋势。

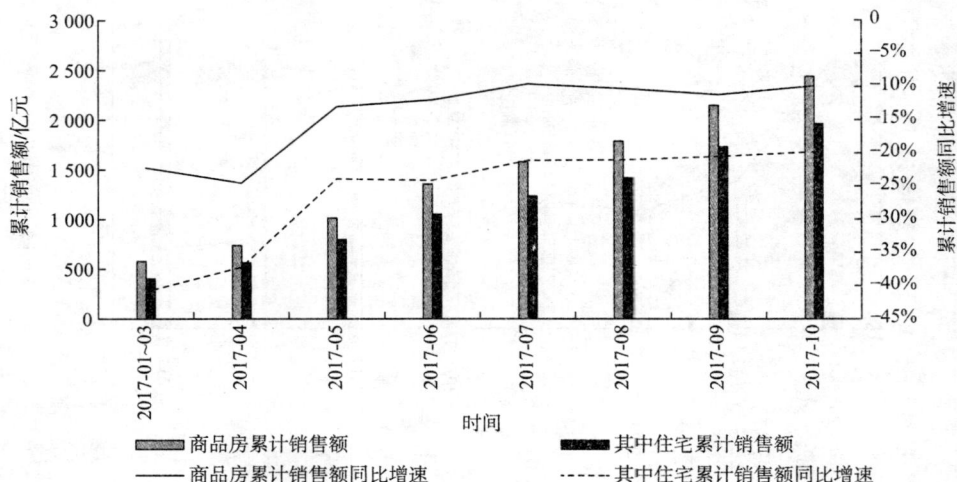

图 4.28　深圳市 2017 年 1~10 月房地产累计销售额及同比增速

资料来源：深圳市统计局

（三）政策建议

1. 加强房地产市场的宏观调控，区别对待自住性购房需求和投资投机性需求

住房消费是我国城镇居民消费结构升级中最大的热点，房地产市场调控需要进一步明确对消费性购房需求和投资投机性需求的区别对待政策，继续保持对居民自住的消费性购房的信贷支持和税收优惠，同时，要重点加强对投资和投机性购房交易行为的税收征管，适当提高交易环节和保有环节的税收。在银行信贷支持上，对于自住需求来说，银行信贷要继续给予支持；对于投资和投机需求，一般不应给予按揭贷款，应该按照商业抵押贷款操作，执行一般商业贷款利率，同时控制贷款年限，降低贷款成数。在税收政策上，对消费性需求，尤其是中小户型和中低价位普通商品住宅，给予享受新房交易契税的减免，而对于大面积、大户型或高档商品房的消费，实行较高税负。

2. 继续推进经济适用房建设，完善住房梯级保障体系

住房保障是社会保障问题的重要内容，是建立和谐社会的一项重要的基础性工作，保障居民基本居住需求是政府必须承担的责任。住房保障政策主要是针对最低收入、低收入和中等偏下收入的家庭，因此，应继续增加经济适用房和廉租房的供给，完善住房保障体系。

3. 推动节地、节能建筑建设

一方面要加大房地产闲置土地的清理力度，盘活和利用存量土地，不仅要征收超过合同约定开发期一定时期土地的闲置费或无偿收回使用权，还要探讨建立土地闲置超过一定规模和期限的房地产开发企业的退出机制。另一方面要鼓励发展小户型低房价住

房，保证大多数居民能够买得起房屋，更好地解决中低收入阶层的住房问题。针对节能建筑，首先，需要强制性地执行现有的法规和节能标准，通过建立新闻披露制度和市场清除制度，对不执行国家建筑节能设计标准的设计单位和建筑单位进行披露，并给予其一定的处罚直至将其清除出市场。其次，改革供能方式，实行集中供热、分户计量。最后，建立一整套经济激励制度，唤起全民的节能意识，推进节能建筑的发展，进而实现我国建设事业的可持续发展。

五、重庆市 2017 年 1~10 月房地产市场分析

（一）重庆市经济形势概况

2017 年 1~10 月，重庆市经济运行持续稳定发展，实现地区生产总值 14 309.18 亿元，按可比价格计算，同比增长 10.0%。分产业看，第一产业增加值 869.75 亿元，增长 4.2%；第二产业增加值 6 398.40 亿元，增长 10.0%；第三产业增加值 7 041.03 亿元，增长 10.6%。

1. 农业生产形势总体平稳

2017 年前 10 个月，重庆市实现农业总产值 1 326.84 亿元，按可比价计算同比增长 4.0%。蔬菜产量 1 487.14 万吨，增长 3.9%；水果产量 267.15 万吨，增长 9.5%。全市家禽、牛、生猪出栏分别为 18 696.8 万只、35.9 万头、1 243.7 万头，同比分别下降 0.5%、1.2%、0.8%；羊出栏 165.8 万只，增长 9.6%。

2. 工业经济平稳增长

2017 年前 10 个月，重庆市规模以上工业增加值按可比价格计算，同比增长 9.6%。分经济类型看，国有企业增加值增长 22.4%，集体企业下降 27.5%，股份制企业增长 10.2%，外商及港澳台商投资企业增长 7.2%。分三大门类看，采矿业增加值下降 20.3%，制造业增长 11.2%，电力、热力、燃气及水生产和供应业增长 4.4%。从主要行业看，全市规模以上工业 39 个行业大类中 34 个保持增长。在 "6+1" 支柱行业中，汽车行业增加值增速为 6.7%、电子行业为 26.1%、装备行业为 10.8 %、化工医药行业为 12.4%、材料行业为 6.9%、消费品行业为 8.8%，能源行业增加值增速下降 8.5%。

从企业效益看，2017 年 1~8 月，全市规模以上工业主营业务收入 16 300.36 亿元，同比增长 14.7%；实现利润总额 1 043.22 亿元，增长 23.1%。

3. 固定资产投资稳中趋缓

2017 年前 10 个月，重庆市完成固定资产投资 11 934.73 亿元，同比增长 10.1%。其中，国有投资 3 605.89 亿元，增长 12.4%，占全部投资的 30.2%；民间投资 6 686.75 亿元，增长 14.3%，占全部投资的 56.0%。分产业看，第一产业投资 325.76 亿元，增长

14.3%；第二产业投资 4 207.89 亿元，增长 10.0%；第三产业投资 7 401.08 亿元，增长 10.0%。从投资的三大板块来看，工业投资 4 204.72 亿元，增长 10.0%；基础设施投资 3 586.51 亿元，增长 16.7%；房地产开发投资 2 880.42 亿元，增长 7.5%。

2017 年前 10 个月，重庆市商品房新开工面积 4 150.17 万平方米，同比增长 16.6%，其中住宅新开工面积 2 768.29 万平方米，增长 25.4%。商品房施工面积 24 857.81 万平方米，下降 4.8%，其中住宅施工面积 16 029.70 万平方米，下降 6.6%。商品房竣工面积 2 576.09 万平方米，下降 17.5%，其中住宅竣工面积 1 755.66 万平方米，下降 17.8%。商品房销售面积 4 894.97 万平方米，增长 18.7%，其中住宅销售面积 4 016.68 万平方米，增长 15.5%。商品房销售额 3 241.82 亿元，增长 47.1%，其中住宅销售额 2 591.48 亿元，增长 48.9%。

4. 消费品市场保持稳定

2017 年前 10 个月，重庆市实现社会消费品零售总额 5 856.58 亿元，同比增长 11.0%。分行业看，批发和零售业实现零售额 5 004.77 亿元，增长 10.7%；住宿和餐饮业实现零售额 851.82 亿元，增长 12.9%。按经营单位所在地分，城镇实现消费品零售额 5 549.88 亿元，增长 10.9%；乡村实现消费品零售额 306.70 亿元，增长 13.7%。

从限额以上法人企业商品零售情况看，16 个大类商品全部实现了正增长。基本生活类商品增长平稳，粮油食品类同比增长 15.7%，饮料类增长 21.3%，烟酒类增长 8.2%，穿类增长 7.6%；住房相关消费增长 15.3%；中西药品类增长 17.3%；享受型消费品发展势头较好，金银珠宝类增长 23.6%，化妆品类增长 9.7%；汽车相关消费增速放缓，汽车及石油类分别增长 11.4% 和 12.4%；通信器材类持续放缓，增长 7.6%。

5. 进出口平稳增长

2017 年前 10 个月，重庆市实现进出口总值 3 188.36 亿元，同比增长 7.1%。其中出口 2 035.60 亿元，增长 2.4%；进口 1 152.76 亿元，增长 16.7%。

6. 货币信贷平稳增长

2017 年 9 月末，重庆市金融机构本外币存款余额 34 742.79 亿元，同比增长 8.4%，其中人民币存款余额 33 663.84 亿元，增长 8.3%；本外币贷款余额 27 917.31 亿元，增长 11.2%，其中人民币贷款余额 27 403.40 亿元，增长 12.6%。

7. 居民消费价格和工业品价格平稳上涨

2017 年前 10 个月，重庆市居民消费价格总水平比上年同期上涨 0.8%。构成居民消费的八大类商品和服务价格"七涨一降"。其中，衣着价格较上年同期上涨 2.7%，居住价格上涨 1.7%，生活用品及服务价格上涨 0.6%，交通和通信价格上涨 1.8%，教育文化和娱乐价格上涨 3.5%，医疗保健价格上涨 2.9%，其他用品和服务价格上涨 0.7%；食品烟酒类价格下降 2.0%。

2017 年前 10 个月，全市工业生产者出厂价格和购进价格比上年同期分别上涨 4.2% 和 4.5%。

8. 居民收入稳定增长

2017 年前三季度，全体居民人均可支配收入达 18 467 元，同比增长 9.4%。其中，城镇常住居民人均可支配收入 24 834 元，增长 8.7%；农村常住居民人均可支配收入 9 516 元，增长 9.6%。

总体来看，前三季度全市经济运行态势良好，主要经济指标保持平稳，新经济逐步成长，新动能逐步累积。随着转型升级步伐的不断加快和供给侧结构性改革的深入推进，预计全年经济将继续在合理区间内运行，保持稳定增长态势。

（二）重庆市房地产市场概况

1. 重庆市商品房开发情况分析

1）开发投资分析

如图 4.29 所示，2017 年 1~10 月重庆市房地产开发投资 3 193.17 亿元，同比上升 7.7%，其中，住宅投资 1 920.13 亿元，同比上升 15.2%，升幅比 1~8 月放宽 0.6 个百分点。住宅投资占房地产开发投资的比重为 65.2%。重庆房地产市场在经历了 2011~2013 年的超高速增长后，从 2014 年开始逐步趋于平稳回落。2015 年，重庆市房地产开发投资同样保持着 2014 年下滑调整的趋势。2016 年，重庆市房地产开发投资大致保持着一个动态调整的过程。在 2017 年前 10 个月，重庆市房地产开发投资保持着稳步上升的趋势。

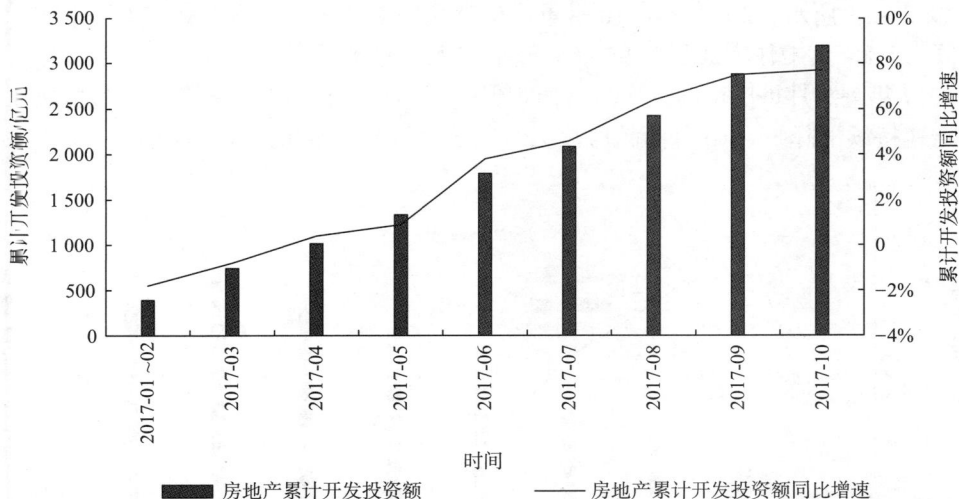

图 4.29　重庆市 2017 年 1~10 月房地产累计开发投资额及同比增速

资料来源：重庆市统计局

2）商品房施工面积分析

如图 4.30 所示，2017 年 1~10 月重庆市商品房累计施工面积为 25 199.13 万平方米，同比下降 6.8%，较上半年上升 0.5 个百分点。商品房施工面积的增速处于波动下降的状态。其中住宅施工面积为 16 090.43 万平方米，同比下降 4.9%，下降幅度小于办公楼

8 590.05 万平方米，同比下降 5.4%，同时商业营业用房累计施工 3 203.25 万平方米，同比下降 1.2%，这一增速仍处于逐步下降的状态。

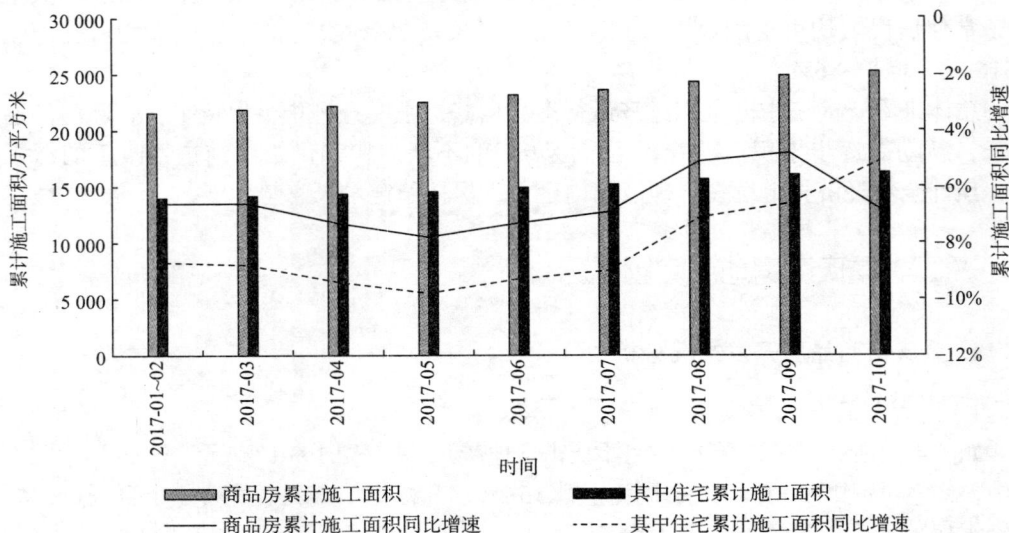

图 4.30　重庆市 2017 年 1~10 月商品房累计施工面积及同比增速

资料来源：重庆市统计局

3）商品房竣工面积分析

如图 4.31 所示，2017 年 1~10 月重庆市商品房累计竣工面积 2 856.71 万平方米，同比下降 15%，其中住宅面积 8 965.65 万平方米，同比下降 10.5%。从月度数据可以看出，2017 年 1~3 月重庆市商品房竣工面积保持着高速增长，但在 3~7 月商品房竣工面积同比增速持续下降，7~10 月商品房竣工面积增速与上半年相比变化较小。

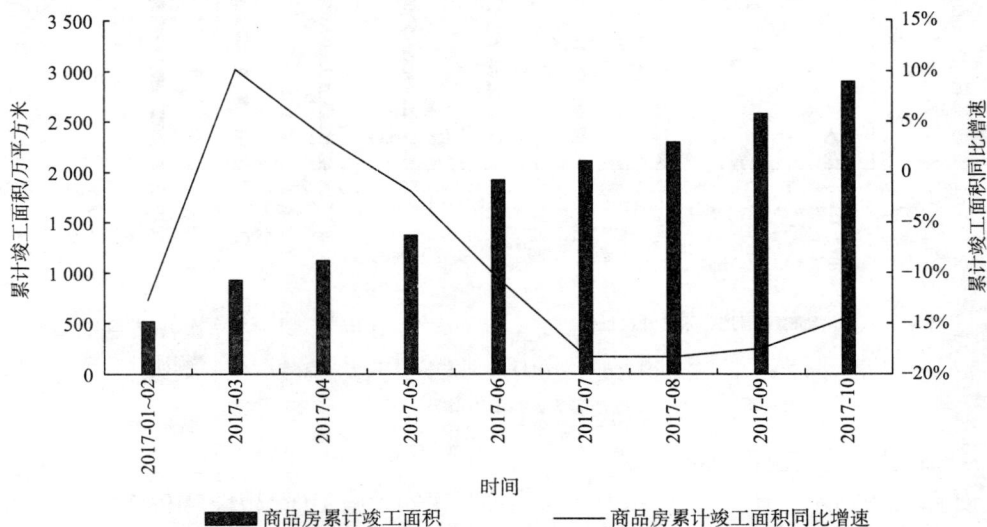

图 4.31　重庆市 2017 年 1~10 月商品房累计竣工面积及同比增速

资料来源：重庆市统计局

2 商品房销售情况分析

从 2015 年 1 月开始，国家相继采取了取消限购、降准降息等措施以促进楼市的繁荣，而这些政策措施一直延续到了 2017 年。2017 年上半年，重庆市政府出台了降低企业税、降低首付以及降低契税等政策，政策环境的相对宽松，在一定程度上刺激了重庆市 2017 年下半年商品住宅市场需求的释放。

1）商品房销售面积分析

如图 4.32 所示，从房地产销售面积来看，2017 年 1~10 月重庆市房地产累计销售面积已达 5 565.43 万平方米，同比上升 23.5%。从月度数据可以看出，2017 年上半年，重庆市房地产销售较为繁荣，月平均增长率为 30%。而从 3 月开始，在政府的宏观调控政策之下，房地产销售热度放缓。6~10 月同比增长的波动幅度超过 12 个百分点。从重庆房地产房屋销售类型来看，住宅累计销售面积为 4 320.15 万平方米，同比增长 15.8%。重庆市的商业营业用房累计销售面积为 32 562.25 万平方米，但由于基数较小，同比增长速度极为迅速，1~10 月同比增长高达 30.5%。同时，办公楼销售面积基数同样较小，2017 年 1~10 月的累计销售面积为 2 578.31 万平方米，同比下降 3.2%。

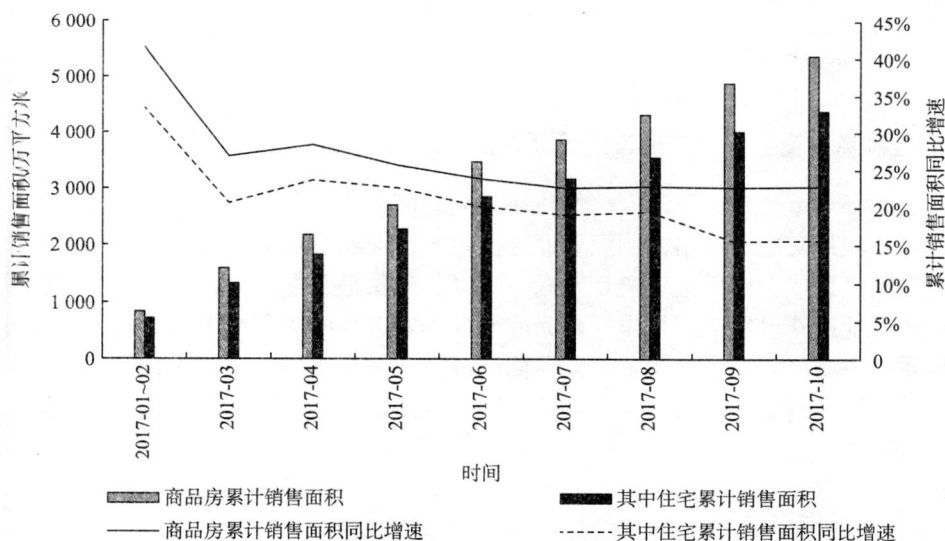

图 4.32　重庆市 2017 年 1~10 月商品房累计销售面积及同比增速

资料来源：重庆市统计局

2）商品房销售额分析

如图 4.33 所示，2017 年 1~10 月重庆全市商品房累计销售额达 3 680.42 亿元，同比增长 39.5%。从月度数据来看，重庆 2017 年房地产销售额前期呈现出较大的波动性，1~2 月为 1~10 月中同比系数最高的月份，达到 20 个百分点以上，而 2~3 月，房地产销售额与销售面积同比变化幅度保持一致，均呈快速下降的趋势。从房屋销售类型来看，住宅的累计销售额达 2 560.72 亿元，同比增长 15.7%。而办公楼和商业营业用房销售额保持着较低的占比，累计销售额分别为 1 650.32 亿元与 1 378.03 亿元。

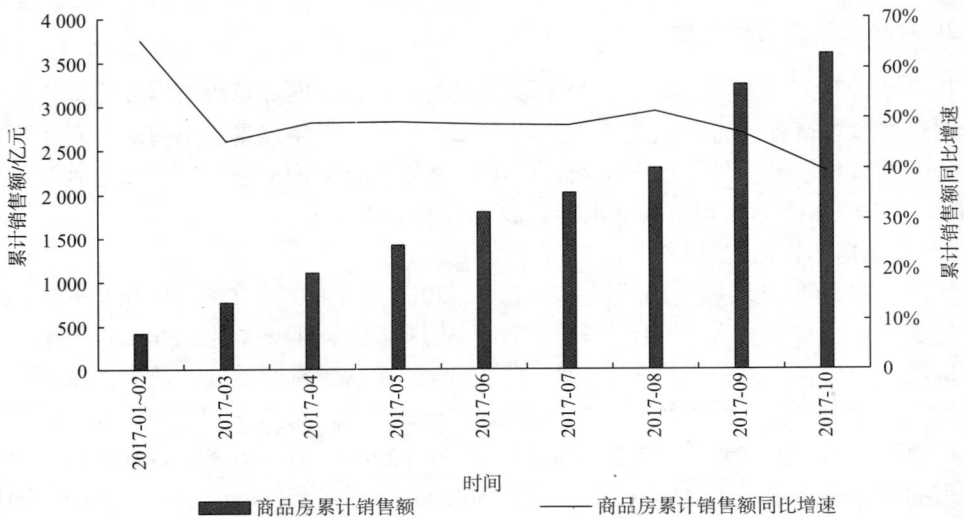

图 4.33　重庆市 2017 年 1~10 月商品房累计销售额及同比增速

资料来源：重庆市统计局

（三）政策建议

1. 控制商业商务房地产建设用地新增供应规模

各区县（自治县）人民政府要优化调减商业商务集中区域的规划建设总规模，适时放缓或暂停规划实施；严格控制商业商务房地产建设项目用地供应，对库存量较大的区域实施限制供地或放缓供地，避免在同一片区集中供地和开工建设；在开发强度较大的商业商务房地产建设综合用地出让前，应研究确定合理的容积率等规划指标，提升开发项目品质；主城区实施较大体量纯商业商务或商业综合体供地的，应在土地招拍挂出让公告条件中明确开发企业在项目建成后自持建筑面积 60% 以上房屋至少 5 年，期间自持房屋不得对外销售；未经批准，严禁利用工业用地从事或变相从事商业商务用房开发或改造建设。

2. 支持实施商业商务用房转型利用

对依法取得土地使用权的商业商务项目，目前未开工建设或在建未出售且根据有关规定或土地出让合同约定可以不收回土地使用权的，经开发企业申请并依法获得批准后，可按批准要求调整项目用地用途和规划条件；属商住混合类开发项目的，可适当减少商业商务用房开发规模，商住比可控制在 2∶8 以内，但不得调增地下商业建筑规模；经批准调整商住比例或调整土地用途、规划用地性质的，应按有关规定补缴土地价款。

3. 支持开发企业自持经营商业商务用房

支持开发企业在产权不变的前提下，采取多种经营方式，自持经营商业商务用房，自持期间未纳入自有固定资产管理且未使用、未出租的，不征收房产税；已出租的投资性房地产，开发企业可选择按原值或按租金计缴房产税；有特殊困难不能按期缴纳税款的开发企业，依照《中华人民共和国税收征收管理法》的相关规定报经批准后可延期缴纳税款，但最长不得超过 3 个月；对开发企业按市场价格向个人出租用于居住的住房，减按 4% 的税率征收房产税。开发企业自持经营期间，有条件的区县（自治县）人民政府可给予开发企业适当的补贴。

4. 扩大商业商务用房的市场需求

各区县（自治县）人民政府要制定产业发展规划，加大招商引资力度，加快项目周边基础配套服务设施建设，倡导社会单位和人员购置存量商业商务用房发展养老、旅游、健康、文化、体育等相关产业。鼓励采取购买或租赁商业商务用房的方式，解决配建展览馆、图书馆、学校（幼儿园）、养老院等公共服务设施，或用于众创空间、技术研发、咨询服务等非生产类用房及机关、事业单位需要的工作用房。引导金融机构在符合国家政策和风险可控的前提下，进一步加大对商业商务用房购置的金融信贷支持，鼓励执行国家有关购置首付款比例下限规定。

六、青岛市 2017 年 1~10 月房地产市场分析

（一）青岛市经济形势概况

2017 年以来，青岛市牢牢把握稳中求进的工作总基调，以推进供给侧结构性改革为主线，深入实施新旧动能转换重大工程，全市经济运行总体呈现平稳发展态势。初步核算，前三季度全市实现生产总值 7 983.8 亿元，按可比价格计算，增长 7.5%。其中，第一产业增加值 265.5 亿元，增长 3.3%；第二产业增加值 3 381.8 亿元，增长 6.6%；第三产业增加值 4 336.5 亿元，增长 8.6%。

1. 三大产业协调发展

农业生产形势较好。2017 年 6 月以来，青岛市降水较多，土壤墒情较好，秋粮有望获得丰收。1~9 月，全市蔬菜总产量 194.7 万吨，肉蛋奶产量 76 万吨，水产品产量（不包括远洋）65.8 万吨。工业生产稳步提升。工业企业景气指数进入"较强景气"区间，三季度青岛市工业企业景气指数为 154.7，较二季度上升 6 个百分点。1~9 月，规模以上工业增加值增长 7.4%，工业出口交货值增长 8.1%，增速同比加快 6 个百分点；工业用电量增长 9.6%，增速同比加快 5.3 个百分点。服务业力促经济发展。1~9 月，全市规模以上服务业实现营业收入 1 067.6 亿元，增长 16.7%，增速高于上年同期 8.7 个百分点；营业利润 134.9 亿元，增长 24%。全市规模以上服务业 30 个行业大类中，26 个行业大类实现不同程度增长，其中，装卸搬运和运输代理、租赁等行业大类增速均在 30% 以上。

2. 固定资产投资保持平稳增长

2017 年前三季度，青岛市完成固定资产投资 5 854.1 亿元，增长 8.3%。分产业看，第一产业投资 76.3 亿元，下降 24.4%；第二产业投资 2 332.7 亿元，下降 9.3%；第三产业投资 3 445.1 亿元，增长 26.1%，增速较上半年提升 6.1 个百分点。分领域看，基础设施投资 946 亿元，增长 63.3%；高技术服务业投资 245.2 亿元，增长 34%；房地产开发投资 1 031.3 亿元，增长 6.4%。

3. 消费市场运行趋势向好

2017 年 1~9 月，青岛市实现社会消费品零售额 3 208.8 亿元，增长 10.2%，较上年同期提高 0.2 个百分点。乡村市场增速快于城镇，城镇消费品零售额 2 677.1 亿元，增长 9.8%；乡村消费品零售额 531.7 亿元，增长 12.4%。基本生活类和消费升级类商品增长较快，日用品类、五金电料类和饮料类零售额分别增长 26.9%、14.9% 和 23.4%；体育娱乐用品类、家用电器和音像器材类分别增长 30.6% 和 19.4%。

4. 对外贸易保持较快增长

2017 年前三季度，青岛市进出口完成 3 774.1 亿元，增长 19.6%。其中，出口 2 248.5 亿元，增长 8.4%，进口 1 525.6 亿元，增长 41.1%。

5. 新旧动能转换有序推进

2017 年 1~9 月，青岛市规模以上高技术制造业和装备制造业增加值分别增长 11.9% 和 11.7%，增速分别比全市规模以上工业高 4.5 个和 4.3 个百分点。在装备制造业中，专用设备制造业、汽车制造业、电气机械和器材制造业分别增长 32.3%、26.6% 和 12.5%。高技术含量的产品快速增长，智能手机产量增长 47.5%，环境污染防治专用设备增长 28.1%，城市轨道车辆增长 135.1%，新能源汽车同比增加 3.9 万辆。

6. 新经济蓬勃发展

随着大众创业、万众创新持续推进，新经济主体大量增加，经济发展新动能日益壮大。2017 年上半年青岛市"新经济"法人单位数达到 12.9 万个，占全部法人的比重为 43.1%。其中，"四上"新经济法人数占"四上"法人总量的比重为 43.8%。上半年，全市战略性新兴产业实现增加值 514.5 亿元，增长 13%；战略性新兴服务业实现增加值 146.7 亿元，增长 14.2%。

7. 就业形势稳中向好

2017 年 1~9 月，全市城镇新增就业 59.7 万人，增长 15.4%，提前完成全年目标任务。其中，本市城乡劳动者就业 32.8 万人，增长 12.1%；外来劳动者来青岛就业 26.9 万人，增长 19.8%。9 月末，城镇登记失业率为 3.19%，下降 0.11 个百分点。

8. 城乡居民收入稳步提高，民生保障更加有力

2017 年 1~9 月，城镇居民人均可支配收入 35 318 元，增长 8.3%。农村居民人均可支配收入 16 673 元，增长 7.7%。1~9 月，全市完成一般公共预算收入 865.3 亿元，增长 8.3%；税收收入 619.9 亿元，增长 12.2%，占财政收入的 71.6%。一般公共预算支出 1 124.1 亿元，增长 17.1%；其中民生支出增速较快，社会保障和就业支出 127 亿元，增长 35%；城乡社区事务支出 269 亿元，增长 30.6%。

9. 市场环境良好

物价温和上涨。1~9 月，青岛市居民消费价格累计上涨 1.7%，比上年同期回落 0.7 个百分点；其中，食品价格下降 0.9%，非食品价格上涨 2.4%；服务价格上涨 3.5%，消费品价格上涨 0.8%；工业生产者出厂价格累计上涨 4.1%，工业生产者购进价格累计上涨 11.5%。金融市场保持稳定。9 月末，全市本外币各项存款余额 15 392 亿元，增长 7.7%，比年初增加 719 亿元；本外币各项贷款余额 14 280 亿元，增长 11.4%，比年初增加 1 328 亿元。

（二）青岛市房地产市场概况

1. 开发投资分析

如图 4.34 所示，2017 年前 10 个月青岛市房地产投资 1 145.1 亿元，同比增长 3.6%。其中住宅投资 799.51 亿元，同比增长 3.9%，较上年同期下降 27.4 个百分点。从月度数据可以看出，2017 年上半年青岛市房地产投资完成额同比增速减慢且有逐渐下降趋势，7 月有小幅反弹随后又大幅下降。房地产开发投资完成额较上年略微提高。

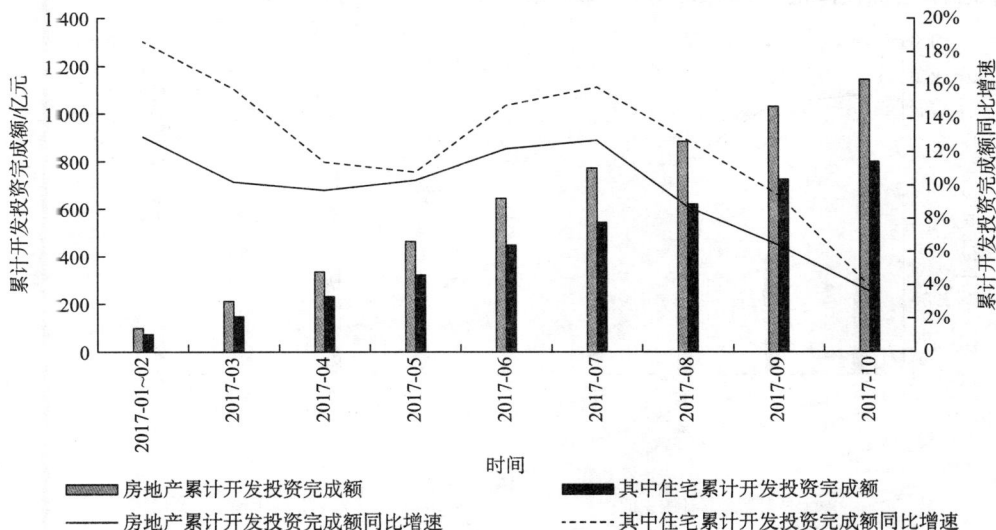

图 4.34　青岛市 2017 年 1~10 月房地产累计开发投资完成额及同比增速

资料来源：青岛市统计局

2. 商品房施工及竣工面积分析

如图 4.35 所示，2017 年青岛市前 10 个月商品房施工面积 9 196.74 万平方米，同比增长 4.50%，与上半年相比基本不变，较上年同期上升 2.4 个百分点。商品房施工面积稳步增长，同比增速基本稳定在 5%左右，波动不大。

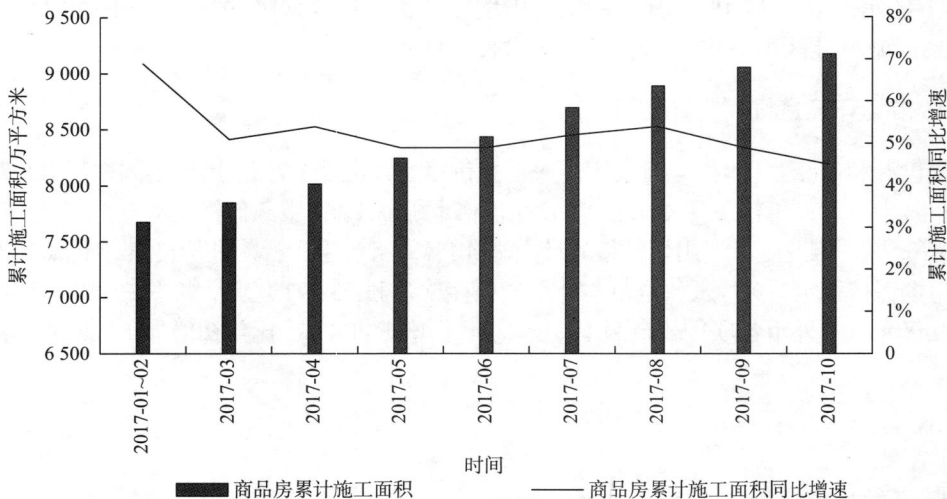

图 4.35　青岛市 2017 年 1~10 月商品房累计施工面积及同比增速

资料来源：青岛市统计局

如图 4.36 所示，2017 年前 10 个月商品房竣工面积为 779.19 万平方米，同比上升 55.4%，较上年同期上升 88.4 个百分点，上升幅度较大。从月度数据中可以看出，竣工面积总体呈现较高的正增长形势，可以反映出去库存压力减弱。

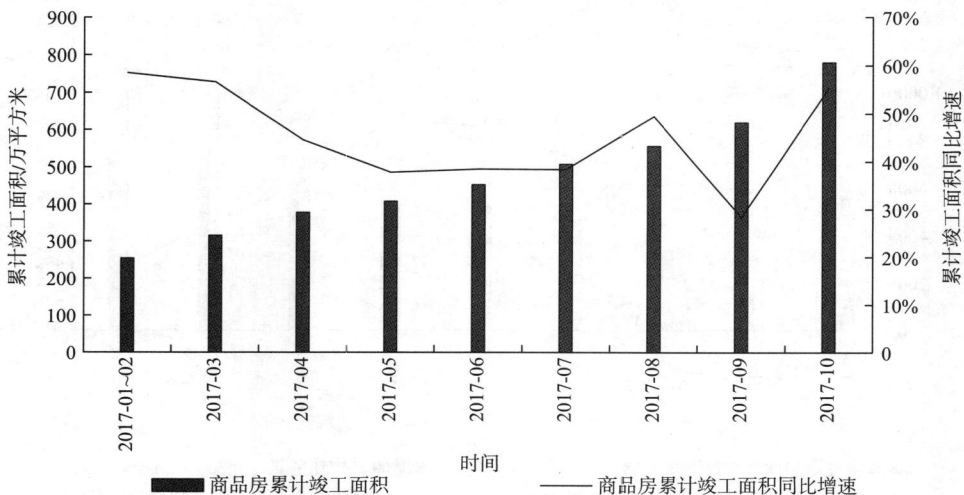

图 4.36　青岛市 2017 年 1~10 月商品房累计竣工面积及同比增速

资料来源：青岛市统计局

如图 4.37 所示，2017 年前 10 个月青岛商品房新开工面积为 1 702.97 万平方米，同比下降 1.3%，从 2017 年初起震荡回落，增长速度大幅下降，降至负值，第三季度才开始趋于平稳，同比增长接近 0。在当前的市场和政策背景下，开发企业难以预测市场前景，因此开发节奏平稳趋缓。随着前三季度地产市场的繁荣，第三季度末又迎来了政策高发期，在土地价格非常昂贵的情况下，保持最低开工量，并持有足量的现金，是更理性的选择。

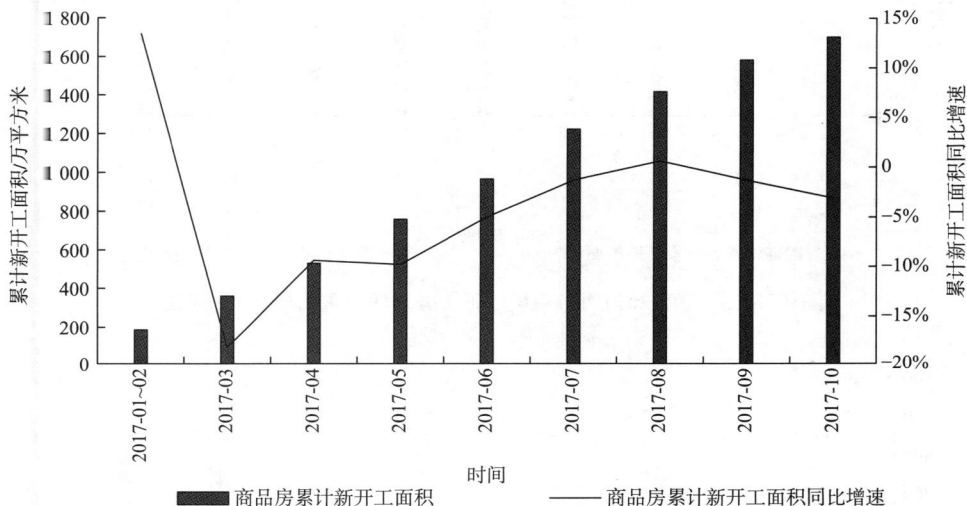

图 4.37 青岛市 2017 年 1~10 月商品房累计新开工面积及同比增速

资料来源：青岛市统计局

3. 商品房销售面积及销售额分析

如图 4.38 所示，2017 年前 10 个月，青岛市商品房销售面积为 1 483.33 万平方米，同比增长 4.50%，较上年同期下降 34.1 个百分点。随着限购政策的实施以及金融政策的持续收紧，成交量逐步稳中有降。青岛 2017 年前三季度商品房销售面积呈现同比正向增长，但增速正向递减，9 月出现回落。

如图 4.39 所示，2017 年前 10 个月，青岛市商品房销售额 1 530.21 亿元，同比上升 18.5%，较上年同期下降 27.8 个百分点。在 3~8 月商品房销售额基本保持着较高的增长速度，9 月增长速度大幅回落，2 月由于受利好刺激，增长尤为明显。销售面积增幅不及销售额增幅，凸显了房价的上升幅度。

4. 房地产价格指数

如图 4.40 所示，2017 年 10 月青岛市新建住宅销售价格指数与二手住宅销售价格指数分别为 116.7 和 119.6，分别同比增长 3.4% 和 9.4%。受相关房贷、税收和准备金率等政策的影响，上半年度房地产价格指数稳步上升，第三季度上升趋势放缓，同比增速下降幅度较大。由月度数据可看出，二手房的价格指数上升幅度大于新建住宅。房产不断升值，反映出前两季度房地产行业持续升温，到第三季度开始降温。

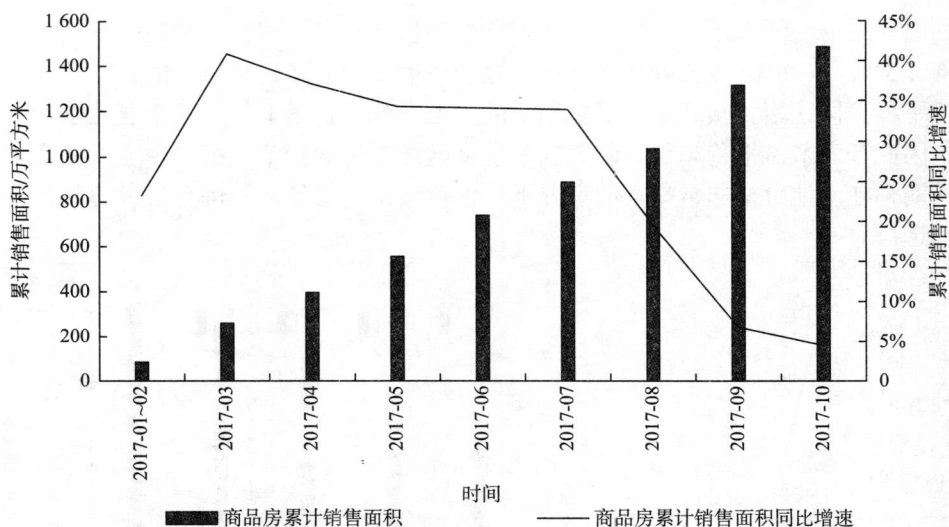

图 4.38　青岛市 2017 年 1~10 月商品房累计销售面积及同比增速

资料来源：青岛市统计局

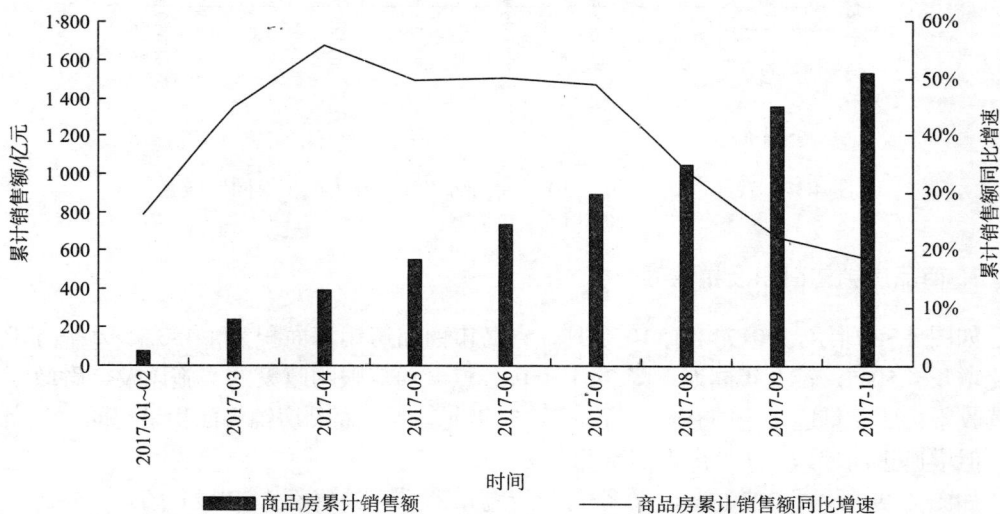

图 4.39　青岛市 2017 年 1~10 月商品房累计销售额及同比增速

资料来源：青岛市统计局

（三）政策建议

1. 政府部门要严格控制和引导房地产市场，尤其是二级市场的交易行为

以有利于居民多买价格低、户型小、经济适用的住房入手，调整相关法律法规的具

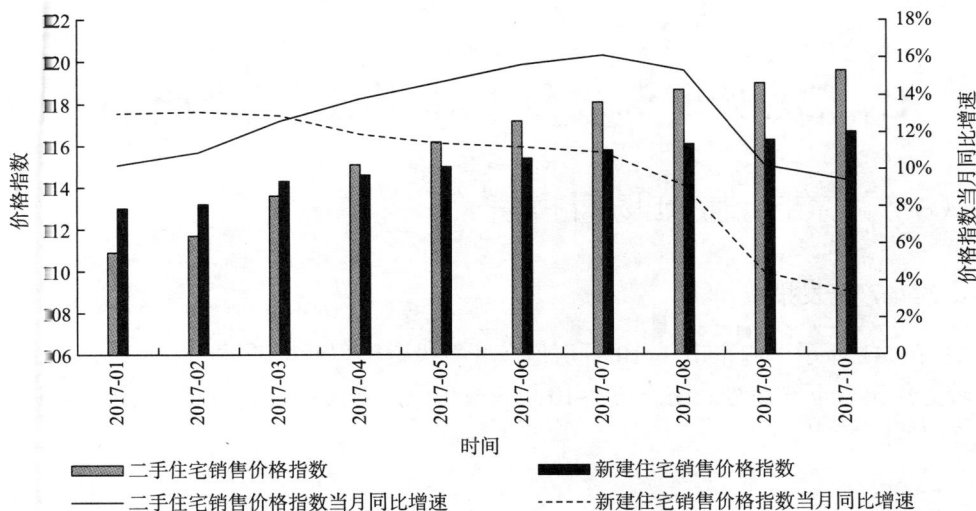

图 4.40　青岛市 2017 年 1~10 月商品房销售价格指数及当月同比增速

资料来源：国家统计局

体规定，引导公众向节约型、简约型的消费观念转变，引导居民不盲目跟风，按照自己的实际情况来买房子，争取形成低收入家庭租住廉租房，有一定负担能力的家庭购买经济适用房，中等收入以下的家庭购买限价房，中高收入居民购买商品房的理性消费格局。

2. 面向市场，发挥金融杠杆的调节作用

国内外的经验表明，房地产业的发展与金融业关系十分密切，无论是居民个人购房还是开发商投资建房，都必须借助向银行贷款或发行融通筹集资金。同时应该定期召开金融形势分析会，对房地产市场运行情况进行分析判断，构建合理的预警机制，规避经济风险，调整房地产投资在社会固定资产总投资中的比例，预防房地产泡沫。

3. 要更加关注民生，构建多层次的住房保障体系

青岛市地处东部沿海地区，经济发达，但是外来务工人员较多，其家庭收入水平普遍较低，储蓄积累有限，广大中低层收入阶层即使有银行按揭支持，也面临首付和还贷压力。为满足中低收入阶层的住房需求，应着力构建多层次的住房保障体系。

4. 降低房地产投资比重，促进产业结构调整，促进增长

青岛作为沿海城市，把产业转型升级和结构调整作为主攻方向，已成必然选择。推进青岛产业转型，必须首先制定合理的产业规划，形成合理的产业布局，实现产业的可持续发展。

七、热点城市 2017 年 1~10 月房地产市场分析

（一）南京市房地产市场运行情况

1. 房地产开发投资

如图 4.41 所示，南京市 1~10 月房地产开发投资额累计增速波动较平缓，总体增长幅度较上年出现下滑趋势。南京市 1~10 月完成房地产开发投资 1 869.54 亿元，累计同比增速 21.1%。

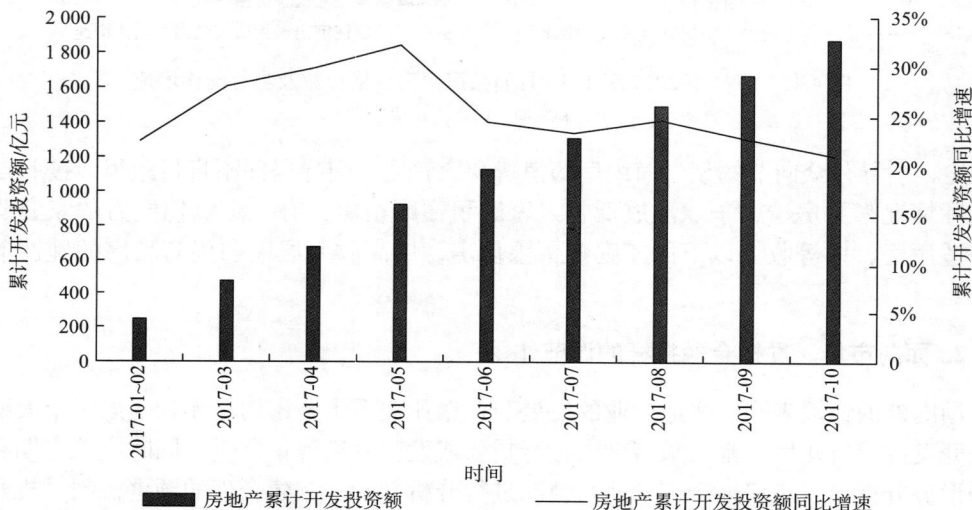

图 4.41　南京市 2017 年 1~10 月房地产累计开发投资额及同比增速
资料来源：南京市统计局

从房地产开发投资额累计增速趋势来看，在 2017 年 10 月南京市房地产开发投资额累计增速降低到最低点，这表明南京市的房地产开发投资额处于下降的趋势中。但从整体上看，南京市房地产开发投资额仍保持上涨的趋势。

如图 4.42 所示，从房地产开发各类投资额来看，南京市住宅开发投资最多，这从一定程度上反映了南京市住宅开发的火热程度，这也在一定程度上决定了南京市房价。其次是商业用房和办公楼的开发投资，南京市作为新一线城市，经济发达，商业用房和办公楼的需求也十分旺盛。

2. 商品房建设情况

如图 4.43 所示，2017 年 1~10 月，南京市房屋累计新开工面积为 1 658.07 万平方米，同比下降 14.10%。其中，住宅新开工面积为 990.10 万平方米，同比下降 30.20%。整体

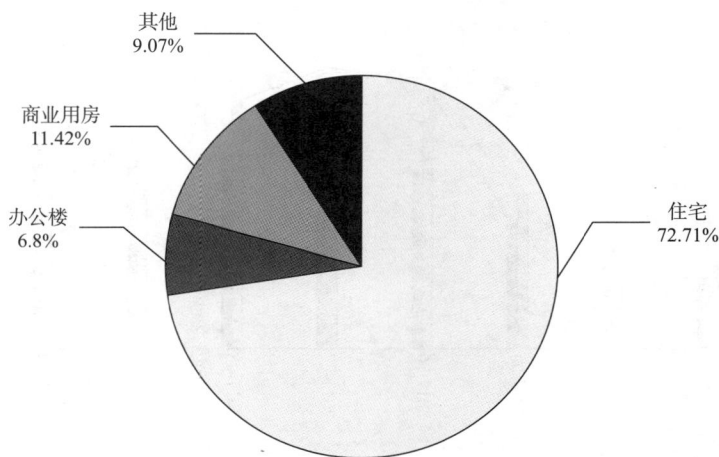

图 4.42　南京市 2017 年 1~10 月房地产开发各类投资额累计占比
资料来源：南京市统计局

上来看，南京市房屋新开工面积出现一定幅度的下降，其中住宅新开工面积同比出现明显大幅度下降，这也是受 2017 年房地产调控政策的影响的结果。

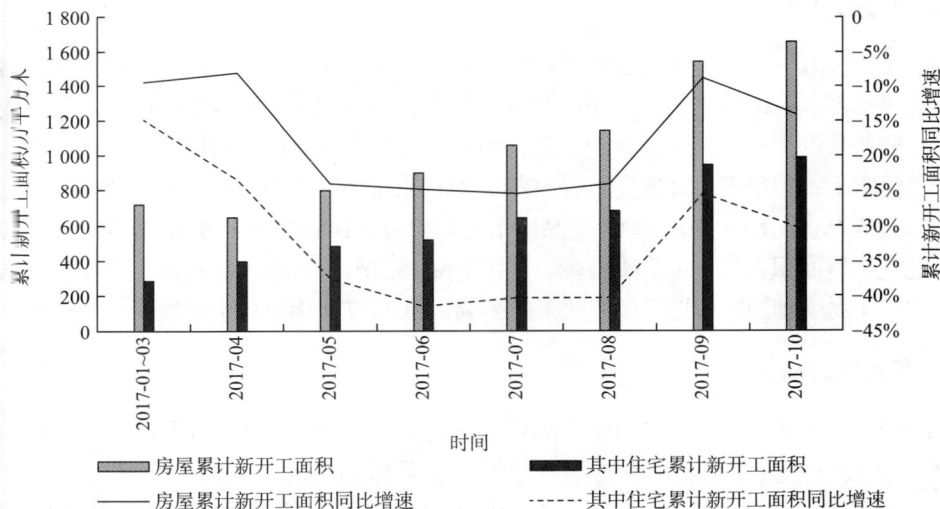

图 4.43　南京市 2017 年 1~10 月房屋累计新开工面积及同比增速
资料来源：南京市统计局

如图 4.44 所示，2017 年 1~10 月，南京市房屋累计竣工面积为 628.22 万平方米，同比下降 25.10%。其中，住宅竣工面积为 461.80 万平方米，同比下降 25.08%。竣工面积出现大幅度下降，一方面，是受当前经济大环境影响，整体房地产市场不景气，投资减少，房地产建设进度明显放缓；另一方面，2017 年国家出台房地产调控政策，银行和各类金融机构明显收缩对房地产企业的放贷，房地产企业资金吃紧，这也在一定程度上影响了房屋竣工面积。

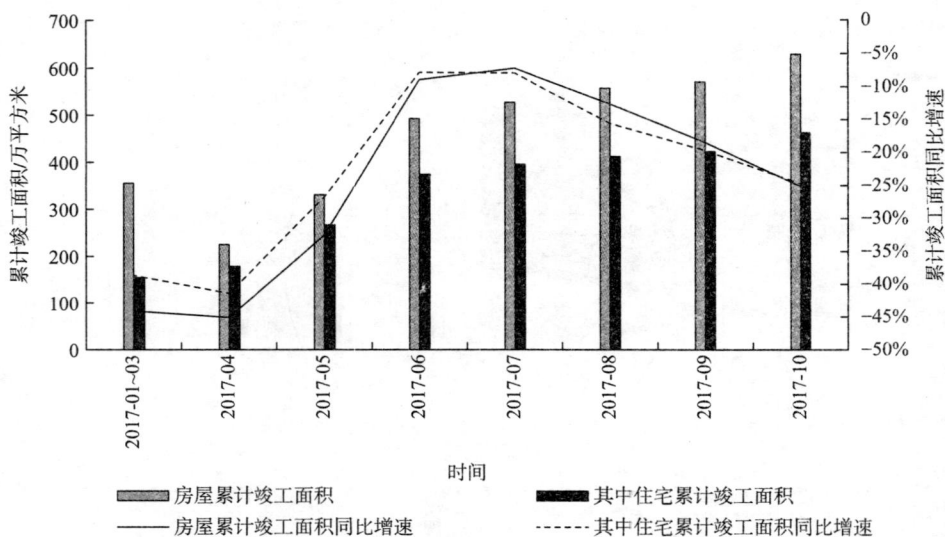

图 4.44　南京市 2017 年 1~10 月房屋累计竣工面积及同比增速

资料来源：南京市统计局

3. 商品房交易情况

2017 年 1~10 月，南京市商品房月度交易较上年同期均出现下降态势，尤其是 1 月至 5 月，同比增速都在－40%～－20%，下降程度十分巨大，这说明国家房地产调控政策直接抑制了南京市商品房的交易。但从整体上来看，南京市商品房累计销售面积同比增速虽然一直都是处于负值水平，但呈现上升恢复趋势，在 8 月南京市商品房销售面积同比增速几乎与上年持平。如图 4.45 所示，1~10 月南京商品房销售面积为 1 148.67 万平方米，同比下降 9.3%。其中，住宅销售面积为 983.94 万平方米，同比下降 15.50%，这在一定程度上也反映了虽然南京市房地产交易受到国家房地产调控政策的影响，但 2017 年南京楼市仍处于一种火热状态。

4. 商品房交易价格

如图 4.46 所示，2017 年 1~10 月南京市新建商品住宅价格指数同比一直处于下降趋势，环比呈现一种波动趋势，4 月达到最低，6 月达到最高。南京市商品房交易价格相对于上年同期来说，有一定程度的下降，但从 2017 年南京市商品房交易价格来看，波动很频繁，处于一种动态变化的趋势。1~10 月以来，南京市商品房交易市场仍很火爆，居民哄抢房屋的新闻屡见不鲜，分析来看，主要是新闻舆论以及市场情绪的共同作用导致这一结果，反映在商品房交易价格上，就是环比价格呈现一种波动态势。

（二）福州市房地产市场运行情况

1. 房地产开发投资情况

如图 4.47 所示，2017 年 1~10 月福州市房地产开发投资额 1 428.00 亿元，同比增加

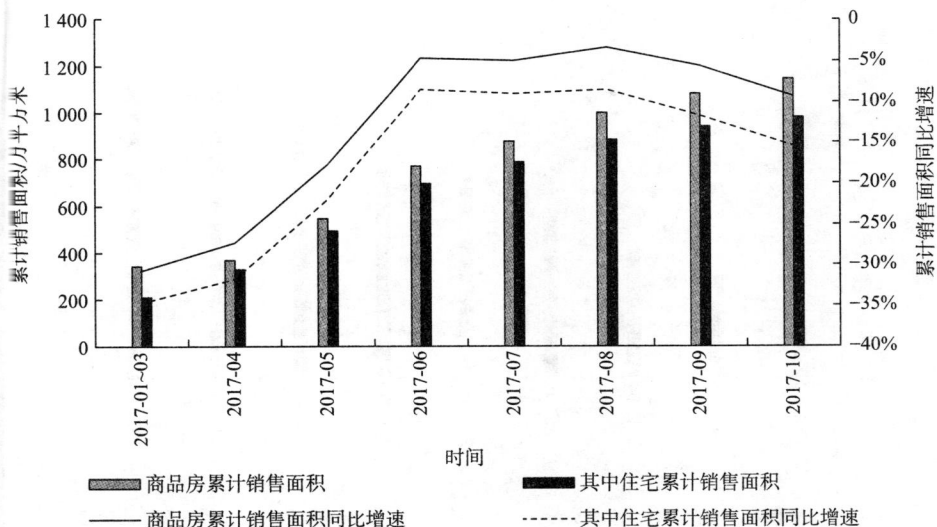

图 4.45　南京市 2017 年 1~10 月商品房累计销售面积及同比增速

资料来源：南京市统计局

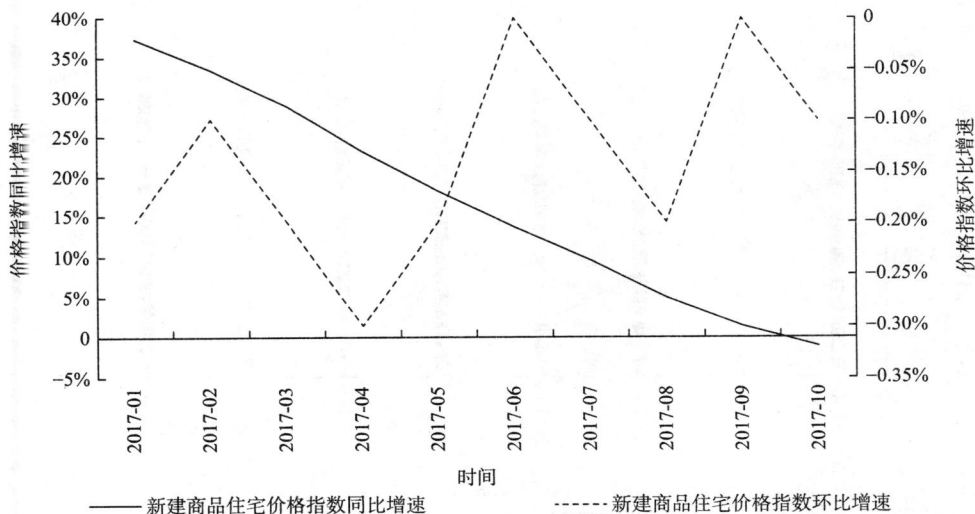

图 4.46　南京市 2017 年 1~10 月新建商品住宅价格同比与环比增速

资料来源：南京市统计局

5.4%。第一季度投资额增速较快，第三季度又持续下降，从 17.1% 下降到 5.4%，说明房地产开发热度逐渐冷却。

2. 商品房施工面积和竣工面积情况

如图 4.48 所示，2017 年 1~10 月福州市商品房累计施工面积 7 647.08 万平方米，同比增加 2.0%。整体来看，在限购政策影响下，福州市 1~10 月商品房施工面积增速缓慢且基本稳定在 2%~3%。

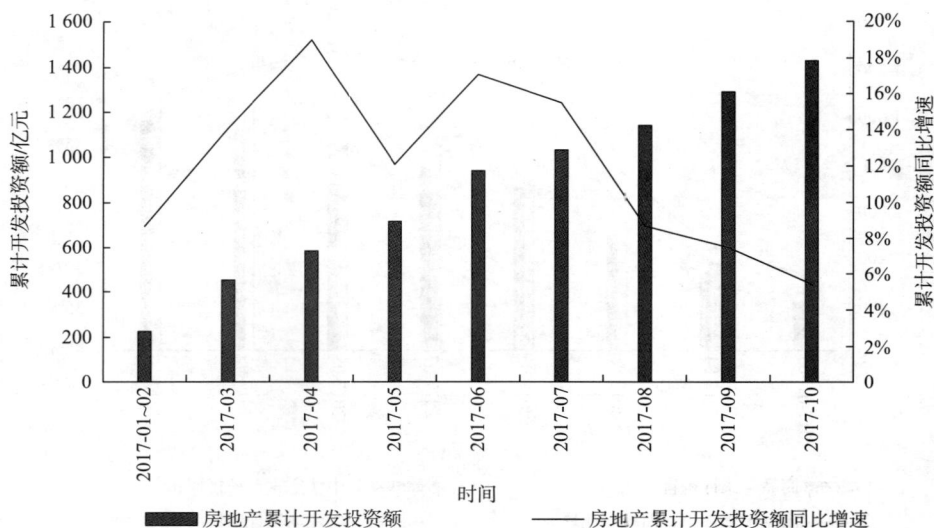

图 4.47　福州市 2017 年 1~10 月房地产累计开发投资额及同比增速

资料来源：Wind 数据库

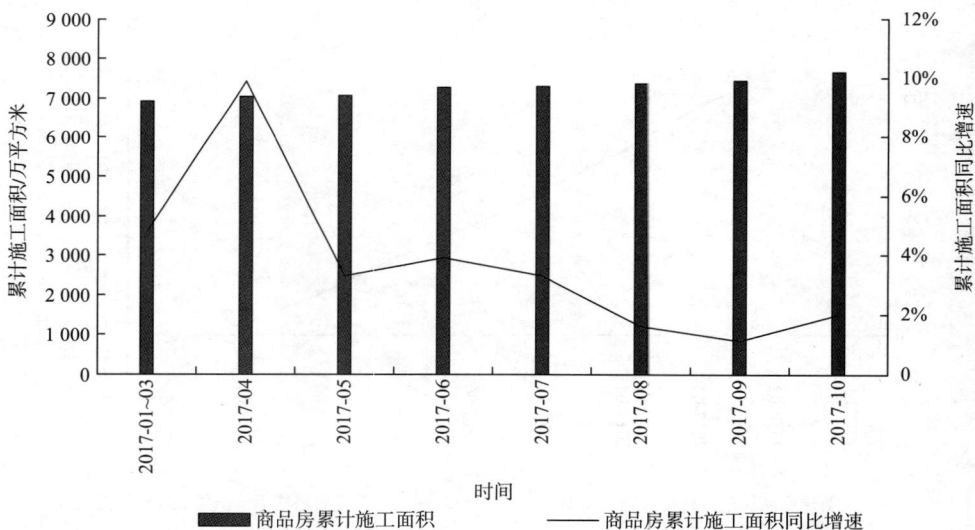

图 4.48　福州市 2017 年 1~10 月商品房累计施工面积及同比增速

资料来源：Wind 数据库

如图 4.49 所示，福州市 2017 年 1~10 月商品房累计竣工面积 858.51 万平方米，同比增长 72.5%。1~10 月，相比起施工面积，福州市商品房竣工面积增速节节攀升，增长了近 75 个百分点，有可能会导致商品房的积压。

3. 市场销售情况

如图 4.50 所示，2017 年 1~10 月，福州市商品房销售面积 1 231.54 万平方米，同比上涨 28.5%。受各地限购政策影响，福州市前两个季度商品房销售面积增速持续下降，

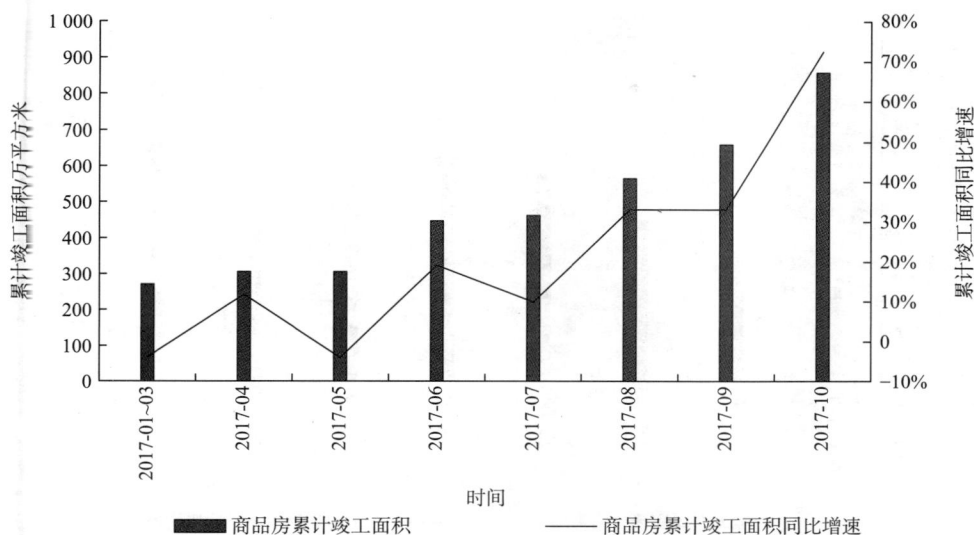

图 4.49　福州市 2017 年 1~10 月商品房累计竣工面积及同比增速

资料来源：Wind 数据库

第三季度略有抬升，但总体上福州市 1~10 月商品房销售面积增速较快，8 月最低，达到 22.1%。

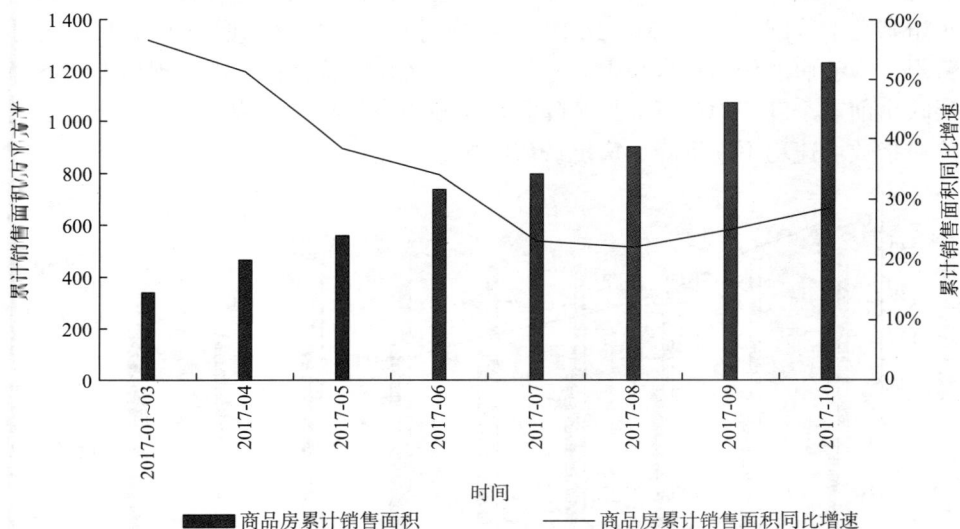

图 4.50　福州市 2017 年 1~10 月商品房累计销售面积及同比增速

资料来源：Wind 数据库

如图 4.51 所示，2017 年 1~10 月，商品房销售额和销售面积走势大体一致，销售额为 1 313.7 亿元，同比增加 21.0%。2017 年初至 8 月，福州市商品房销售额同比增速不断下降，从最初的高达 62.6%，到 8 月低至 15.4%，9 月和 10 月又有所回升，房地产市场不断降温。

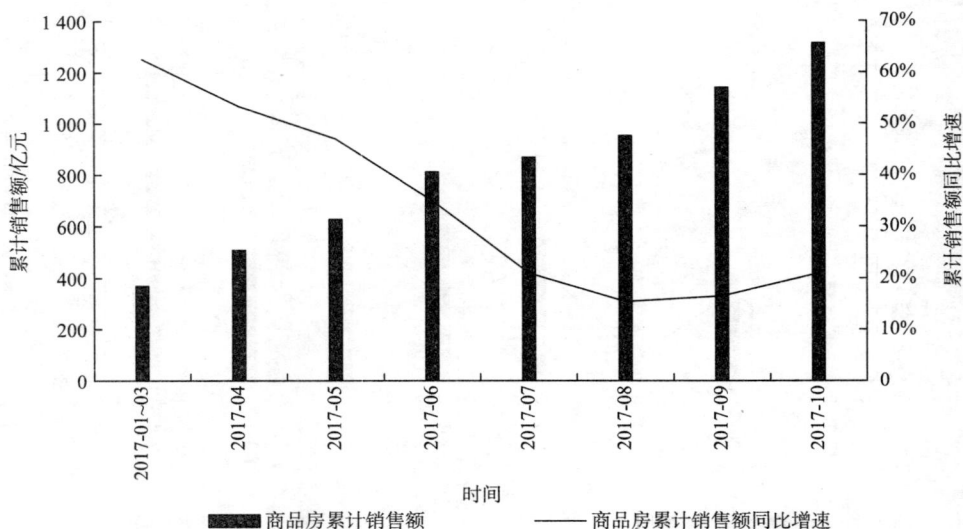

图 4.51 福州市 2017 年 1~10 月商品房累计销售额及同比增速

资料来源：Wind 数据库

4. 住宅价格指数

如图 4.52 所示，截至 10 月，福州市新建住宅价格指数（定基数）与二手住宅价格指数（定基数）分别为 128.0 和 126.1，同比分别下降了 1.1% 和增长了 6.9%。由月度数据可看出，二手房的价格指数呈上升趋势，而新建住宅价格指数则呈现出不断下降的趋势。反映出前三季度房地产行业持续降温，受限购限贷政策的持续影响，新建住宅和二手房价格指数增速均不断下降，房价跌势明显。

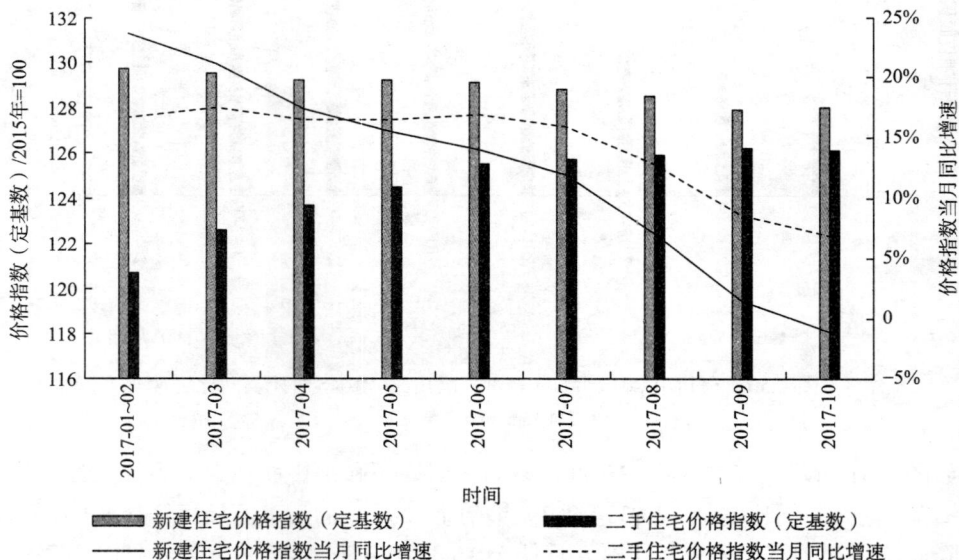

图 4.52 福州市 2017 年 1~10 月住宅价格指数及同比增速

资料来源：Wind 数据库

（三）汕头市房地产市场运行情况

1. 房地产开发投资情况

如图 4.53 所示，2017 年前 10 个月，汕头市房地产开发投资额为 2 753 217.5 万元，同比增长了 23.3%。2 月以来，全市房地产开发投资额节节攀升，1~7 月增速较为平稳，8~9 月增速上升加快，10 月增速有明显回落，房地产开发投资对全市投资增长贡献明显。

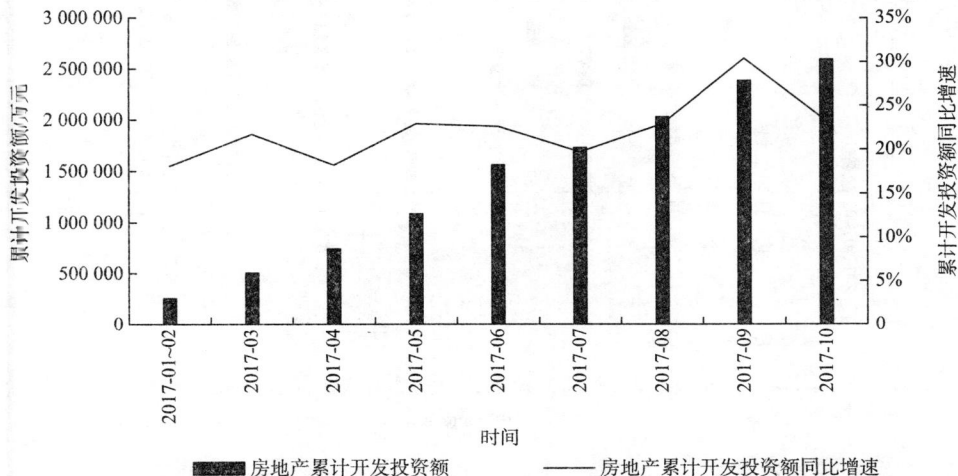

图 4.53　汕头市 2017 年 1~10 月房地产累计开发投资额及同比增速

资料来源：Wind 数据库

2. 商品房施工面积和竣工面积情况

如图 4.54 所示，2017 年 1~10 月商品房施工面积为 2 352.13 万平方米，同比增加 4.97 个百分点。整体而言，2017 年 1~10 月商品房施工面积增长速度呈下降趋势。

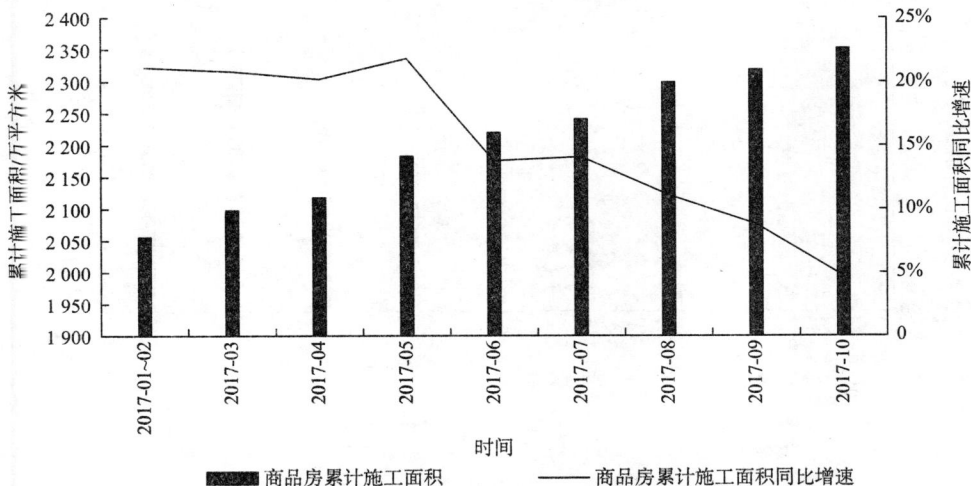

图 4.54　汕头市 2017 年 1~10 月商品房累计施工面积及同比增速

资料来源：Wind 数据库

如图 4.55 所示，2017 年 1~10 月汕头市商品房累计竣工面积为 215.41 万平方米，较 2016 年同比下降 25.4 个百分点。1~3 月竣工面积增速明显上升，3 月之后增速回落，同比下降 40 个百分点。

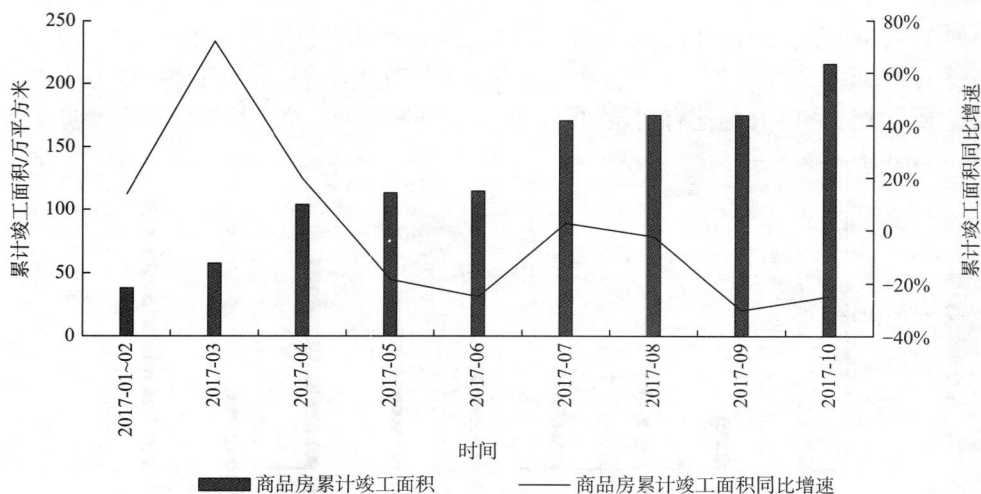

图 4.55　汕头市 2017 年 1~10 月商品房累计竣工面积及同比增速
资料来源：Wind 数据库

3. 市场销售情况

1）商品房销售面积

如图 4.56 所示，2017 年 1~10 月汕头市房地产市场发展较好，1~10 月商品房累计销售面积为 498.38 万平方米，比上年同期上升 87.7%。自 1 月以来，商品房累计销售面积增速连续上升且始终维持较为平稳的状态，9 月后稍有回落。

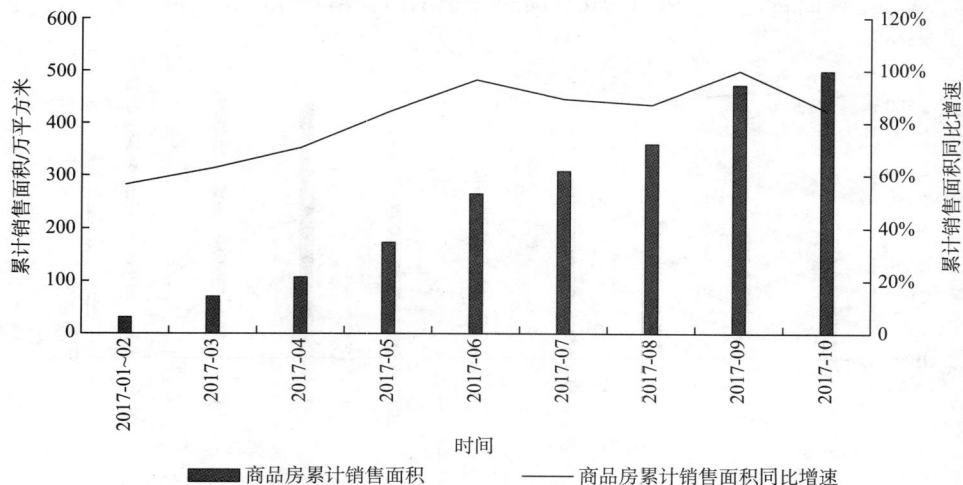

图 4.56　汕头市 2017 年 1~10 月商品房累计销售面积及同比增速
资料来源：Wind 数据库

2．商品房销售额

如图4.57所示，2017年1~10月汕头市商品房累计销售额为4 943 500万元，相比上年增长了137.25%。1~6月，汕头市商品房销售额同比增速逐步增长，从70%到146%，7~10月，同比增速较为波动，但其数值都较高。

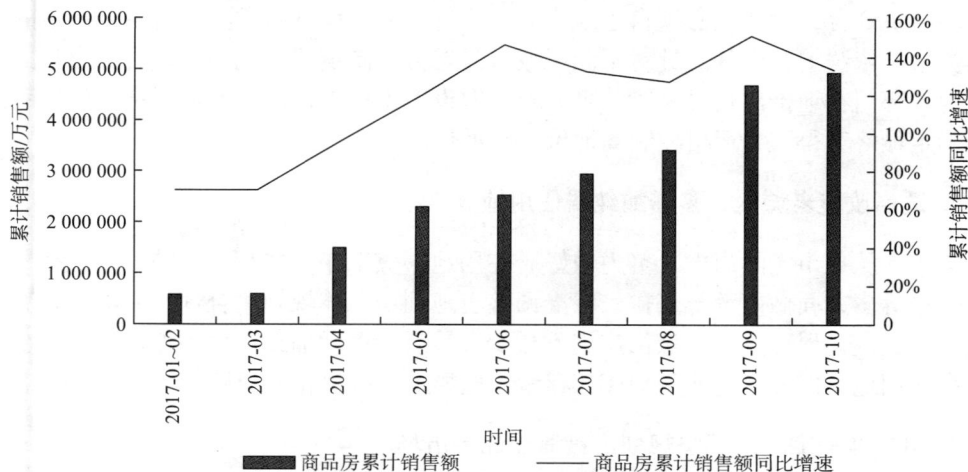

图 4.57　汕头市 2017 年 1~10 月商品房累计销售额及同比增速

资料来源：Wind 数据库

4. 房地产市场运行情况总体分析

2017年1~10月，汕头市房地产开发企业投资保持较快增长，销售市场持续活跃，价格不断攀升，但房屋施工规模缩小，新开工、竣工面积回落，开发市场保持增长压力增大。

根据 70 个大中城市数据，从销售主力看，汕头市住宅销售高速增长，且改善型购房需求持续释放；房地产开发企业投资增长维持平稳，增速有所回落；房地产销售市场将由"疯涨"趋向"温和"。

（四）房地产市场的问题和对策

1. 继续执行住房限购限贷措施

根据分析可以看到，受限购、限贷政策的影响，2017 年前三季度各市商品房开发放缓，商品房市场大多供过于求，库存积压，但是由于各市持续走高的地价，房价仍然不断飙升，所以短期内应该继续坚持限购政策，防止炒房行为的出现。

2. 切实加大住宅用地及住房供应

优化土地供应节奏，适度增加供应总量。进一步加快已储备房地产用地上市供应，定期向社会公布全市住宅用地供应计划，分期分批公布已供住宅项目的开工、竣工情况，对应开工、未开工的土地逐宗清理、督办、依法处置。建立项目审批绿色通道，对已完成土地的项目督促全面开工、限期完工，对符合预售条件的商品住房项目，督促企业，加快审批效率，尽快上市形成有效供应。

3. 严防土地市场价格过快上涨

住房项目竞买土地保证金比例为不低于土地出让起始价的 60%，地块成交价超过起始价的溢价部分，竞得人必须自土地成交之日起 10 工作日内缴清，逾期未缴纳的，取消其资格并依法追究责任。针对不同区域供需态势，制定差别化的土地公开出让文件，国土规划部门在地价出现异常时，可综合采取设定土地出让最高价或者指导价等手段，择优确定最终竞得人，严格控制高地价、高溢价出现。

4. 适当改造老城区，多增加纯居住用地

首先，从各市实际出发，努力做好居住用地供应工作，并在供应的规模、布局、结构、时序等多方面做好统筹安排，精准调整土地利用总体规划，合理布局项目，新增建设用地。其次，保证热点区域供应链不减少。最后，多增加纯居住用地比例，减少无目的的商住用地，以避免商业用地库存存量积压导致难以去化的尴尬局面。

5. 引导非住宅地产调整规划，盘活非住宅市场

允许房地产企业对规划作适当调整，政府可通过适当引导调整的方向，帮助商办地产加速去化，除了商改住，还可以与公共服务设施结合起来，如为医疗养老等公共服务提供场所。

6. 发展租赁市场，建立购租并举的住房制度

租赁市场的发展能够减少购买住房的需要，对抑制房价的上涨会有一定作用。而在高房价下，目前出租房屋是不划算的，因此，我们要给予机构和个人出租者更多的税收优惠、融资支持；也要给予承租人相应的照顾，包括让有稳定的租赁关系的承租者同户籍人口一样享受到教育、医疗等的公共服务。

7. 加大房地产市场监管力度

继续推进房地产市场专项整治活动，对所有在建在售商品住房项目开展拉网排查，严肃查处捂盘惜售、囤积房源、哄抬房价、未明码标价、虚假宣传等违法违规行为，对多次违规拒不整改的采取暂停网签等方式，加大惩处力度。对所有中介门店进行全面清查，严肃查处中介市场各类违法违规行为。引导经济机构合规经营，树立行业诚信意识，切实规范房地产经济市场秩序。

8. 加强信息公开和舆论引导

加强对房地产市场的正面宣传报道，及时发布权威数据，让社会全面准确客观地了解市场走势和政策动向，对媒体报道的热点、群众关注的焦点及时回应，稳定市场预期，防止不实信息误导舆论。依法依规严肃处理编造谣言、散布不实信息、扰乱市场秩序等行为，营造有利于房地产市场稳定发展的良好氛围。

八、其他城市 2017 年 1~10 月房地产市场分析

2017 年以来，三、四线城市房地产市场情况所受关注度越来越高，主要是由于某些三、四线城市房价一路走高，最大的原因是随着一、二线城市受到政策调控的作用，大量的资金只能涌入暂时没有调控的三、四线城市。本部分主要分析长沙市和温州市的房地产市场运行情况，以此说明我国其他城市房地产市场运行中存在的问题。

（一）长沙市房地产市场运行情况

1. 房地产开发投资情况

如图 4.58 所示，2017 年 1~10 月，长沙市累计完成房地产开发投资额 1 278.09 亿元，相比 2016 年增长了 17.2%。2017 年长沙市房地产开发投资额前三季度增幅显著，到第二季度达到峰值，为 26.2%，实现累计开发投资额 543.25 亿元。从第二季度开始开发投资额同比增长放缓，呈现非常明显的下降趋势，到 9 月末增速为 14%，达到局部最低点。

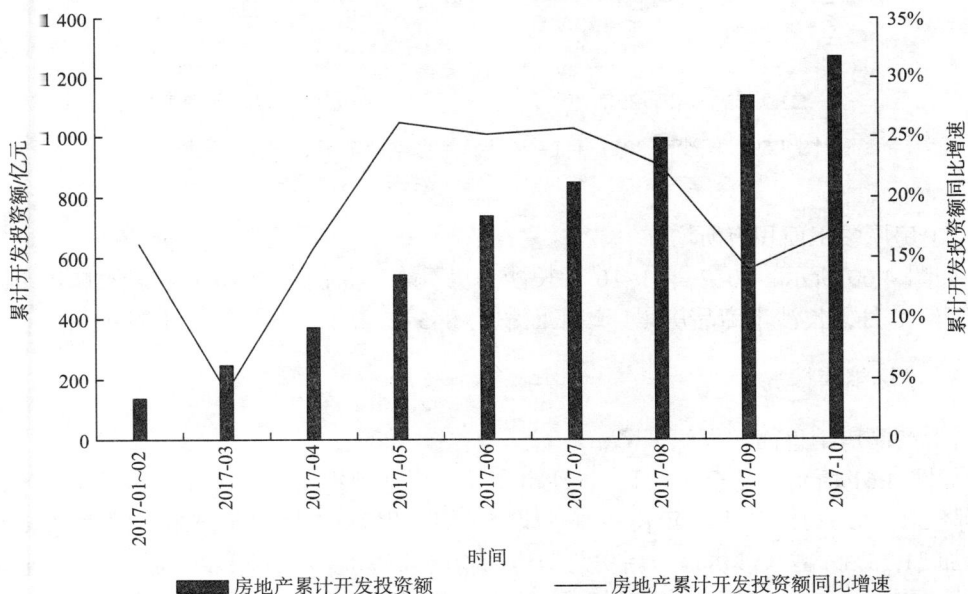

图 4.58　长沙市 2017 年 1~10 月房地产累计开发投资额及同比增速
资料来源：Wind 数据库

2. 商品房施工面积和竣工面积情况

1）房屋施工面积稍有减少

如图 4.59 所示，2017 年以来，长沙市商品房累计施工面积与 2016 年相比涨跌起伏

较小，总体呈现下跌趋势。截至 10 月长沙市商品房累计施工面积为 9 493.23 万平方米，同比小幅下降 0.1%。受央行调控政策及人工成本、建筑成本不断上升等因素的影响，加之民间融资的成本过高，企业资金短缺，造成开发商拖付工程款以及建筑公司或工程队垫资现象普遍存在，绝大部分开发企业感到资金紧张。2017 年上半年长沙商业地产新开工面积约 121.71 万平方米，占长沙房地产新开工面积的 11.61%，同比 2016 年同期略减 6.88 万平方米。2017 年上半年为 2013~2017 年最低值，商业地产"供过于求"的现状不可忽视，特色化、差异化业态将成为商业发展方向。

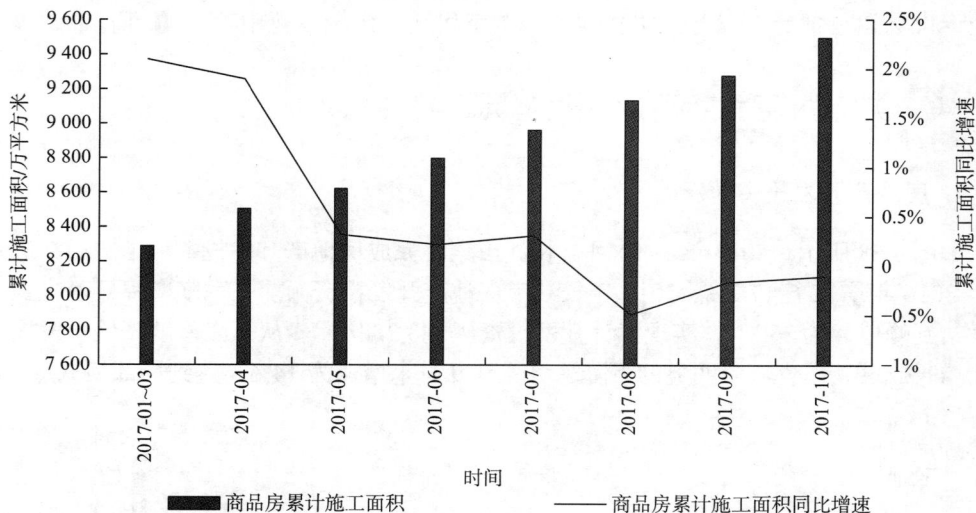

图 4.59　长沙市 2017 年 1~10 月商品房累计施工面积及同比增速

资料来源：Wind 数据库

2）房屋竣工面积有所增加

如图 4.60 所示，2017 年 1~10 月长沙市房屋竣工面积较 2016 年有较大幅度下降。2017 年 10 月，长沙商品房累计竣工面积为 845.47 万平方米，同比下降 31.8%。

3. 市场销售情况

1）商品房销售面积大幅下降

如图 4.61 所示，截至 10 月，长沙市商品房累计销售面积为 1 369.75 万平方米，同比下降 30.3%，2017 年上半年长沙商业地产销售面积为 63.44 万平方米，同比 2016 年同期增加 31.73%，占长沙房地产新房总销售面积的 6.39%。从 2013~2017 年长沙商业地产销售情况来看，2017 年上半年商业地产销售面积创 2013~2017 年同期新高。其中，商业地产现房销售 32.3 万平方米，期房销售 31.13 万平方米，现房与期房销售面积平分秋色，同比 2016 年同期现房销售面积增加 56.32%。从 2017 年上半年各月商业地产销售情况来看，除了春节期间（2 月）成交低迷，其他月份均维持高位。同比 2016 年，仅 1 月和 2 月销量减少，其他月份均同比增加，尤其是 5 月商业地产销售面积同比增长 112.92%。此外，从政策方面来分析，"3.18"和"5.20"住宅限购令，在一定程度上促

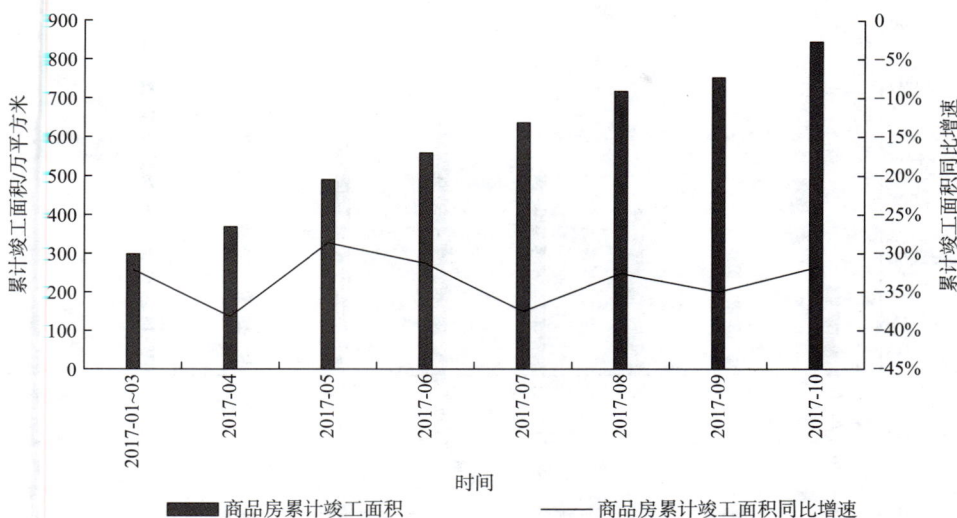

图 4.60　长沙市 2017 年 1~10 月商品房累计竣工面积及同比增速

资料来源：Wind 数据库

进了部分投资客从住宅市场转向商业市场。

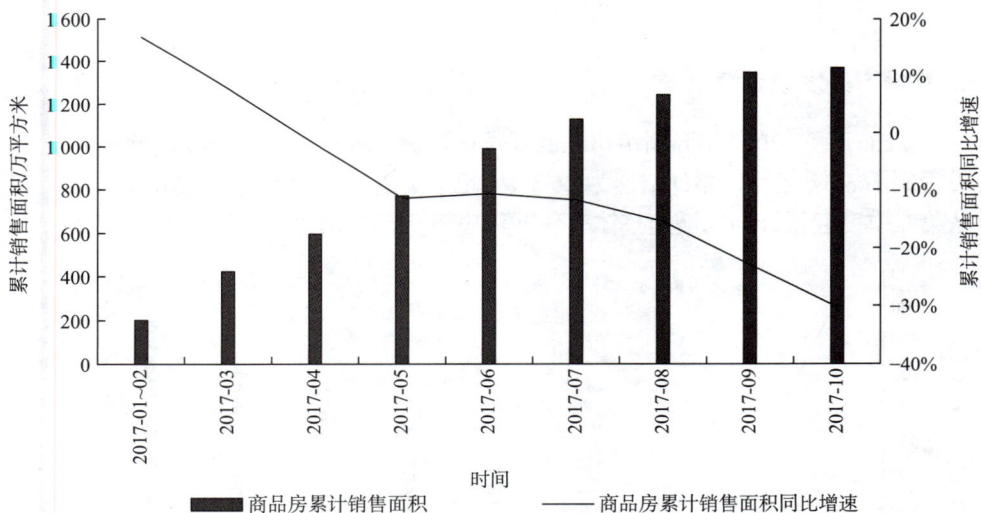

图 4.61　长沙市 2017 年 1~10 月商品房累计销售面积及同比增速

资料来源：Wind 数据库

2）商品房销售额逐步下降

如图 4.62 所示，2017 年以来长沙市商品房累计销售额呈现先上升后缓慢下降的趋势，一、二季度环比正增长，到第三季度整体呈现负增长。同比增速方面，前4个月有明显的下跌，从5月开始同比增速保持在10%以下，到10月实现累计销售额1 121.98 亿元，同比增速为−16.7%。第三季度增速趋稳主要是因为第一季度的利好政策刺激效应的减弱。随着第三季度末的调控政策纷纷出台，要保持销售额的持续高速增长比较困难。

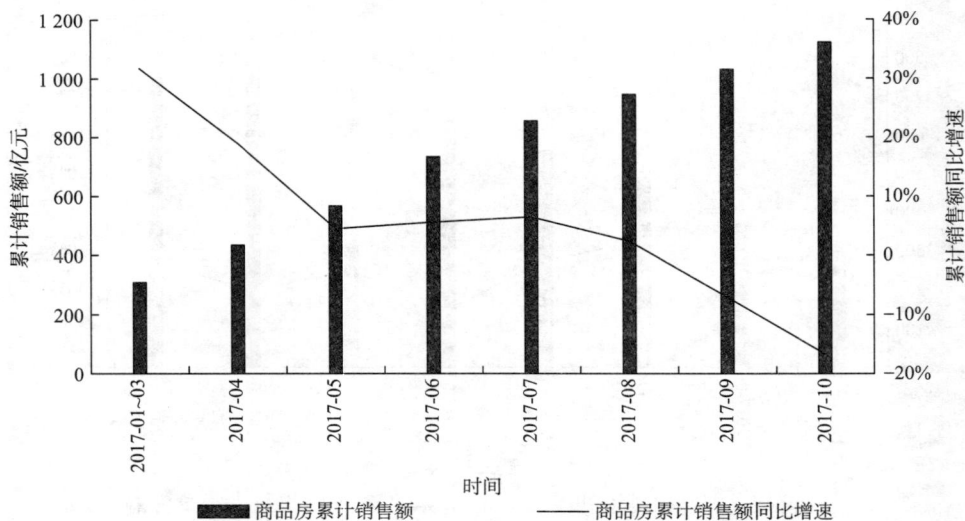

图 4.62　长沙市 2017 年 1~10 月商品房累计销售额及同比增速

资料来源：Wind 数据库

（二）温州市房地产市场运行情况

1. 房地产开发投资情况

如图 4.63 所示，2017 年温州市房地产开发投资额呈现增速放缓态势，第一季度末实现开发投资额 163.37 亿元，累计增速为 26.3%，增速为前三季度最高。温州市房地产开发投资额从第二季度起累计同比增速整体呈现下降趋势，5 月累计同比增速轻微反弹后回落。

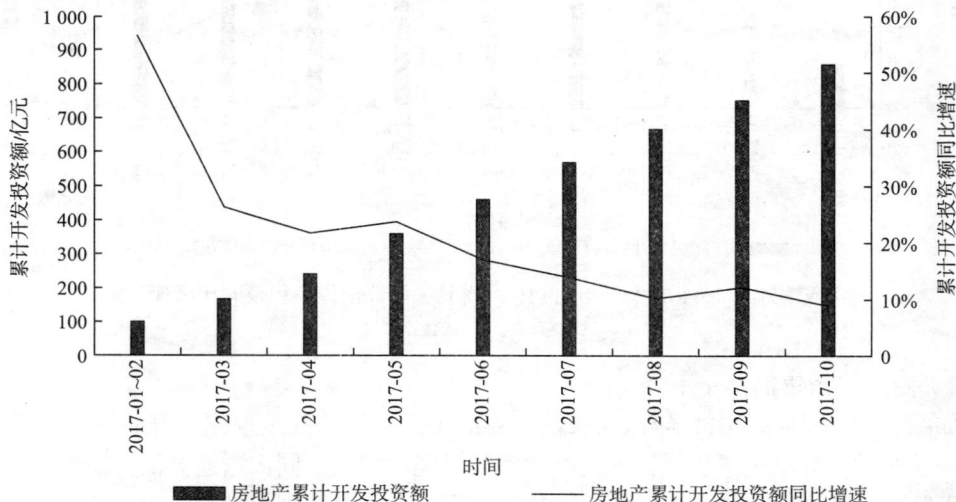

图 4.63　温州市 2017 年 1~10 月房地产累计开发投资额及同比增速

资料来源：Wind 数据库

2. 商品房施工面积和竣工面积情况

1）商品房施工面积下降

如图 4.64 所示，2017 年以来，温州市商品房施工面积环比增速呈现震荡态势，而前三季度同比增速始终为负。从第四季度开始，商品房施工面积增幅较第一季度有所稳定和提升。截至 10 月，温州市商品房累计施工面积 4 445.29 万平方米，同比下降 2.6%。

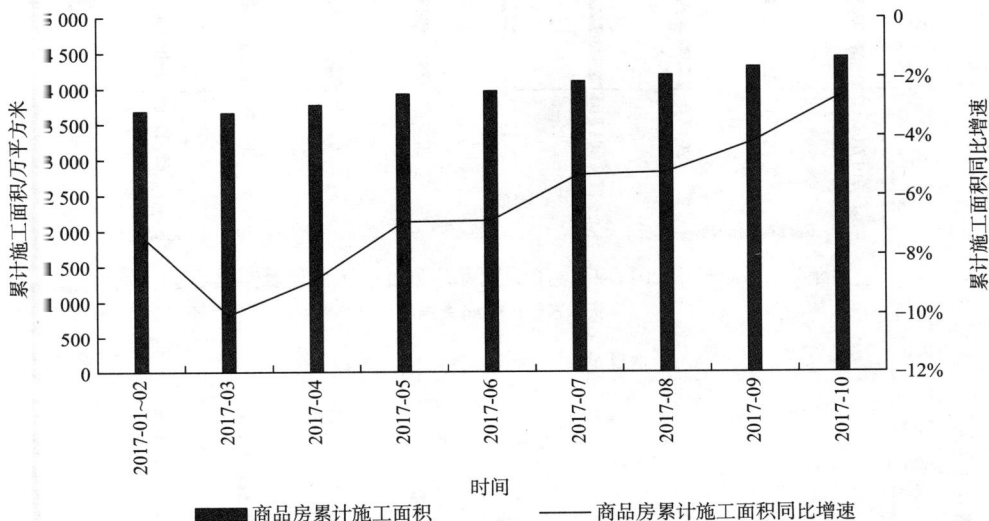

图 4.64　温州市 2017 年 1~10 月商品房累计施工面积及同比增速
资料来源：Wind 数据库

2）商品房竣工面积大幅下降

如图 4.65 所示，2017 年前 10 个月温州市商品房竣工面积较 2016 年大幅下降，只有 1~2 月同比增速保持正向，增速为 13.29%，之后增幅虽然小有反弹，但是整体保持较大的同比下降趋势。截至 10 月底，累计竣工面积 231.46 万平方米，同比下降 48.7%。

3　市场销售情况

如图 4.66 所示，2017 年温州市商品房累计销售面积呈现较大幅度增长，其中 6 月和 9 月环比增长最为显著，分别实现 195.13 万平方米和 161.28 万平方米的增长。前三季度同比增长基本维持在 40%以上，4~5 月涨幅小幅度缩小，到第三季度末温州市实现商品房累计销售面积 737.44 万平方米，同比增速 42.71%。如图 4.67 所示，2017 年温州市商品房累计销售额同比增速保持在 18%以上，虽然 4~5 月同比增速回落，但是 6 月迅速反弹，实现 41.06%的前三季度最大同比增速。从 6 月开始，商品房销售额增速走弱，到 10 月末，实现 970.13 亿元的累计销售额，同比增速为 31.6%。图 4.65 中 2017 年 10 月温州市商品房累计竣工面积 231.46 万平方米，而商品房累计销售面积达到 785.56 万平方米，去库存成效显著，库存压力极大减轻。

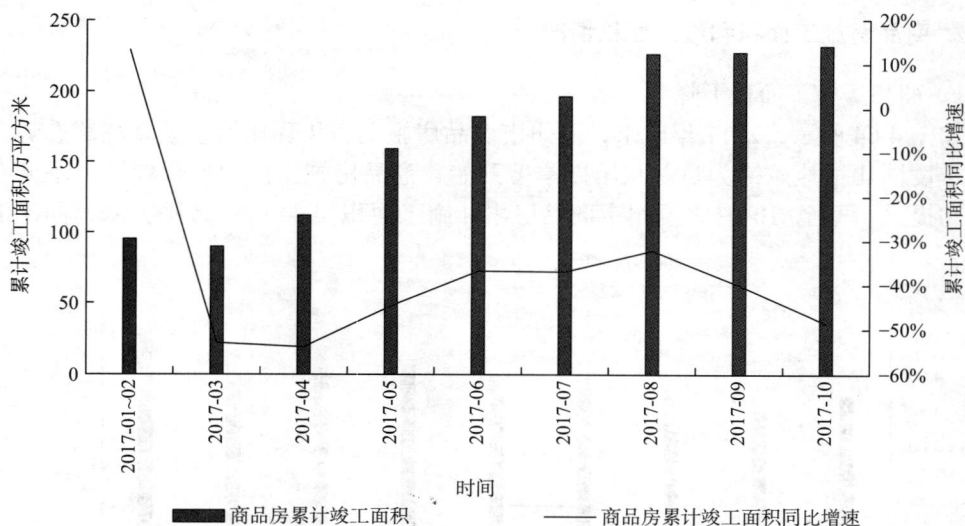

图 4.65　温州市 2017 年 1~10 月商品房累计竣工面积及同比增速

资料来源：Wind 数据库

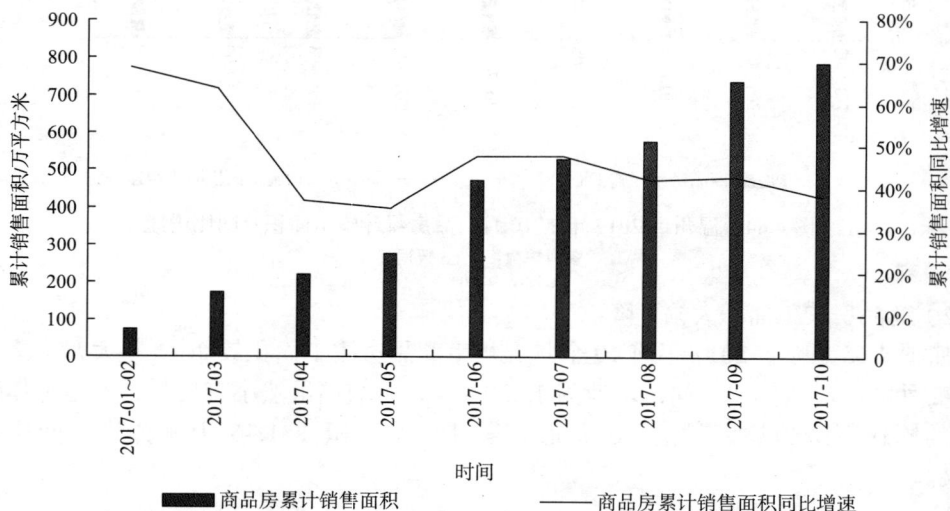

图 4.66　温州市 2017 年 1~10 月商品房累计销售面积及同比增速

资料来源：Wind 数据库

（三）房地产市场的问题和对策

　　总结以上的分析得出，2017 年我国房地产市场普遍较暖，三、四线城市房产市场继续保持热度，以长沙市、温州市为代表的部分三、四线城市房地产市场在上半年各类政策的刺激下，实现了非常可观的去库存效果。对于三、四线城市，由于以下几项因素，去库存仍然是一个十分严峻的问题：商品住宅库存、土地库存过高；人均住房面积较大，改善型需求并不强烈；对外来人口吸纳能力不足，多依赖本地居民购房；等

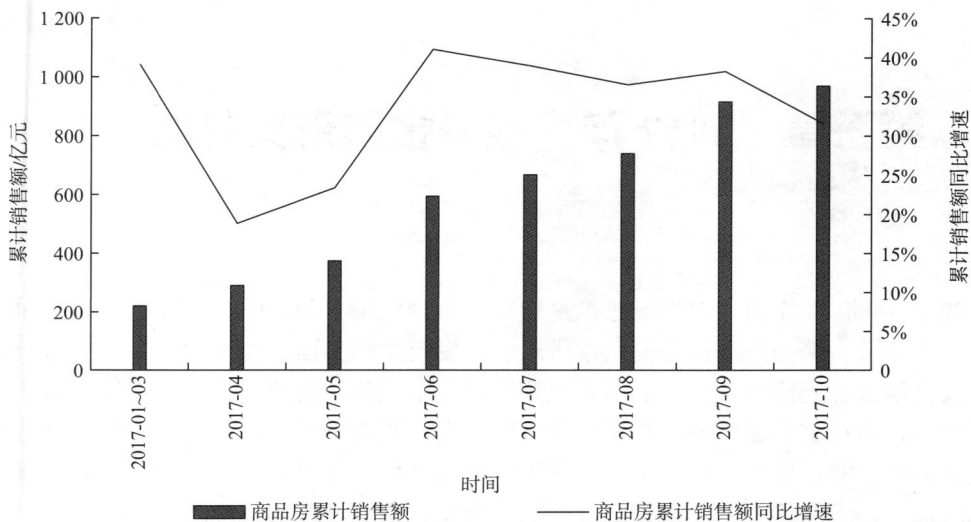

图 4.67　温州市 2017 年 1~10 月商品房累计销售额及同比增速

资料来源：Wind 数据库

等。此外，三、四线城市房价在 2017 年前三季度的增长较为引人注目，经过这一轮上涨，房价将要逼近二线城市，在库存压力大为减缓的情况下，不少三、四线城市出台了各类房地产政策引进人才。

针对这些问题，三、四线城市的主要对策还是围绕去库存和控房价。首先，三、四线城市的去库存问题不可一概而论。对比长沙和温州可以发现，长沙消化库存的能力要明显高于温州，因此各地政府应根据各自情况制定有针对性的措施。其次，推进跨界地产发展去库存，利用存量房搞双创，发展健康、旅游、养老、教育等产业。推进住房租赁市场发展去库存，因为发展住房租赁市场是一个重要的工作任务，只有发展住房租赁市场，才能实现购住并举。再次，正对房价问题，因城施策，而且要针对房价上涨明显的城市加大筹码，要针对房价平稳的城市去库存。最后，去库存需要多方政策的协同，通过货币政策、财政政策的共同作用来实现。在房屋租赁市场的建设中，一方面，要通过财税、金融、户籍等政策给房屋租赁松绑减负，另一方面，要通过专业化的经营打造规范稳定的租赁市场环境。

第五章 2017年房地产金融形势分析

　　2017年前10个月大多数城市的房地产政策导向仍是限购限贷，同时，强调加强房地产金融监管，着力抑制投资投机性需求。开发投资额方面，由于2017年房地产市场开发投资额累计同比增速先升后降，主要原因在于限购限售政策出台，房地产市场需求有所放缓，市场交易量下降。投资来源方面，自筹资金仍然是房地产开发投资资金的重要组成部分。股市融资方面，房地产进入深度调整期，需求端、资金端承压导致行业投资风险加大，未来依托业绩增长、收并购、转型、政策红利的房地产上市公司将更具投资价值。房地产信托目前仍较受市场青睐，但其中的兑付风险不容小觑。

　　2017年，中央政府颁布了一系列针对房地产行业的政策，总体来说，中国房地产的基本政策目标以"稳定"为主，市场逐步回归理性，坚定"房子是用来住的、不是用来炒的"政策方向，一、二线城市量价进入调整阶段。总体来说，房价快速上涨动力已然不足，房地产企业2017年前三季度各方面的表现与上年相比，基本保持稳定。

　　近年来由商业银行主导的、专注于投资房地产领域及细分领域的资管计划和地产基金等新兴业务已日益增多。纵观2017年我国房地产市场总体走势，政府因城施策，调控效果显现，投资增速放缓。与2016年相比，2017年住房抵押贷款支持证券的承销商更加多元化。整体来看，房地产企业分化发展的格局仍将持续，房地产上市公司要进一步强化内部管控，在规模增长的同时注重企业经营能力的培育，实现经营实效的切实提升。随着政策带来的房地产市场的降温，房地产信托投资风险逐渐增大，信托公司在业务规模扩展的同时，应当注重风控措施建设，促进市场的良性发展。

一、房地产业融资渠道分析

（一）商业性房地产贷款

　　2017年1~10月，全国房地产累计开发投资额90 544亿元，同比名义增长7.8%，增速比1~9月降低0.3个百分点。其中，住宅投资61 871亿元，增长9.9%，增速降低0.5个百分点。住宅投资占房地产开发投资的比重为68.3%。

　　如图5.1所示，2017年1~10月全国房地产开发投资额和住宅开发投资额呈现持续增长的态势，累计同比增速波动变化。主要原因在于房地产市场需求旺盛，市场交易量增加，开发商去库存周期加快，使得房地产市场开发投资有所好转，随着新的限购政策出台，房地产市场需求有所放缓，市场交易量下降。

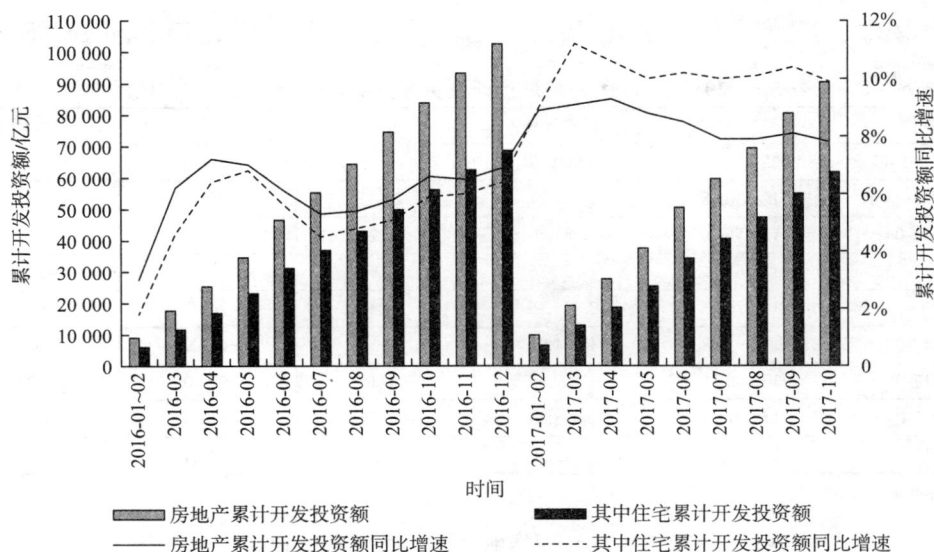

图 5.1 2017 年 1~10 月全国房地产累计开发投资额及同比增速

资料来源：Wind 数据库

如图 5.2 所示，2017 年 1~10 月，房地产开发投资资金 125 940.92 亿元，其中，国内贷款 20 798.04 亿元，占总资金的 16.51%，累计同比增加 20.20%；利用外资 124.99 亿元，占总资金的 0.10%，累计同比增加 1.60%；自筹资金 41 086.32 亿元，占总资金的 32.62%，累计同比增加 0.80%；包括单位自有资金、定金及预收款等在内的其他资金 63 931.57 亿元，占总资金的 50.76%，累计同比上升 8.20%。同 2016 年同期开发投资资金来源相比较，在占比方面，国内贷款、自筹资金和其他资金均出现大幅上涨。

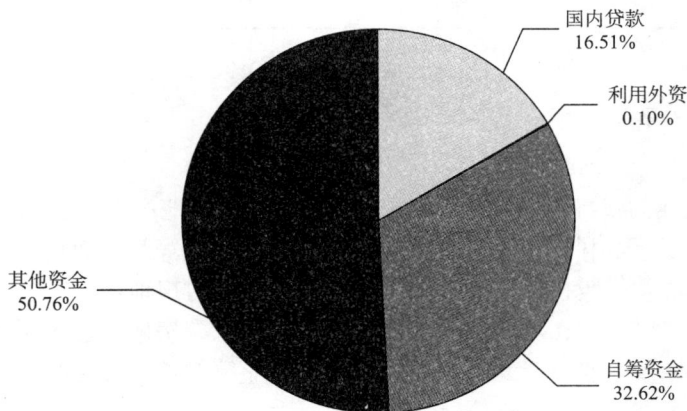

图 5.2 2017 年 1~10 月全国房地产开发投资资金来源占比情况

各项百分比之和不等于 100%，是因为进行过舍入修约

资料来源：Wind 数据库

如表 5.1 和表 5.2 所示，从房地产开发投资的各资金来源看，利用外资的持续低迷导致了总投资增速大幅放缓。在利用外资方面，中国房地产市场交易的低迷导致外国投资

者认为中国的房地产市场投资风险较大，因此持续减少对中国房地产市场的投资。

表 5.1　2017 年 1~10 月房地产开发资金主要来源情况（单位：亿元）

时间	总投资	国内贷款	利用外资	自筹资金	其他资金
2017-01~02	22 880.06	4 984.77	48.41	6 896.66	10 950.22
2017-03	12 786.28	1 907.27	25.62	3 997.55	6 855.84
2017-04	11 555.00	1 881.79	0.28	3 322.83	6 350.10
2017-05	11 767.19	1 722.86	15.49	3 791.12	6 237.72
2017-06	16 776.03	2 855.36	14.52	5 265.10	8 641.05
2017-07	11 899.58	1 741.95	7.57	4 066.97	6 083.09
2017-08	12 140.31	1 809.85	− 0.15	4 099.09	6 231.37
2017-09	13 291.16	2 098.83	1.75	5 011.55	6 179.03
2017-10	12 845.46	1 795.36	11.50	4 635.45	6 403.15

资料来源：Wind 数据库

表 5.2　2017 年 1~10 月房地产开发资金主要来源累计同比增速

时间	总投资	国内贷款	利用外资	自筹资金	其他资金
2017-01~02	7.00%	11.50%	227.40%	− 17.20%	27.70%
2017-03	11.50%	10.70%	308.00%	− 7.20%	27.10%
2017-04	11.40%	17.00%	115.30%	− 4.70%	21.30%
2017-05	9.90%	17.30%	115.10%	− 3.40%	16.70%
2017-06	11.20%	22.10%	58.90%	− 2.30%	17.20%
2017-07	9.70%	19.80%	20.60%	− 1.90%	14.80%
2017-08	9.00%	19.00%	15.40%	− 1.70%	13.40%
2017-09	8.00%	19.50%	0.90%	− 0.30%	10.40%
2017-10	87.40%	20.20%	1.60%	0.80%	8.20%

资料来源：Wind 数据库

（二）股市融资

2016 年，宽松的政策环境下热点城市量价齐升，房地产上市公司紧抓市场机遇快速发展，经营业绩、营利能力、资金状况、财富创造能力等基本面均有亮眼表现，投资价值彰显；而随着万科股权事件的影响发酵，资本市场对房地产上市公司的价值投资中枢由短期向长期转移。2016 年第四季度到 2017 年以来，房地产进入深度调整期，需求端、资金端承压导致行业投资风险加大，未来依托业绩增长、收并购、转型、政策红利的房地产上市公司将更具投资价值。

万科 A、保利地产、招商蛇口、华夏幸福、绿地控股、金融街、金隅股份、新湖中宝、金地集团、世茂股份等 10 家沪深上市房地产公司荣获"2017 沪深上市房地产公司综合实力 TOP10"，中国恒大、中国海外发展、碧桂园、华润置地、融创中国、龙湖地产、世茂房地产、中国金茂、首创置业、富力地产等 10 家大陆在港上市房地产公司荣获"2017 中国大陆在港上市房地产公司综合实力 TOP10"。

（三）房地产信托

2017 年 1~10 月房地产信托产品发行规模和数量如图 5.3 所示，房地产信托产品规模占比和平均收益率如图 5.4 所示。统计显示，2017 年前三季度，信托公司成立房地产信托数量同比增加 62.9%，规模亦同比增加 66.75%，9 月房地产类信托产品规模环比上涨 41.3%。业内人士表示，房地产信托目前仍较受市场青睐，但其中的兑付风险不容小觑，投资者应保持谨慎。

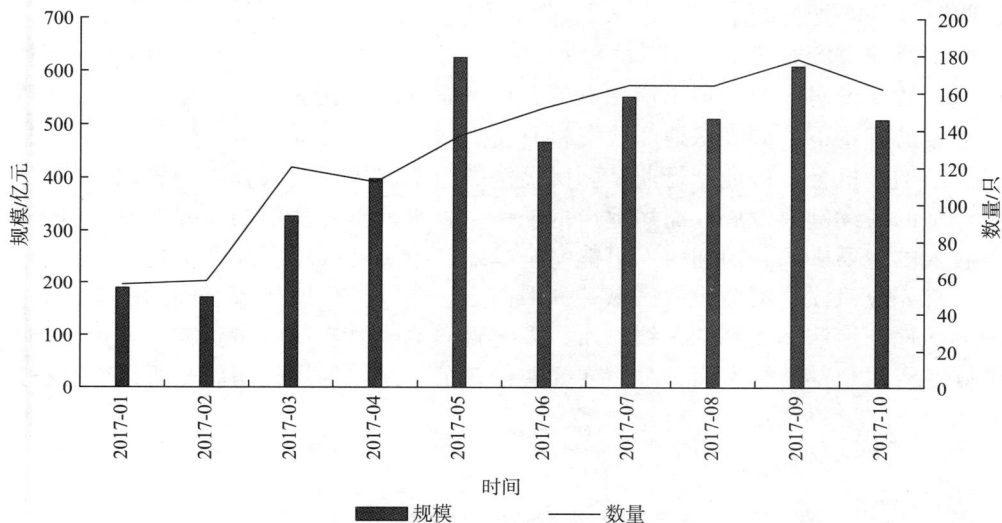

图 5.3　2017 年 1~10 月房地产信托产品发行规模和数量
资料来源：用益信托工作室

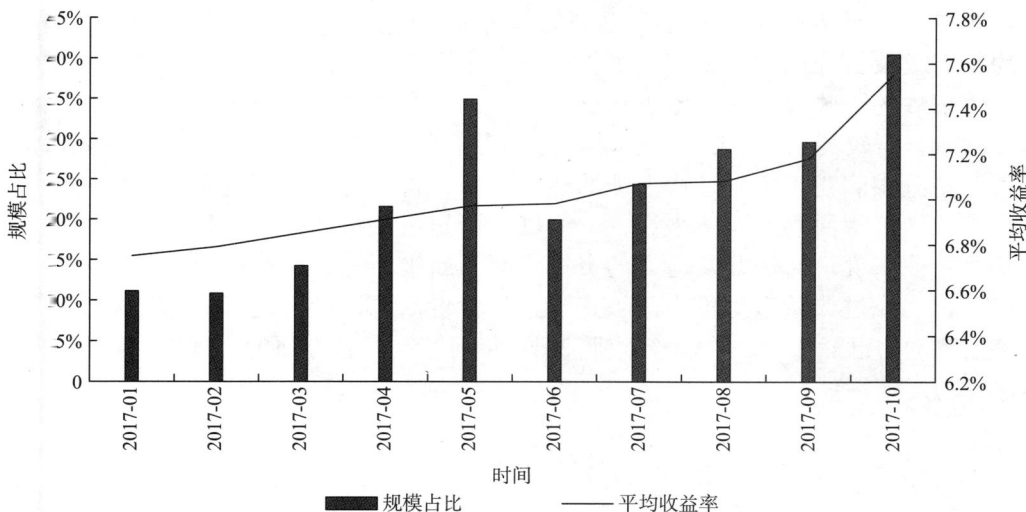

图 5.4　2017 年 1~10 月房地产信托产品规模占比和平均收益率
资料来源：用益信托工作室

用益信托工作室数据显示，截至 9 月 30 日，9 月共有 59 家信托公司参与集合信托产品发行，共发行 677 款集合信托产品，环比上月的 644 款微升 5.1%。集合信托产品的发行规模为 1 471.32 亿元，环比上月的 1 424.16 亿元微升 3.3%。2017 年前三季度，信托公司共成立房地产信托 922 个，成立规模达到 2 348.59 亿元，平均年收益率 6.99%，相比上年同期出现下降。

事实上，在房地产上行周期，房地产融资一直是金融机构的重点业务领域，采取各种方式规避监管。例如，银行不能以自营资金发放贷款便通过表外理财走信托通道规避；信托资金不能用于房地产商购置土地的贷款，多以"明股实债"方式为地产融资。而这些手段并未被强监管，房地产领域隐含了监管套利带来的风险。

由于目前政府对房地产调控力度加大，部分房地产开发商面临一定的流动性紧张的困境，故不少房地产公司不惜抬高资金成本来获取信托融资。在强调控、严监管、融资趋紧的背景下，未来房地产投资将有所放缓，但大幅降低可能性不大，房地产行业仍有结构性机会。房地产行业是国民经济的重要支撑，健康合理的房地产业有助于国民经济的持续健康发展。而房地产信托一直以来是信托公司的主要业务，也是信托业务收入的主要来源，短期内不可能完全萎缩。投资者投资房地产信托时应持谨慎的态度。首先应该注意资金投放区域，一般而言，一线城市或比较好的二线城市，特别是前期房地产泡沫不太高的二线城市，安全性较高；其次是看融资方，首选全国性、品牌好、经营稳健的开发商；最后还要看信托公司采取的风控措施是否严密和有力；等等。

二、房地产企业经营状况分析

2017 年，中央政府颁布了一系列针对房地产行业的政策，总体来说，中国房地产的基本政策目标以"稳定"为主，市场逐步回归理性，坚定"房子是用来住的、不是用来炒的"政策方向。鉴于热点城市短期库存吃紧，且经过一年的快速上涨，房价已攀升至较高水平，2017 年政策收紧叠加外部环境等因素，一、二线城市量价进入调整阶段。对于房价过快上涨的热点城市，价格将面临调整压力，同时高基数也将导致销售量回落。具体来说，一线城市新房成交量回落，价格也出现松动。对于开发企业来说，新房开发建设的市场空间不断被压缩，租房市场有望成为行业新的风口；二线过热城市房价空间被透支，"量价回调"同时进行。总体来说，房价快速上涨动力已然不足，房地产企业 2017 年前三季度各方面的表现与上年相比，基本保持稳定。

（一）房地产企业盈利状况分析

净利润是衡量企业经营效益的一个重要指标，它表现的是企业在一个会计年度中的最终经营成果。因此，本节通过净利润指标对 2017 年截至 10 月上市房地产企业的盈利状况进行分析。根据已公布三季报的 136 家境内上市房地产企业净利润披露数据，得到 2017 年前三季度净利润分布，如图 5.5 所示。此外，2017 年前三季度净利润为正的企业有 117 家，2016 年前三季度是 114 家；净利润为负的企业则有 19 家，2016 年前三季度是 23 家。净利润为正的上市房地产企业占比达 86.30%，较 2016 年同期的 83.21% 有所上升。在平均净利润方面，2017 年前三季度全部上市房地产企业平均净利润为 6.52 亿元，较 2016 年同期的 6.21 亿元同比上升 4.99%。可以看到，2017 年与 2016 年相比，房地产企业并没有与以前年度一样业绩大幅增长，而是稳中有升，这与中央近一年来紧密推出的针对房地产行业政策有着密切关系，落实"房子是用来住的、不是用来炒的"政策方向。

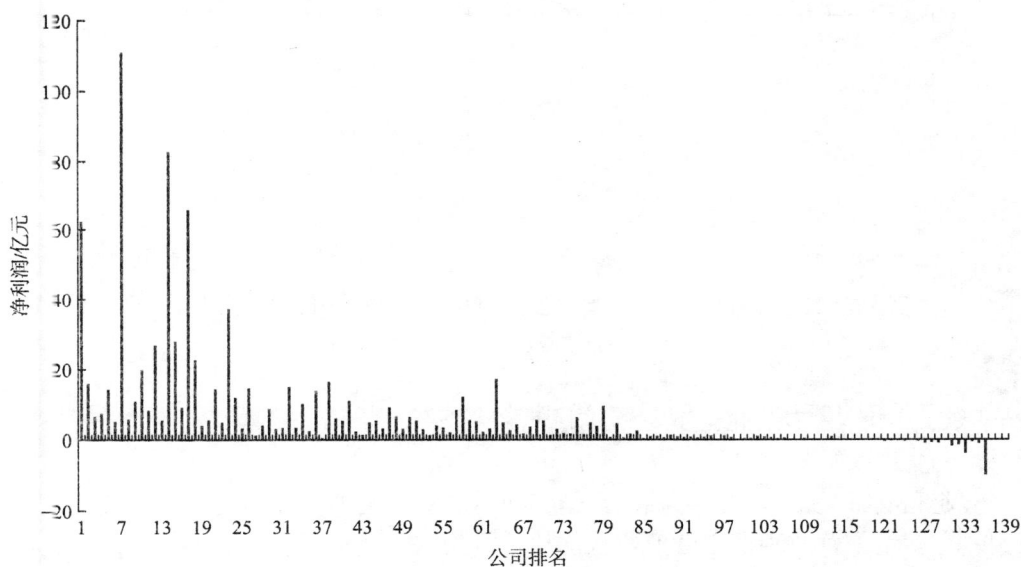

图 5.5　境内上市房地产企业 2017 年前三季度净利润分布

图中企业按每股收益由高到低排序

资料来源：Wind 数据库

　　图 5.6 为 2017 年前三季度净利润位于前 10 名的境内上市房地产企业，可以看出其盈利状况呈现不同程度的变动。可以看到，在 2017 年前三季度中，排名前 10 位的房地产企业有一半净利润同比增长率都为负值。第一梯度"高速增长"阵营：新湖中宝同比增长 169.09%，新城控股同比增长 122.06%；第二梯度"平稳增长"阵营：华夏幸福同比增长 40.22%，荣盛发展同比增长 20.85%，绿地控股同比增长 6.54%；第三梯度"负增长"阵营：万科 A 同比下跌 1.76%，保利地产同比下跌 18.25%，雅戈尔同比下跌 21.88%，金地集团同比下跌 25.71%，招商蛇口下降最多，净利润同比跌幅达到 47.84%。可以看出，2017 年除了一些小型房地产企业表现抢眼外，传统大型房地产企业普遍面临着利润上涨空间不足的情况。就上市房地产企业盈亏面来看，2017 年前三季度净利润同比上升的企业有 73 家，同比下降的企业有 63 家，净利润同比上升的企

业占 53.68%。同时，2016 年前三季度报告亏损的上市房地产企业为 23 家，到 2017 年报告亏损的上市房地产企业减少到 19 家，且亏损上亿元的企业由 2016 年的 7 家减少到 5 家。

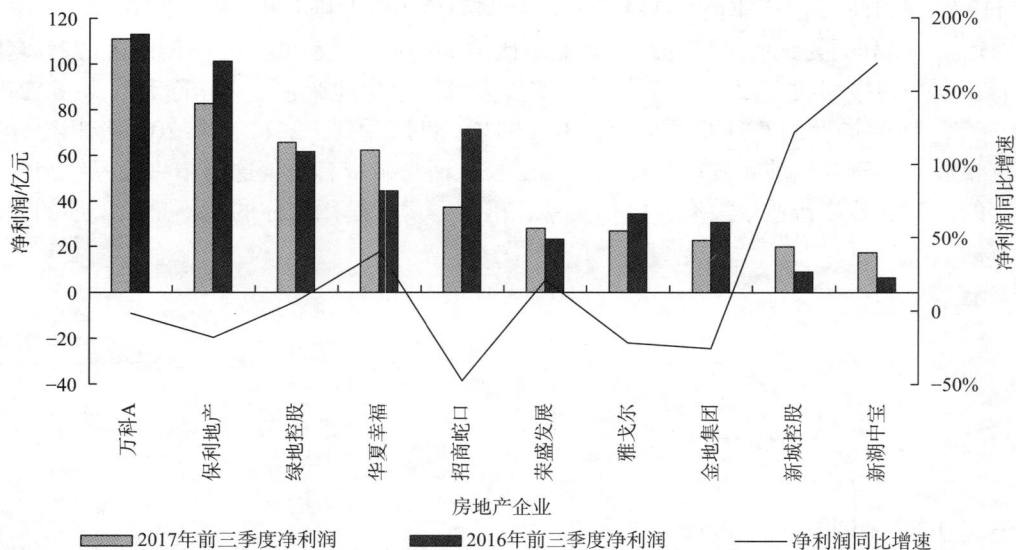

图 5.6 2017 年前三季度净利润排名前 10 位的房地产企业净利润及同比增速

资料来源：Wind 数据库

（二）房地产企业营利能力分析

营业利润率是销售收入扣减商品销售成本和一些营业费用后的余额占销售收入的比例，它衡量了营业利润占营业收入的比值，反映了企业营利能力的高低。因此，我们以营业利润率为主要指标分析了已公布相关数据的 136 家上市房地产企业经营状况，如图 5.7 所示。相比 2016 年同期，2017 年前三季度我国 45.59% 的上市房地产公司营业利润率有所下降，部分房地产出现增幅较大和较小的态势，如渝开发的营业利润率较上年上涨 767.78%，中交地产营业利润率较上年下降 697.88%。总体来看，上市公司房地产公司营业利润率上升与下降的家数之比是 74：62，全部房地产企业平均营业利润率为 4.65%。

净资产收益率又称股东权益报酬率或净资产利润率，是税后利润除以净资产的百分比，该指标反映股东权益的收益水平，用来衡量企业运用自有资本获得净收益的能力，反映了企业自有资本的利用效率。本书用净资产收益率衡量企业营利能力，如图 5.8 所示，2017 年前三季度摊薄净资产收益率相关数据的 136 家房地产上市公司中，摊薄净资产收益率同比上升与下降的公司数之比为 29：107，除去一些极值点外，净资产收益率同比变化率基本在 0 上下波动，房地产行业整体摊薄净资产收益率较 2016 年有所下降，但下降幅度不大，总体来说基本保持稳定。

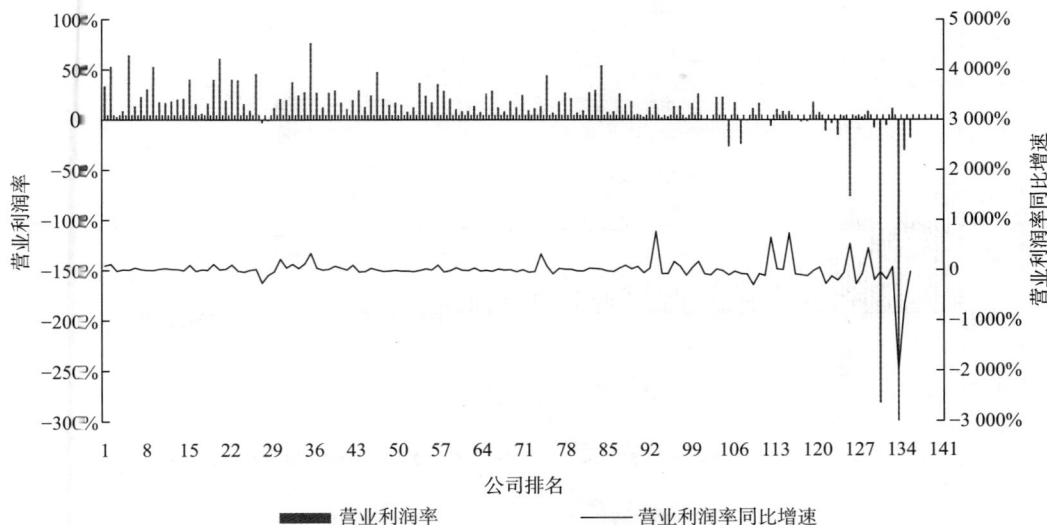

图 5.7　2017 年前三季度房地产企业营业利润率及同比增速

资料来源：Wind 数据库

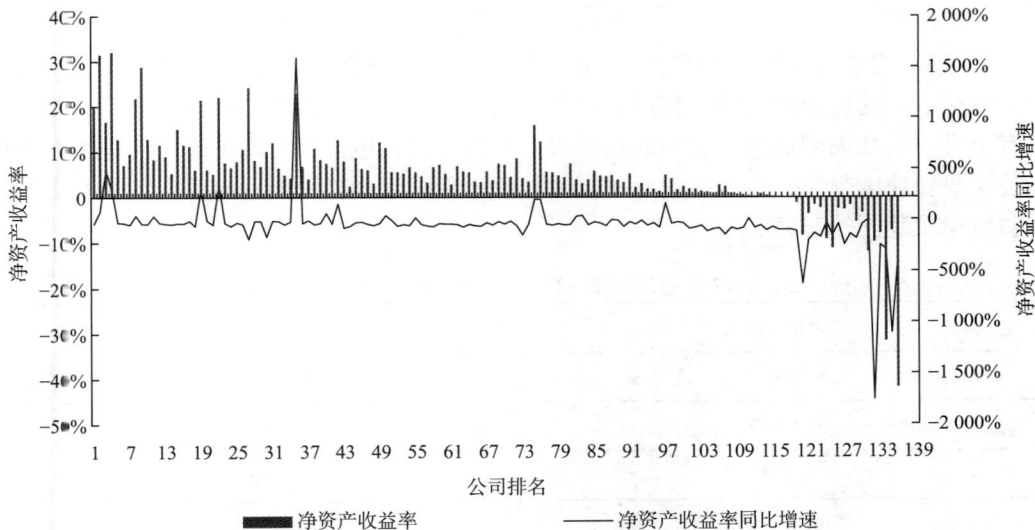

图 5.8　2017 年前三季度摊薄净资产收益率及同比增速

资料来源：Wind 数据库

投资者通常根据每股收益，衡量普通股的获利水平以及投资者对该股票的未来预期情况。图 5.9 为 2017 年前三季度 136 家房地产上市企业每股收益及同比增速。2017 年前三季度房地产上市企业每股收益分布区间为 − 0.55 元/股~2.02 元/股，分布区间较 2016 年前三季度的 − 0.69 元/股~1.58 元/股有所上升，房地产企业的分化状况日益显著。2017 年前三季度房地产行业平均每股收益为 0.26 元/股，较 2016 年同期上升 0.07 元，行业股权收益水平小幅上升。

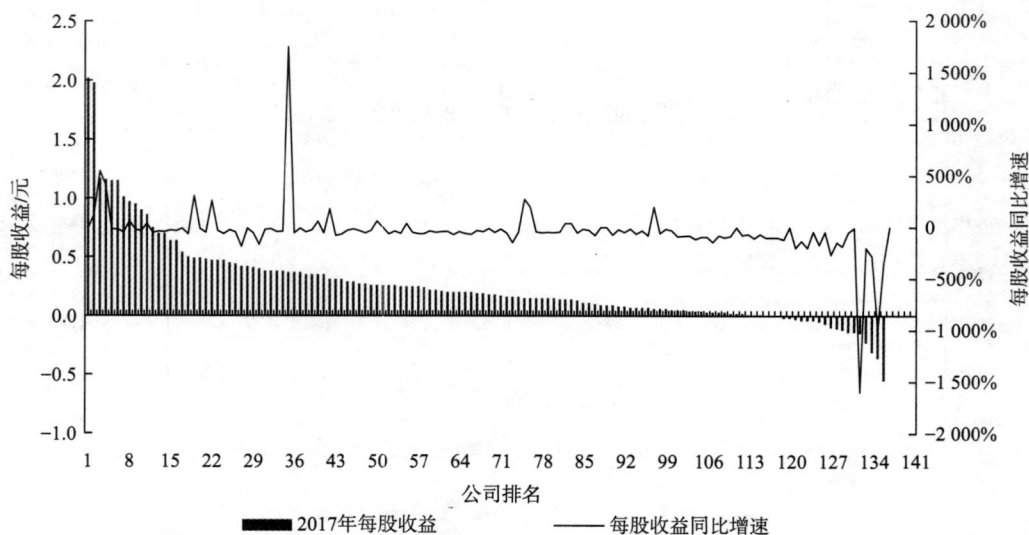

图 5.9　2017 年前三季度 136 家房地产上市企业每股收益及同比增速

图中企业按每股收益由高到低排序

资料来源：Wind 数据库

　　表 5.3、表 5.4 分别为 2017 年、2016 年前三季度 EPS（earnings per share，每股盈余）排名前十的房地产公司。相对于 2016 年同期，2017 年各上市房地产公司每股收益略有上升。传统大型房地产公司的每股收益普遍上涨较慢甚至出现下降，而中小型房地产公司成长速度很快，房地产企业股权收益差距继续缩小，说明房地产企业表现出平均权益持稳及趋同的态势。

表 5.3　2017 年前三季度 EPS 排名前十的房地产企业（单位：元）

上市公司	EPS
华夏幸福	2.02
万业企业	1.98
新黄浦	1.17
东湖高新	1.16
富森美	1.15
泰禾集团	1.15
万科 A	1.01
深物业 A	0.97
华联控股	0.95
新城控股	0.90

资料来源：Wind 数据库

表 5.4 2016 年前三季度 EPS 排名前十的房地产企业（单位：元）

上市公司	每股收益 EPS
华夏幸福	2.22
万科 A	1.90
雅戈尔	1.51
九鼎投资	1.45
金地集团	1.40
富森美	1.38
秦禾集团	1.37
新城控股	1.36
新光圆成	1.22
招商蛇口	1.21

资料来源：Wind 数据库

（三）房地产企业资金链状况分析

房地产开发企业的资金状况变化会对房地产开发及关联行业贷款风险、房地产信托兑付风险等产生显著影响。2017 年前三季度，房地产企业融资规模下降超过 3 成，银行信用占主流。

资产负债率是衡量企业负债水平及风险程度的重要指标，一般认为资产负债率的适宜水平是 40%~60%，但不同行业的行业资产负债率水平各有不同。对于房地产企业而言，前期投资非常大，正常的范围在 60%~70%，最高不得超过 80%。如果资产负债率过高，企业的经营就会面临巨大的风险，从长期来看可能会导致企业资不抵债，最终破产。自 2015 年以来，房地产行业企业平均负债率呈上升趋势（图 5.10），房地产企业集团内部相互担保现象普遍。在已披露的 136 家房地产上市公司中，85 家负债水平高于60%，52 家资产负债率高于 70% 的警戒线，有 34 家企业资产负债率高于 80%。2017 年前三季度房地产企业平均资产负债率为 79.01%，较 2016 年同期的 77.48% 略有上升。长期来看，房地产行业的财务风险加大。

速动比率反映了企业的短期偿债能力，一般用来衡量企业流动资产可以立即变现用于偿还流动负债的能力。图 5.11 为 2016~2017 年公布的 136 家房地产上市企业平均速动比率，由图可知，2017 年以来，房地产行业的平均速动比率虽然呈现暂时性下降，但仍高于 2017 年以前的水平，总体趋势是上升的。2017 年房地产上市企业平均速动比率整体超过 2016 年同期平均速动比率，说明其短期资金偿付债务能力相比上年有所提高。在 2017 年内，第二、三季度平均速动比率相比第一季度略有下降，由第一季度的57%，下降到第三季度的 55%。整体来说，房地产行业企业速动比率呈现上涨趋势，短期偿债能力逐步增强，在资金流不足的情况下抵御破产风险的能力也在逐步增强。

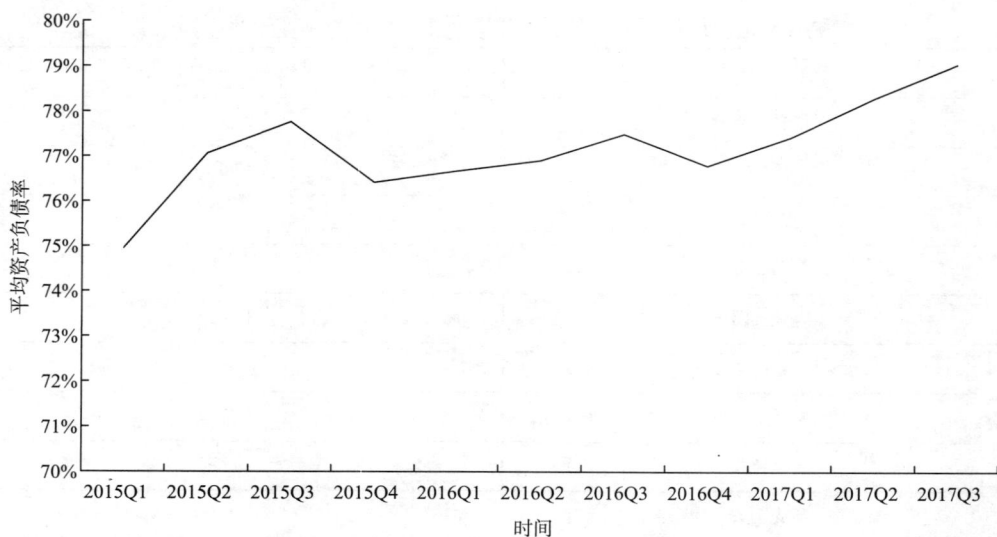

图 5.10　2015~2017 年公布的 136 家房地产上市企业平均资产负债率情况

资料来源：Wind 数据库

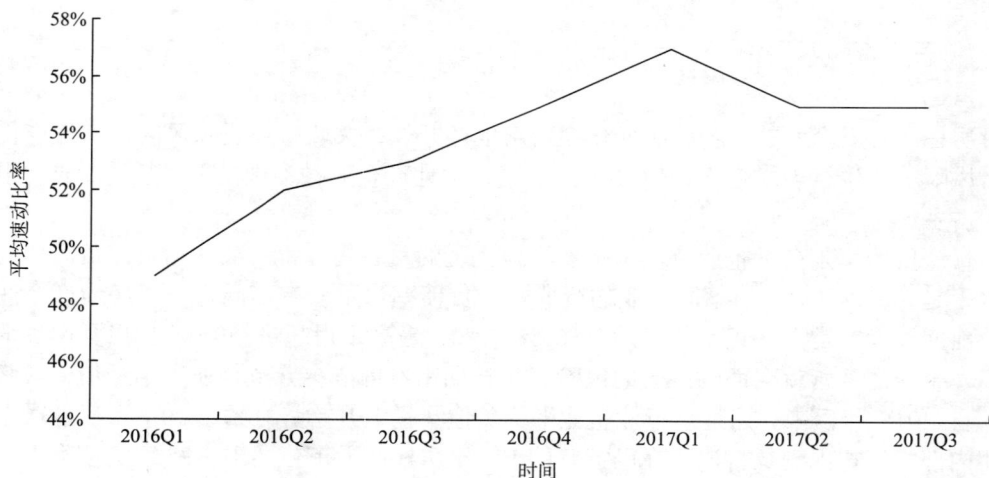

图 5.11　2016~2017 年公布的 136 家房地产上市企业平均速动比率

资料来源：Wind 数据库

　　流动比率是流动资产与流动负债的比率，用来衡量企业流动资产可以变现用于偿还短期负债的能力。图 5.12 为 2016~2017 年公布的 136 家房地产上市企业平均流动比率。由图 5.12 可知，2016 年第三季度到 2017 年第三季度，房地产企业的平均流动速率呈现下降的趋势，短期偿债能力下降。结合平均速动比率来看，房地产企业的速动比率呈现上升的同时流动比率却呈现下降趋势，这说明房地产开发投资变缓导致存货减少，从而导致流动比率下降；房地产企业通过银行信贷来盘活资金使得速动比率上升。

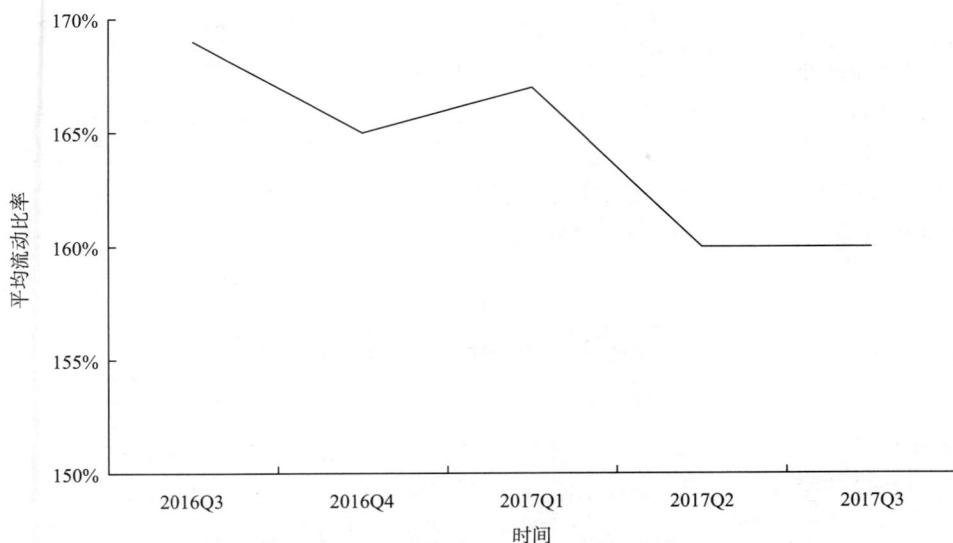

图 5.12　2016~2017 年公布的 136 家房地产上市企业平均流动比率

资料来源：Wind 数据库

　　每股经营净现金流量是公司经营活动所产生的现金流入与经营活动的现金流出的差额占总流通股本的比值。该指标主要反映平均每股所获得的现金流量，是上市公司在维持期初现金流量情况下，有能力发给股东的最高现金股利金额，反映企业在实际经营中运用资本创造现金的能力。图 5.13 为 2016~2017 年公布的 136 家房地产上市企业平均每股经营净现金流量。在已披露 2017 年前三季度数据的 136 家房地产上市企业中，有 68 家企业的每股经营净现金流量为正值，占总数的 50%，较 2016 年同期的 59.12% 有所下降。这表明目前的房地产市场运用自有资本进行经营活动产生的现金流量较 2016 年有所下降。

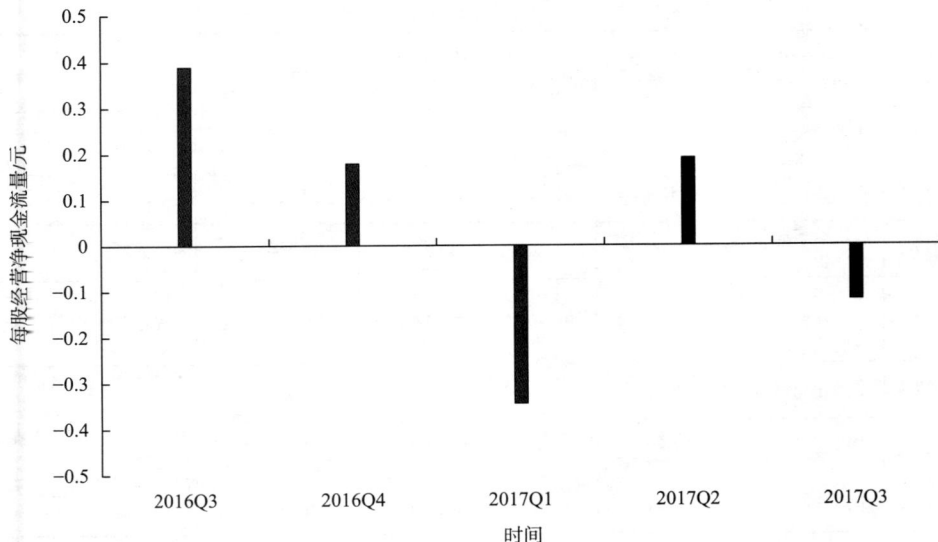

图 5.13　2016~2017 年公布的 136 家房地产上市企业平均每股经营净现金流量

资料来源：Wind 数据库

总体来说，2017 年前三季度，房地产企业的销售和盈利与 2016 年相比基本保持不变，大型房地产企业的利润上升空间不足，中小型企业的利润率有所上升。另外，虽然房地产企业的营利能力已经有所下降，但每股收益与上一年度相比仍有小幅增加，这说明公众对房地产市场的预期仍向好。2017 年，房地产企业的偿债能力和资金链状况较 2016 年都有所下降，考虑到未来价格的不确定性和政策的收紧，房地产企业更加需要关注自身的长短期偿债能力和资金链状况。

三、房地产金融产品运行分析

随着房地产业的结构调整以及金融改革的推进，房地产业与金融的关系日益多样化。房地产经营模式的转变带来多元化的融资需求。由于房地产行业的资金天然具有占用量大、回收周期长的特点，商业地产运营发展更加迫切需要长期资金支持。作为一种新型融资工具，资产证券化产品在改善企业融资环境、盘活存量资产、加快建设资金流转速度等方面具备一定的优势。资产证券化等创新融资方式成为商业地产发展的内在需求。伴随着 2015 年以来资产证券化相关政策的进一步落实，房地产企业对资产证券化项目热情高涨。不少创新意识较强的房地产企业便结合自身的业务优势，联手金融机构推出了相应的资产证券化项目。近年来由商业银行主导的、专注于投资房地产领域及细分领域的资管计划和地产基金等新兴业务已日益增多。纵观 2017 年我国房地产市场总体走势，政府因城施策，调控效果显现，投资增速放缓。2017 年银行发行住房抵押贷款支持证券 12 只，较上年减少 3 只，投资总量减少 20.19 亿元；各地住房公积金管理中心均未发放住房公积金支持证券，如表 5.5 所示。

表 5.5　2017 年住房抵押贷款支持证券发行一览表

项目名称	发起机构	发行总额/亿元	计息起始日	法定到期日	发行人	主承销商
龙居 2017-1	华夏银行	22.01	2017-10-18	2035-01-26	上海国际信托	招商证券
建元 2017-6	中国建设银行	66.26	2017-10-27	2037-06-26	建信信托	中信证券、招商证券、中信建投证券
建元 2017-5	中国建设银行	75.74	2017-10-17	2041-07-26	建信信托	招商证券、中信证券、中信建投证券
居融 2017-1	江南农村商业银行	16.02	2017-08-30	2049-01-26	苏州信托	中信证券
兴元 2017-1	兴业银行	136.66	2017-08-24	2034-04-26	兴业国际信托	招商证券、中国工商银行、华福证券、中信建投证券、华泰证券
建元 2017-4	中国建设银行	98.98	2017-08-22	2038-02-26	建信信托	招商证券、国信证券、中信建投证券、中信证券
建元 2017-3	中国建设银行	99.88	2017-08-16	2045-07-26	建信信托	中信证券、第一创业证券、招商证券、华泰证券
建元 2017-2	中国建设银行	99.94	2017-05-31	2047-07-26	建信信托	招商证券、中信证券、中信建投证券
建元 2017-1	中国建设银行	99.85	2017-05-23	2049-01-26	建信信托	招商证券、中信证券、中信建投证券

项目名称	发起机构	发行总额/亿元	计息起始日	法定到期日	发行人	主承销商
中盈 2017-2	中国银行	48.25	2017-03-30	2033-10-26	中信信托	中信建投证券、国泰君安证券
杭盈 2017-1	杭州银行	40.58	2017-03-24	2034-12-30	华润深国投信托	中信证券、中国工商银行、交通银行
中盈 2017-1	中国银行	103.04	2017-01-24	2033-07-26	中信信托	中信证券、第一创业证券

资料来源：Wind 数据库

与 2016 年相比，尽管 2017 年住房公积金管理中心的住房抵押贷款支持证券发行量下降，但商业银行的发行数量增加，且发行总额远超上年商业银行发行总额，达 907.21 亿元，超出上年 326.95 亿元。2017 年新加入住房抵押贷款支持证券发行行列的银行有华夏银行、兴业银行和杭州银行，其发行额占 2017 年发行总额的 21.96%。中国建设银行在 2017 年共发行 6 只住房抵押贷款支持证券，共 540.65 亿元，占总额的 59.59%，是上年发行总额的 2.87 倍，成为 2017 年我国住房抵押贷款支持证券的支柱力量。

到期期限平均为 23.4 年，较上年银行发行的住房抵押贷款支持证券延长 2 年，中盈一期到期期限最短为 17.58 年，建元一期到期期限最长为 32.42 年。建元前四期的发行量较大，到期期限较长，第五期和第六期规模相对较小，期限较短。但总体来说，建设银行发行的住房抵押贷款支持证券保持了其行业领先者在该领域的资深地位和高超的风险管理水平。

与 2016 年相比，2017 年住房抵押贷款支持证券的承销商更加多元化，除龙居一期和融居一期外，其他证券都由多个机构合作承销。中信证券、中信建投证券、招商证券是承销商中的主力，分别参与了 9 只、7 只和 8 只住房抵押贷款支持证券的承销。

（一）兴元 2017-1 个人住房抵押贷款支持证券

1 证券发行情况

兴元 2017-1 虽为兴业银行首次发行的住房抵押贷款支持证券，但其发行规模为 2017 年最大，达 136.66 亿元。兴元 2017-1 分为 A1、A2、C 三个等级，占比分别为 37.54%、50.05% 和 12.41%，如表 5.6 所示。

表 5.6　兴元 2017-1 个人住房抵押贷款证券发行情况

债券名称	评级	评级机构	发行金额/万元	分层比例
17 兴元 1A1	AAA	中债资信、中诚信国际	513 000.00	37.54%
17 兴元 1A2	AAA	中债资信、中诚信国际	684 000.00	50.05%
17 兴元 1C	—	—	169 622.43	12.41%

资料来源：Wind 数据库

该项目采用信托交易结构，兴业银行作为发起机构和贷款服务机构，兴业国际信托作为受托机构和资产支持证券的发行机构，中国民生银行为其资金保管机构，如表 5.7 所示。

表 5.7　兴元 2017-1 个人住房抵押贷款证券发行相关机构

机构	名称
发起机构	兴业银行
贷款服务机构	兴业银行
发行人	兴业国际信托
受托机构	兴业国际信托
主承销商	招商证券、中国工商银行、华福证券、中信建投证券、华泰证券
资金保管机构	中国民生银行
信用评级机构	中诚信国际、中债资信

资料来源：Wind 数据库

　　兴元 2017-1 初始起算日资产池中抵押贷款总体特征如表 5.8 所示，统计了"资产池"在"初始起算日"营业终了的特征。所有加权平均和百分比数据的计算均以"初始起算日"营业终了的"资产池"中所有"抵押贷款"的本金余额为基础。

表 5.8　兴元 2017-1 初始起算日资产池中抵押贷款总体特征

项目特征	数据
合同总金额/万元	1 366 622.43
借款人数量/个	34 535.00
单笔贷款平均合同金额/万元	46.43
加权平均贷款年利率	4.91%
加权平均贷款合同期限/月	158.40
加权平均贷款剩余期限/月	135.24
资产池未偿本金余额/万元	1 366 622.43
贷款笔数/笔	34 535.00
单笔贷款最高合同金额/万元	1 500.00
当前执行单笔贷款最高年利率	7.35%
加权平均贷款账龄/月	23.16

资料来源：Wind 数据库

2. 基础资产分析

　　住房抵押贷款支持证券以住房抵押贷款为资产池，住房抵押贷款的期限分布不仅对资产证券化产品的收益有影响，更对其风险至关重要。兴元 2017-1 住房抵押贷款支持证券基础资产的期限分布如表 5.9 所示。

表 5.9　兴元 2017-1 住房抵押贷款支持证券基础资产的期限分布

剩余期限	金额/万元	占比	数量/笔	占比
0~5 年（含）	65 324.40	4.07%	1 271	3.68%
5~8 年（含）	175 162.83	10.92%	4 076	11.80%
8~12 年（含）	611 181.51	38.11%	12 988	37.61%
12~15 年（含）	751 887.14	46.89%	16 200	46.91%

注：各项百分比之和不等于 100%，是因为进行过舍入修约
资料来源：Wind 数据库

由表 5.9 可以看出，住房抵押贷款剩余期限在 8~12 年（含）和 12~15 年（含）是住房抵押贷款支持证券的主要支持部分。其金额占比分别为 38.11% 和 46.89%，8 年以下贷款数量和金额占比均较少，金额占比共为 14.99%。

兴元 2017-1 资产池中抵押贷款借款人年龄分布如表 5.10 所示。借款金额方面，借款人年龄多在 60 岁以下，占比超过 98%，其中 30~60 岁的借款人占比超过 80%。借款数量方面，60 岁以下借款人占比超过 99%，30~60 岁借款人占比超过 80%。这说明 18~60 岁的人群为借款主力。

表 5.10　兴元 2017-1 资产池中抵押贷款借款人年龄分布

借款人年龄	金额/万元	占比	数量/笔	占比
18~30 岁（含）	260 829.78	16.27%	6 021	17.43%
30~40 岁（含）	530 698.17	33.10%	12 723	36.84%
40~50 岁（含）	491 589.68	30.66%	10 089	29.21%
50~60 岁（含）	300 637.46	18.75%	5 390	15.61%
60 岁以上	19 800.80	1.23%	312	0.90%

注：各项百分比之和不等于 100%，是因为进行过舍入修约
资料来源：Wind 数据库

兴元 2017-1 资产池中抵押贷款借款人收入分布如表 5.11 所示。借款金额方面，借款人收入在 10 万元以下的占比将近一半，收入在 100 万元以上的借款人占比不超过 10%。借款数量方面，收入在 10 万元以下借款人占比将近 70%，收入在 20 万元以上的借款人占比 11.58%。这说明借款金额主要分布在较低收入区间。

表 5.11　兴元 2017-1 资产池中抵押贷款借款人收入分布

借款人年收入	金额/万元	占比	数量/笔	占比
0~10 万元（含）	768 108.02	47.90%	24 127	69.86%
10 万~20 万元（含）	329 734.36	20.56%	6 405	18.55%
20 万~50 万元（含）	250 246.70	15.61%	2 785	8.06%
50 万~100 万元（含）	131 285.70	8.19%	784	2.27%
100 万~200 万元（含）	78 395.40	4.89%	291	0.84%
200 万元以上	45 785.70	2.86%	143	0.41%

注：各项百分比之和不等于 100%，是因为进行过舍入修约
资料来源：Wind 数据库

（二）皖新传媒 2017-1 商业地产抵押贷款支持证券

如表 5.12 所示，皖新传媒 2017-1 商业地产抵押贷款支持证券共有 A、B 两种证券，发行期限均为 18.01 年，占比较为均衡，17 兴业皖新 REIT1A 占比 59.62%，17 兴业皖新 REIT1B 占比 40.38%。根据 Wind 数据统计，2017 年商业地产抵押支持证券只有皖新传媒 2017-1 一只，发行总量为 55 350 万元，与个人住房抵押贷款支持证券均值相比，其发行规模相对较小、期限较短。

表 5.12　皖新传媒 2017-1 商业地产抵押贷款证券发行情况

债券名称	评级	评级机构	发行金额/万元	分层比例	期限/年
17 兴业皖新 REIT1A	AAA	中诚信国际	33 000	59.62%	18.01
17 兴业皖新 REIT1B	AA+	中诚信国际	22 350	40.38%	18.01

资料来源：Wind 数据库

该项目也采用信托交易结构，原始权益人为皖新传媒，计划管理人为兴业国际信托，主承销商为兴业银行，具体见表 5.13。

表 5.13　皖新传媒 2017-1 商业地产抵押贷款证券发行相关机构

机构	名称
原始权益人	皖新传媒
计划管理人	兴业国际信托
主承销商	兴业银行
律师事务所	北京市金杜律师事务所
会计师事务所	华普天健会计师事务所
信用评估机构	中诚信国际

资料来源：Wind 数据库

（三）REITs

1. 2017 年不动产投资信托 REITs 发行情况

作为一种集合投资计划，REITs（real estatelnvestment trusts，房地产投资信托基金）主要在公开市场募集，其直接融资的性质确保融资规模较大，与房地产业的资金要求相匹配；REITs 是一个可以长期经营的金融工具，利润主要来源于租金收入，且存续时间较长，因此，稳定持有房地产，而不是进行频繁的投机买卖是其主要原则，这样可以规避房地产短期投机行为，有利于维护投资者利益，对稳定房地产市场、抑制投机、熨平经济周期起到了积极作用。2015 年 6 月万科牵手鹏华基金，REITs 正式启航，意味着公募基金投资范围拓展到不动产领域。表 5.14 是 2017 年不动产投资信托 REITs 发行一览表。

表 5.14　2017 年不动产投资信托 REITs 发行一览表

项目名称	发起机构	发行总额/亿元	次级占比	发行公告日	发行人	流通场所
畅星-高和红星家居商场计划	北京畅和信股权投资中心	26.50	32.08%	2017-08-29	渤海汇金证券	上海
中联前海开源-勒泰一号计划	石家庄勒泰房地产开发有限公司	35.00	11.43%	2017-08-02	前海开源资产管理有限公司	深圳
招商创融-福晟集团计划	福建福晟集团	17.00	2.94%	2017-06-29	招商证券	深圳
中信-金石-碧桂园凤凰酒店计划	增城市碧桂园物业发展有限公司	35.10	10.00%	2017-05-31	中信证券	私募
中银招商-北京凯恒大厦计划	天津中锋置业	30.05	18.47%	2017-03-16	招商证券	上海

续表

项目名称	发起机构	发行总额/亿元	次级占比	发行公告日	发行人	流通场所
恒泰弘泽–广州海航双塔计划	海航旅游集团	27.00	0	2017-03-02	恒泰证券	上海
恒泰弘泽–华远盈都商业计划	华远地产	7.36	0	2017-01-24	恒泰证券	私募
长江楚越–中百一期计划	武汉中百百货	10.40	25.00%	2017-01-04	长江证券	上海
平安苏宁广场计划	苏宁置业集团	16.80	13.69%	2017-01-04	平安证券	上海

资料来源：Wind 数据库

2017 年共发行房地产投资信托基金 9 只，较上年增加了 5 只，可见其发展势头良好。2017 年 REITs 流通场所除上海深圳外，增加了机构间私募产品报价与服务系统（简称报价系统）。报价系统（3.0）建设规划被国家发展和改革委员会列为"互联网+"重大工程项目，服务于私募市场和机构间市场。2017 年 9 只 REITs 平均发行额为 22.80 亿元，较上年平均发行额 16.99 亿元增长 34%；次级占比均值为 12.23%，较上年下降 52.7%，说明 REITs 市场的发展逐渐走向规范化。

2. 勒泰 2017-1 不动产投资信托 REITs 发行情况

勒泰 2017-1 不动产投资信托 REITs 共分为 A1、A2 和次级三个等级，其中 A2 级占比 60.00%，其次为 A1 级和次级，分别为 28.57% 和 11.43%，发行总额为 350 000 万元。勒泰 2017-1 发行期限较短，三级均为 5 年期，见表 5.15。

表 5.15　勒泰 2017-1 不动产投资信托 REITs 发行情况

债券名称	评级	评级机构	分层比例	发行金额/万元	当期票息	期限/年
17 勒泰 A1	AAA	中诚信证券评估	28.57%	100 000	5.7%	5
17 勒泰 A2	AA+	中诚信证券评估	60.00%	210 000	6.9%	5
17 勒泰次	—	—	11.43%	40 000	0	5

资料来源：Wind 数据库

从产品分级看，该 REITs 分为三级，差异化设置较为合理，可满足不同投资者的风险偏好需求。AA+以上等级占比 88.57%，次级占比较低，说明该产品在市场的运行情况比较乐观。勒泰 2017-1 REITs 发行机构为前海开源资产管理有限公司，主承销商为中信证券，具体见表 5.16。

表 5.16　勒泰 2017-1 不动产投资信托 REITs 发行相关机构

机构	名称
发起机构	石家庄勒泰房地产开发有限公司
发行机构	前海开源资产管理有限公司
主承销商	中信证券
托管人	招商银行北京分行
信用评级机构	中诚信证券评估

资料来源：Wind 数据库

3. 海外 REITs QDII 投资

随着全球通胀预期升温，投资于 REITs 的 QDII（quailfied domestic institutional investor，合格境内机构投资者）投资基金表现良好，值得期待。截至 2017 年 11 月，我国内地共有 4 家基金公司布局了投向不动产收益的基金产品。2011 年 8 月，诺安全球不动产和鹏华美国房地产同时获批投资 REITs 的 QDII 基金，之后嘉实全球房地产、广发美国房地产 2 家基金公司也布局了相关产品，如表 5.17 所示。

表 5.17 海外 REITs QDII 产品一览

代码	基金简称	基金规模/亿元	成立以来累计涨幅	成立时间
320017	诺安全球不动产	1.51	46.10%	2011 年 09 月 23 日
206011	鹏华美国房地产	1.05	44.05%	2011 年 11 月 25 日
070031	嘉实全球房地产	0.42	30.59%	2012 年 07 月 24 日
000179	广发美国房地产	1.22	45.63%	2013 年 08 月 09 日

资料来源：天天基金网

由表 5.17 可以看出，国内海外 REITs QDII 产品累计涨幅均在 30% 以上，总体而言表现优异。但投资于 REITs 的基金产品的净值曲线并没有表现出稳步上升的节奏，在个别季度出现了大幅波动，甚至出现阶段性的较大回撤。海外 REITs 并非人们传统上认为的固定收益类产品，由于其投资的股票、信托均可在二级市场上交易，故海外 REITs 仍然会受股票波动影响。

四、货币政策调整及对房地产业的影响分析

如表 5.18 所示，自 2016 年 2 月进行存款准备金调整以来，大型金融机构存款准备金率为 16.50%，中小金融机构存款准备金率为 13.00%。截至 2017 年 10 月，尚未出台存款准备金调整政策。说明在经济转型期，我国将继续实行稳健的货币政策，坚持以供给侧结构性改革为主线，注重政策的连续性与稳定性，不断综合施策，补短板、去杠杆，警惕并防控房地产市场泡沫等风险。

表 5.18 存款准备金率历次调整

公布时间	生效日期	大型金融机构			中小金融机构		
		调整前	调整后	调整幅度	调整前	调整后	调整幅度
2016 年 02 月 29 日	2016 年 03 月 01 日	17.00%	16.50%	−0.50%	13.50%	13.00%	−0.50%
2015 年 10 月 23 日	2015 年 10 月 24 日	17.50%	17.00%	−0.50%	14.00%	13.50%	−0.50%
2015 年 08 月 26 日	2015 年 09 月 06 日	18.00%	17.50%	−0.50%	14.50%	14.00%	−0.50%
2015 年 06 月 27 日	2015 年 06 月 28 日	18.50%	18.00%	−0.50%	15.00%	14.50%	−0.50%
2015 年 04 月 19 日	2015 年 04 月 20 日	19.50%	18.50%	−1.00%	16.00%	15.00%	−1.00%
2015 年 02 月 04 日	2015 年 02 月 05 日	20.00%	19.50%	−0.50%	16.50%	16.00%	−0.50%
2012 年 05 月 12 日	2012 年 05 月 18 日	20.50%	20.00%	−0.50%	17.00%	16.50%	−0.50%

续表

公布时间	生效日期	大型金融机构			中小金融机构		
		调整前	调整后	调整幅度	调整前	调整后	调整幅度
2012 年 02 月 18 日	2012 年 02 月 24 日	21.00%	20.50%	−0.50%	17.50%	17.00%	−0.50%
2011 年 11 月 30 日	2011 年 12 月 05 日	21.50%	21.00%	−0.50%	18.00%	17.50%	−0.50%
2011 年 06 月 14 日	2011 年 06 月 20 日	21.00%	21.50%	0.50%	17.50%	18.00%	0.50%
2011 年 05 月 12 日	2011 年 05 月 18 日	20.50%	21.00%	0.50%	17.00%	17.50%	0.50%
2011 年 04 月 17 日	2011 年 04 月 21 日	20.00%	20.50%	0.50%	16.50%	17.00%	0.50%
2011 年 03 月 18 日	2011 年 03 月 25 日	19.50%	20.00%	0.50%	16.00%	16.50%	0.50%
2011 年 02 月 18 日	2011 年 02 月 24 日	19.00%	19.50%	0.50%	15.50%	16.00%	0.50%
2011 年 01 月 14 日	2011 年 01 月 20 日	18.50%	19.00%	0.50%	15.00%	15.50%	0.50%
2010 年 12 月 10 日	2010 年 12 月 20 日	18.00%	18.50%	0.50%	14.50%	15.00%	0.50%
2010 年 11 月 19 日	2010 年 11 月 29 日	17.50%	18.00%	0.50%	14.00%	14.50%	0.50%
2010 年 11 月 09 日	2010 年 11 月 16 日	17.00%	17.50%	0.50%	13.50%	14.00%	0.50%
2010 年 05 月 02 日	2010 年 05 月 10 日	16.50%	17.00%	0.50%	13.50%	13.50%	0
2010 年 02 月 12 日	2010 年 02 月 25 日	16.00%	16.50%	0.50%	13.50%	13.50%	0
2010 年 01 月 12 日	2010 年 01 月 18 日	15.50%	16.00%	0.50%	13.50%	13.50%	0
2008 年 12 月 22 日	2008 年 12 月 25 日	16.00%	15.50%	−0.50%	14.00%	13.50%	−0.50%
2008 年 11 月 26 日	2008 年 12 月 05 日	17.00%	16.00%	−1.00%	16.00%	14.00%	−2.00%
2008 年 10 月 08 日	2008 年 10 月 15 日	17.50%	17.00%	−0.50%	16.50%	16.00%	−0.50%
2008 年 09 月 15 日	2008 年 09 月 25 日	17.50%	17.50%	0	17.50%	16.50%	−1.00%
2008 年 06 月 07 日	2008 年 06 月 25 日	16.50%	17.50%	1.00%	16.50%	17.50%	1.00%
2008 年 05 月 12 日	2008 年 05 月 20 日	16.00%	16.50%	0.50%	16.00%	16.50%	0.50%
2008 年 04 月 16 日	2008 年 04 月 25 日	15.50%	16.00%	0.50%	15.50%	16.00%	0.50%
2008 年 03 月 18 日	2008 年 03 月 25 日	15.00%	15.50%	0.50%	15.00%	15.50%	0.50%
2008 年 01 月 16 日	2008 年 01 月 25 日	14.50%	15.00%	0.50%	14.50%	15.00%	0.50%
2007 年 12 月 08 日	2007 年 12 月 25 日	13.50%	14.50%	1.00%	13.50%	14.50%	1.00%
2007 年 11 月 10 日	2007 年 11 月 26 日	13.00%	13.50%	0.50%	13.00%	13.50%	0.50%
2007 年 10 月 13 日	2007 年 10 月 25 日	12.50%	13.00%	0.50%	12.50%	13.00%	0.50%
2007 年 09 月 06 日	2007 年 09 月 25 日	12.00%	12.50%	0.50%	12.00%	12.50%	0.50%
2007 年 07 月 30 日	2007 年 08 月 15 日	11.50%	12.00%	0.50%	11.50%	12.00%	0.50%
2007 年 05 月 18 日	2007 年 06 月 05 日	11.00%	11.50%	0.50%	11.00%	11.50%	0.50%
2007 年 04 月 29 日	2007 年 05 月 15 日	10.50%	11.00%	0.50%	10.50%	11.00%	0.50%
2007 年 04 月 05 日	2007 年 04 月 16 日	10.00%	10.50%	0.50%	10.00%	10.50%	0.50%
2007 年 02 月 16 日	2007 年 02 月 25 日	9.50%	10.00%	0.50%	9.50%	10.00%	0.50%
2007 年 01 月 05 日	2007 年 01 月 15 日	9.00%	9.50%	0.50%	9.00%	9.50%	0.50%

资料来源：Wind 数据库

如表 5.19 所示，自 2015 年经历 5 次利率调整，截至 2017 年 10 月尚未出台新的下调基准利率的政策。在 2015 年内，一年存款基准利率和贷款基准利率均下调 1.25 个百分点，其中前者由 2014 年末的 2.75%下调至 1.50%，后者由 2014 年末的 5.60%下调至

4.35%。根据货币政策调控需要，2015 年的 5 次基准利率调整，有助于发挥中长期政策利率作用，引导金融机构降低贷款利率和社会融资成本。2016 年和 2017 年基准利率总体趋于平稳，这表明，目前的货币政策是合适的，尽管随着时间的推移，货币政策刺激的需求会更少，但中央银行将在未来调整政策利率方面保持谨慎。

表 5.19　利率历次调整

数据上调时间	存款基准利率			贷款基准利率		
	调整前	调整后	调整幅度	调整前	调整后	调整幅度
2015 年 10 月 24 日	1.75%	1.50%	− 0.25%	4.60%	4.35% .	− 0.25%
2015 年 08 月 26 日	2.00%	1.75%	− 0.25%	4.85%	4.60%	− 0.25%
2015 年 06 月 28 日	2.25%	2.00%	− 0.25%	5.10%	4.85%	− 0.25%
2015 年 05 月 11 日	2.50%	2.25%	− 0.25%	5.35%	5.10%	− 0.25%
2015 年 03 月 01 日	2.75%	2.50%	− 0.25%	5.60%	5.35%	− 0.25%
2014 年 11 月 22 日	3.00%	2.75%	− 0.25%	6.00%	5.60%	− 0.40%
2012 年 07 月 06 日	3.25%	3.00%	− 0.25%	6.31%	6.00%	− 0.31%
2012 年 06 月 08 日	3.50%	3.25%	− 0.25%	6.56%	6.31%	− 0.25%
2011 年 07 月 07 日	3.25%	3.50%	0.25%	6.31%	6.56%	0.25%
2011 年 04 月 06 日	3.00%	3.25%	0.25%	6.06%	6.31%	0.25%
2011 年 02 月 09 日	2.75%	3.00%	0.25%	5.81%	6.06%	0.25%
2010 年 12 月 26 日	2.50%	2.75%	0.25%	5.56%	5.81%	0.25%
2010 年 10 月 20 日	2.25%	2.50%	0.25%	5.31%	5.56%	0.25%
2008 年 12 月 23 日	2.52%	2.25%	− 0.27%	5.58%	5.31%	− 0.27%
2008 年 11 月 27 日	3.60%	2.52%	−1.08%	6.66%	5.58%	−1.08%
2008 年 10 月 30 日	3.87%	3.60%	− 0.27%	6.93%	6.66%	− 0.27%
2008 年 10 月 09 日	4.14%	3.87%	− 0.27%	7.20%	6.93%	− 0.27%
2008 年 09 月 16 日	4.14%	4.14%	0	7.47%	7.20%	− 0.27%
2007 年 12 月 21 日	3.87%	4.14%	0.27%	7.29%	7.47%	0.18%
2007 年 09 月 15 日	3.60%	3.87%	0.27%	7.02%	7.29%	0.27%
2007 年 08 月 22 日	3.33%	3.60%	0.27%	6.84%	7.02%	0.18%
2007 年 07 月 21 日	3.06%	3.33%	0.27%	6.57%	6.84%	0.27%
2007 年 05 月 19 日	2.79%	3.06%	0.27%	6.39%	6.57%	0.18%
2007 年 03 月 18 日	2.52%	2.79%	0.27%	6.12%	6.39%	0.27%
2006 年 08 月 19 日	2.25%	2.52%	0.27%	5.85%	6.12%	0.27%
2006 年 04 月 28 日	2.25%	2.25%	0	5.58%	5.85%	0.27%
2004 年 10 月 29 日	1.98%	2.25%	0.27%	5.31%	5.58%	0.27%
2002 年 02 月 21 日	2.25%	1.98%	− 0.27%	5.85%	5.31%	− 0.54%

资料来源：Wind 数据库

第六章　2018年房地产市场预测

2017年以来，我国房地产市场发展速度明显放缓，市场投资性需求得到有效抑制，销售面积和销售额同比增速逐渐下降，政府坚持推进房地产市场"因城施策"，三、四线城市去库存效果明显，"租售同权"的住房租赁市场建设机制催生了新发展模式，住房租赁市场迎来了新的发展机遇。

2017年1~10月，我国房地产市场具有如下特征：全国房地产市场呈现出"两加快、两平稳、五回落"的特征。具体而言，土地购置面积、土地成交价款增速有所加快；土地购置"量价齐升"，从下半年到10月，全国土地成交规模显著回升，但规模的上升并未带来土地价格的回落，地价持续走高；房地产开发投资、商品房施工面积增速基本平稳；热点一、二线城市房地产市场明显降温，房价涨幅趋于平缓，紧缩调控初显成效；企业资金来源、商品房新开工面积、竣工面积、销售面积、销售额增速均出现回落。

2018年我国房地产市场走势主要受以下几个方面影响：我国经济增长速度将有所下降，加快结构调整将增强经济韧性，固定资产投资增长速度下降，房地产投资中、东、西部增长速度分化；房地产企业开发贷款将维持比较平稳的上升态势，金融去杠杆仍将有序推进，房地产市场更是成为金融去杠杆重要环节之一；房地产市场开发投资额已逐步进入中低速增长的调整期，将影响市场整体的供给水平；受货币政策与房地产市场销售情况的显著影响，房地产市场新开工面积在未来一定时期将保持低速增长；土地购置面积的持续增加，可有效提高房地产市场供给水平；预计2018年企业的融资需求仍将加大，投资风险管控仍会是金融机构工作的重点，这将给金融机构带来一些挑战；房地产市场调控主基调仍将延续，住房租赁市场将是未来重要发展方向，住房制度改革正加速推进，加快建立租购并举的住房制度。

预计2018年房地产开发投资完成额约116 509亿元，同比增长约5.7%，增幅较2017年下降约1.8个百分点。预计全国商品房销售面积约179 553万平方米，同比增长约6.3%；商品房销售额约145 836亿元，同比增长10.2%。预计2018年全年商品房平均销售价格约8 122元/米^2，较2017年同比增长3.7%，增幅较2017年降低约1.0个百分点。

2018年我国房地产调控政策应着重于以下几点：加快发展住房租赁市场，推动多层次住房供应体系建设；积极推动房地产市场去杠杆化与投资化，防范化解房地产金融风险；坚持房地产市场分类调控与因城因地施策，完善土地分类管理制度。

一、影响 2017 年房地产市场走势的主要因素

（一）房地产市场长期影响因素分析

1. 人口因素

人口是影响房地产市场需求的重要因素，人口总量、人口增速、人口结构及人口迁移等因素对房地产市场现阶段状况以及未来发展趋势或潜在风险具有重要影响。一般来说，人口因素在一定程度上决定了房地产市场运行的周期，特别是商品房新开工面积的变化。从国际经验来说，人口对房地产的影响大概有 20 年左右的滞后。考虑到从 20 世纪 90 年代开始，我国出生人口的规模就呈现出逐年递减的趋势，所以从人口因素考虑，近年来，随着房地产刚性需求的逐步释放、适龄购房人口的下降以及人口抚养比上升引起的人口红利逐年减弱，未来房地产市场发展将逐步向改善型需求调整，预计未来 10~20 年居民二次置业需求将超过首次置业需求。房地产行业发展也从高速增长阶段转向调整换挡期。

未来城市的常住人口和流动人口数量、居民收入分配、全社会人口抚养比等均将对城市住房需求产生深远影响，尤其是人口结构和劳动人口的影响程度将在时间与空间上得到显著提升。从人口结构变化的角度来看，在房价持续上升的预期背景下，两代甚至三代人的储蓄同时"释放"于房地产市场，对当前的房地产市场供给造成一定压力。未来一段时间内我国的人口年龄结构将呈现出老年人口比例持续升高、中青年人口比例持续下降的局面，预计未来 5~20 年我国城市人口住房需求将呈现"倒 U 形"的发展趋势。从劳动人口变化的角度来看，近年来，劳动人口的增速大幅度放缓，劳动人口占比持续下降。到 2017 年劳动人口达到峰值，预计在 10 亿人左右，而未来劳动人口数量将会呈现出下降的趋势。劳动人口的下降将会造成购房刚性需求的逐步减弱，压缩房地产市场发展的空间。因此，从人口因素来看，由于我国人口数量的减少、劳动人口的下降和人口结构的改变，人口红利随之消失，这将成为我国房地产市场长期发展过程中的利空因素。

2. 新型城镇化

我国的城镇化建设为固定资产投资、宏观经济运行、房地产市场发展以及人民生活水平的提高做出了重要贡献。城镇化发展对于房地产市场的影响随着城镇化进程的加快逐渐显现，在过去的发展过程中，城镇化水平的提高对房地产业的发展具有明显的带动作用，二者之间存在长期的正向稳定关系。城镇化发展水平的提高对房地产市场投资额、商品房销售面积以及商品房平均销售价格均存在正向的影响。同时新型城镇化发展水平也扩大了房地产市场投资对经济发展的贡献度。

在现阶段新型城镇化建设与房地产市场发展的进程中，房地产市场呈现出区域发展

不均衡的特征，尤其是三、四线城市房地产市场整体开发投资过剩，高库存、低需求成为三、四线城市房地产市场发展面临的重要压力。要缓解现阶段供需矛盾，新型城镇化建设是三、四线城市房地产市场发展的重要动力，2016 年全国城镇化率约为 57.35%，预计 2020 年我国城镇化率为 60% 左右，到 2030 年城镇化率将达到 70% 左右。从长期来看，稳定的新型城镇化发展进程和持续增长的城镇化率将会给房地产市场带来稳定的住房刚性需求，同时也会逐步改善三、四线城市房地产市场投资过剩的问题，促进房地产市场的协调发展。

3. 住房属性明确定位

在十九大报告中，提到了对住房属性的明确定位："坚持房子是用来住的、不是用来炒的。"十九大报告对住房属性的定位，改变了以往人们对房屋居住属性和投资属性共存的理解，强调了未来房地产市场发展的去投资化趋势。为了实现房屋定位从投资属性到准公共物品属性的转变，提出了加强社会保障体系建设，加快建立多主体供给、多渠道保障、租购并举的住房制度等具体措施。这意味着在现有基础上，政府将针对不同人群的特点和需求，丰富住房类型，细分不同的供应主体，各司其职解决住房矛盾。对于一线及二线的一些热点城市，需要针对中低收入人群以及毕业生群体合理发展公租房和共有产权房，满足人们的基本住房需求，同时增加人们的消费倾向。

与此同时，也要考虑中高收入人群对住房的刚性需求和改善型需求，提供相对应的商品住宅，提高生活品质。对于三、四线城市来说，要协调租赁住房和商品住宅的规模，政府需要牵头提供租赁住房的有效供给，让房地产市场稳定发展。住房属性定位的确定，明确了未来建立租购并举的住房制度的方向，以及满足民生基本住房保障和市场多层次需求的目标。对于房地产市场来说，需要结合不同城市的结构特点，进行合理的规划，科学引导住房需求。对于一些房价上涨压力较大的城市，在加快建设成熟的住房租赁市场体系的同时，在供给端需要进一步地增加土地的有效供给，在需求端需要有效控制市场中投机性资金的流入，抑制房地产市场的泡沫。

4. 住房租赁市场发展

在十九大报告明确了要建立多主体供给、多渠道保障、租购并举的住房制度后，各地区普遍大力推动租赁市场的发展。北京、深圳、山东等地先后提出，将加速发展住房租赁市场，支持住房租房消费，规范管理住房租赁市场。2017 年 11 月 15 日，上海宣布与 14 家住房租赁企业共同签署了《住房公积金租赁提取集中办理业务合作协议》。同日，成都印发《成都市住房租赁市场发展五年规划（2017-2021 年）》，计划到 2021 年，全市租赁住房数量达到 151 万套，租赁住房需求规模达到 122 万套。2017 年 11 月 16 日，北京提出 5 年内供应 1 000 公顷集体土地用来建设租赁房。当前多家房地产企业积极试水租赁业务，租赁市场可为企业提供长期稳定的现金流，提升企业利润稳定性，对房地产市场供给的提升将起到积极的促进作用。

从各个地方政府的积极响应和举措来看，住房租赁市场的发展将成为今后住房制度建设中的重点。伴随着土地的到位、制度的完善和政策的支持，住房租赁市场会逐渐成熟，成为政府调节房地产市场供需平衡和建立多层次的住房供应体系的重要突破口。住房租赁市场的完善也会有效缓解一些热点城市住房交易市场的供给压力，将一部分刚性需求分流，抑制投资需求，带来需求端增幅的下降，从而使得房价增幅下降。

（二）房地产市场短期影响因素分析

1. 经济增长速度相对平缓，结构调整将增强经济韧性

2017 年前三季度 GDP 同比增速为 6.8%，其中第三季度 GDP 同比增长 6.7%，与前两季度持平，宏观经济延续稳增长势头，但经济根本性好转信号仍不明显。十九大强调深化供给侧结构性改革，从产业结构来看，第三产业增加值（不变价）占总 GDP（不变价）的比重增长迅速，2015 年为 45.1%，2016 年为 50.7% 并超过第二产业占比，再到 2017 年前三季度为 52.4%。十九大指出，"增强消费对经济发展的基础性作用"，从总需求结构看，传统拉动经济的"三驾马车"中，消费对 GDP 的贡献逐年上升，投资对 GDP 的贡献相对降低。2015 年、2016 年社会消费品零售总额占 GDP（现价）的比重分别为 43.7% 和 44.7%，2017 年前三季度达到 50.1%；相比之下，2015 年、2016 年固定资本形成总额占 GDP（现价）的比重分别为 43.8% 和 42.8%，呈现减少态势。预计未来在"增强消费对经济发展的基础性作用"的情况下，将降低对投资的依赖程度。预计 2018 年我国经济增长速度将有所下降，因为加快结构调整将增强经济韧性，从而会使经济增长速度相对平缓。

2017 年，固定资产投资完成额累计同比增速延续下滑趋势，从 3 月到 10 月已连续 8 个月下滑，10 月固定资产投资累计同比增速仅为 7.3%。2017 年全国房地产开发投资完成额累计同比增速从 4 月的 9.3% 下滑至 10 月的 7.8%。中部地区房地产开发投资完成额累计同比增速保持高位下滑趋势，从 5 月的 16.9% 的历史高位下滑至 10 月的 13.1%，但仍大幅高于全国数据；东部地区增长幅度与全国增长幅度相近，且维持在 8% 以上；而 2017 年西部地区增长幅度从 2 月的 7.8% 大幅下滑至 2017 年 10 月的 4.1%。2015~2017 年房地产开发投资完成额占固定资产投资完成额的比重一直稳定在 17% 以上。房地产市场发展与整体经济发展相互影响，经济发展增速趋缓，在一定程度上影响房地产市场需求。在各地配套抑制房价措施仍在陆续出台的背景下，预计第四季度房地产投资仍能保持稳定，2018 年将呈现走低趋稳的趋势。

2. 货币政策保持稳健，有利于抑制房价快速上涨

十九大指出，"健全货币政策和宏观审慎政策双支柱调控框架，深化利率和汇率市场化改革。健全金融监管体系，守住不发生系统性金融风险的底线"，并强调"房子是用来住的、不是用来炒的"。2017 年 M2 增速延续 2016 年以来的下降趋势，由 1 月的 11.3% 下降到 10 月的 8.8%，表明现行货币政策趋紧。同时，个人住房贷款利率从 2017 年 1 月的 4.52% 逐步上升至 2017 年 10 月的 5.01%，个人住房贷款成本达到了 2015 年 12 月以来的新高，住房贷款成本的提升会在一定程度上减弱住房的需求，从而抑制房价的

上涨。2017 年，房地产贷款余额占各项贷款余额增速放缓，个人住房贷款余额增速持续回落　占各项贷款余额的比重结束了上升趋势。可见 2017 年以来楼市调控政策对个人购房需求产生了抑制作用。2017 年 1~10 月房地产企业到位资金中，国内贷款同比增速为 20.2%，而 2016 年 1~10 月同比增速仅为 1.2%。预计 2018 年房地产企业开发贷款将维持比较平稳的上升态势，个人住房抵押贷款余额增速可能持续回落，金融机构对贷款的鉴别与审核更加严格，更注重贷款的质量。为了防范金融业系统性风险，金融去杠杆仍将有序推进，房地产市场更是成为金融去杠杆重要环节之一。

3. 房地产市场供给因素

1）房地产开发投资

2017 年 1~10 月，房地产开发投资额的增速达到 7.8%，较 2016 年 1~10 月的增速 6.6%以及 2016 年全年的增速 6.88%有明显的回升，2017 年前 10 个月同比增幅始终保持在 7.5%以上。2015 年底房地产开发投资额同比增速一度降至 1%，之后伴随着房地产市场的回暖和房地产企业资金的回流，在 2016 年和 2017 年，房地产开发投资额的增速也回升到了相对较高的水平，但是与 2013 年和 2014 年还有较大的差距。目前房地产市场开发投资额已逐步进入中低速增长的调整期，在当前的政策情况下，预计短期年均增速将维持在 5%~8%，将影响市场整体的供给水平。

2）房地产新开工面积

2017 年 1~10 月，我国房地产新开工面积同比增速为 5.64%，较 2016 年 1~10 月的增速 8.1%以及 2016 年全年的增速 8.08%有显著下降。这一方面是 2017 年短期调控政策的不断落实，使得不少开发商持观望态度将工期延后，另一方面也是近几年来中国劳动人口占比的逐年下降以及人口红利的消失使得新开工面积增速进一步放缓。短期预计房地产市场新开工面积的发展趋势与房地产开发投资相似，并且受货币政策与房地产市场销售情况的显著影响，预计未来一定时期将保持低速增长。

3）商品房待售面积

2017 年 1~10 月商品房待售面积增速为-13.3%，较 2016 年 1~10 月的增速 1.3%以及 2016 年全年的增速-3.2%有显著下降。其中 2017 年 1~10 月住宅待售面积同比增速为 -23.3%，较 2016 年 1~10 月的增速- 6.0%以及 2016 年全年的增速-11.0%有显著下降。房地产市场去库存速度加快，自 2015 年末商品房市场存量处于峰值之后，市场去库存表现效果明显。而 2016 年和 2017 年房地产市场销售的快速增长，也使得整体市场表现比较活跃，商品房待售面积增速出现了快速下降，在现有的政策条件下，未来商品房待售面积，尤其是住宅待售面积累计增速将持续呈现下降趋势。预计 2018 年一、二线城市的商品房待售面积增速将继续下降，但三、四线城市去库存效果将不如一、二线城市。

4）土地供给

2017 年 1~10 月，房地产市场土地购置面积和土地购置费同比增速分别为 12.9%和 20.1%，较 2016 年 1~10 月的增速-5.5%和 3.9%以及 2016 年全年的增速-3.4%和 6.2%有显著上升。自 2014 年 3 月以来，受土地供给与土地积压等影响，房地产企业土地购置面积大幅下跌，2015 年全年跌幅保持在 30%以上，土地购置费的增速到 2015 年底也一度滑落到 1.2%。2016 年以来，土地购置面积跌幅有显著收窄，土地购置金额则有明显的涨幅，土地供给的市场交易有所起色。受 2016 年房地产市场销售增长的影响，房地产企业开发资金充裕，这也使得 2017 年土地市场表现出较好的交易水平。2017 年 1~10 月，土地购置面积同比增速始终保持在 5.0%以上，而土地购置费的同比增速始终保持在 15.0%以上。这不仅说明土地供给的增加，也意味着土地价格水平的提高。土地购置面积的持续增加，可有效提高房地产市场供给水平，稳定房价。

5）房地产企业开发资金情况

房地产企业开发资金情况将对房地产企业的开工、施工与土地购置、住房销售等产生重要影响，自 2016 年以来，房地产企业开发资金较 2015 年有显著回升，其同比增速均保持在 14%以上，房地产企业开发资金面较好。2017 年 1~10 月房地产企业开发资金同比增速为 7.4%，较 2016 年 1~10 月的增速 15.5%以及 2016 年全年的增速 15.2%有明显放缓的趋势。据调查，多数房地产企业认为房地产调控有利于行业长远发展，但企业发展短期将面临一定压力，在房地产交易规模下行的预期下，房地产企业的销售回流将受一定影响，预计 2018 年企业的融资需求仍将加大。据调查，多数金融机构表示支持房地产开发企业的合理资金需求，以期实现共赢。预计 2018 年投资风险管控仍会是金融机构工作的重点，这将给金融机构带来一些挑战。

4. 房地产市场需求

2017 年 1~10 月商品房销售面积同比增速为 8.2%，较 2016 年 1~10 月的增速 26.8%以及 2016 年全年的增速 22.5%有明显放缓的趋势。2017 年 1~10 月商品房销售额同比增速为 12.58%，较 2016 年 1~10 月的增速 41.2%以及 2016 年全年的增速 34.8%同样有明显放缓的趋势。上年过热的市场表现使得政府不断出台房地产市场的调控政策，2017 年我国房地产市场销售情况未延续 2016 年快速增长的趋势，但结合商品房待售面积的大幅下降分析可知，房地产市场需求在过去 2 年得到了有效释放，在调控政策影响下，2018 年房地产市场需求增速将有所下降。

从具体的数据分析看，从 2012 年至 2017 年 10 月，70 个大中城市新建住宅价格指数同比增速经历了两个波动周期，第一个周期是从 2012 年 1 月到 2014 年 8 月，同比增速由 2012 年 1 月的 0.7%下降到 2012 年 6 月的-1.3%达到波谷，2013 年 12 月上升到 9.2%达到波峰，之后到 2014 年 8 月下降为 0.5%；第二个周期是从 2014 年 9 月到 2017 年 10 月，同比增速由 2014 年 9 月的-1.1%下降到 2015 年 4 月的-6.3%达到波谷，2016 年 12 月上升至 10.25%达到波峰，之后到 2017 年 10 月下降为 5.6%。从一、二、三线城市新建住宅价格指数同比增长来看，波动周期与如上所述周期基本相同。一线城市房价周期的波动幅度和同比增长速度大幅高于二线城市，而二线城市明显高于三线城市。2017 年以来，房价增速出现显著回调。到 10 月，一线城市房价同比增速降至 1%，显著低于二线城市的 4.2%，三线城市同比增速为 6.7%，位于一、二线城市之上。2017 年房地产市场需求虽然受到了政策因素的抑制，但是依旧保持着一定的增速，限购并没有完全抑制住购房需求，反而使得部分限购城市的购房需求外溢，在一定程度上也体现出了旺盛的市场需求。预计 2018 年房地产市场成交量和成交额增幅较 2017 年不会出现大幅度的下降。

5. 房地产市场调控政策

十九大报告中对于房地产市场的论述，为我国房地产市场的下一步发展指明了方向，在"房子是用来住的、不是用来炒的"基本定位前提下，"四限"政策仍需从紧执行，更多城市将落地乃至升级调控。住房租赁市场将是未来重要发展方向，住房制度改革正加速推进，加快建立租购并举的住房制度。房地产市场调控主基调仍将延续。

2016 年 10 月以来，受房地产市场成交过热、房价过快上涨的影响，房价上涨过快的热点城市纷纷出台市场调控政策，多数城市均采取"限购"和"限贷"以及土地交易调控等政策。仅仅 9 月 30 日到 10 月 6 日七天时间，就有北京、天津、深圳等 20 个城市先后实行了限购新政。进入 2017 年后，从 2017 年 3 月到 10 月中旬，累计已有超过 40 个单个城市出台了限购政策，限购期大多为 2~3 年。在调控政策的影响下，一、二线城市住房的需求被有效遏制，价格趋稳，部分地区价格有所回落。与之对应的，三线城市的市场较为活跃。根据 70 个大中城市新建住宅价格指数数据，一线城市 2017 年 1~10 月房地产住宅价格同比增速为 1.0%，较 2016 年 1~10 月的增速 28.5%以及 2016 年全年的增速 25.0%有明显放缓的趋势。二线城市 2017 年 1~10 月房地产住宅价格同比增速为 4.2%，与 2016 年 1~10 月的增速 18.0%以及 2016 年全年的增速 17.6%相比，同样有显著的下降。而三线城市 2017 年 1~10 月房地产住宅价格同比增速为 6.7%，较 2016 年 1~10 月的增速 4.8%以及 2016 年全年的增速 5.9%相比，有一定的上升。而且从横向比较来看，2017 年前 10 个月三线市场的表现也强于一、二线城市。

预计在市场长效调控机制尚未建成之前，非市场化政策不会退出。限购政策作为短期的、临时性的行政调控手段，在未来的一段时间也将依旧持续地发挥作用，抑制一些热点城市的住房需求，避免房价过快上涨，其他措施还包括信贷资金监管、增加土地供给、培养住房租赁企业等。各种政策的落实将会有效抑制房地产市场的投资需求，稳定房地产市场价格，有利于加快建立多主体供给、多渠道保障、租购并举的住房制度，让全体人民住有所居。

6. 房地产市场预期

据调查，部分金融机构和房地产企业预期 2018 年市场的成交量同比将会有所下降，房地产市场将呈现下降态势，房价将基本维持在现有水平不变。但是从 2017 年前三季度房地产市场销售情况来看，其虽然与 2016 年相比有明显差距，但商品房销售面积和销售额的增速分别达到了 10.29%和 14.58%，显示出购房者对房地产市场相对较强的看涨预期。虽然 2017 年以来热点城市的限购政策对市场交易起到了一定的抑制作用，让一些消费者在购房上持观望态度，但未能有效改善购房者的看涨预期，反而使得购房需求外溢，促使一些三、四线城市以及未限购的二线城市房地产市场表现活跃。房地产投资依然是消费者投资理财的优先选择。这进一步促进了资金入市，对看涨的市场预期形成了强化作用。

二、房地产市场预测

（一）房地产开发投资预测

预计 2018 年房地产开发投资完成额约为 116 509 亿元，同比增长约 5.7%，增幅较 2017 年下降约 1.8 个百分点。其中，住宅开发投资完成额约 79 472 亿元，同比增长约 6.5%，增速较 2017 年下降约 2.0 个百分点，如图 6.1 所示。

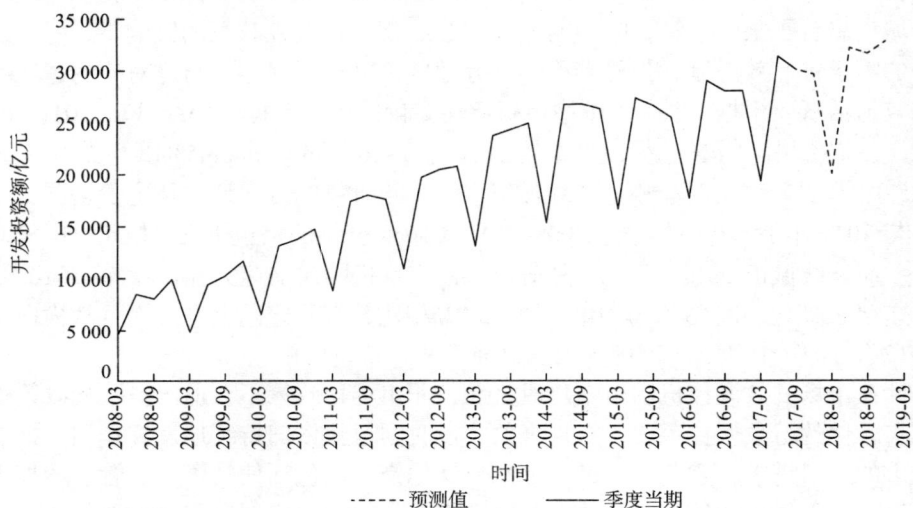

图 6.1　2018 年全国房地产开发投资完成额预测

资料来源：Wind 数据库

（二）房地产需求预测

预计 2018 年全国商品房销售面积约为 179 553 万平方米，同比增长约 6.3%，增幅较 2017 年下降约 1.1 个百分点；预计全国商品房销售额约 145 836 亿元，同比上升约 10.2%，增幅较 2017 年下降约 2.3 个百分点，如图 6.2 和图 6.3 所示。

（三）房地产供给预测

预计 2018 年房地产新开工面积约为 182 089 万平方米，较 2017 年同比增长约 3.9%，增幅较 2017 年下降约 1.1 个百分点，如图 6.4 所示。

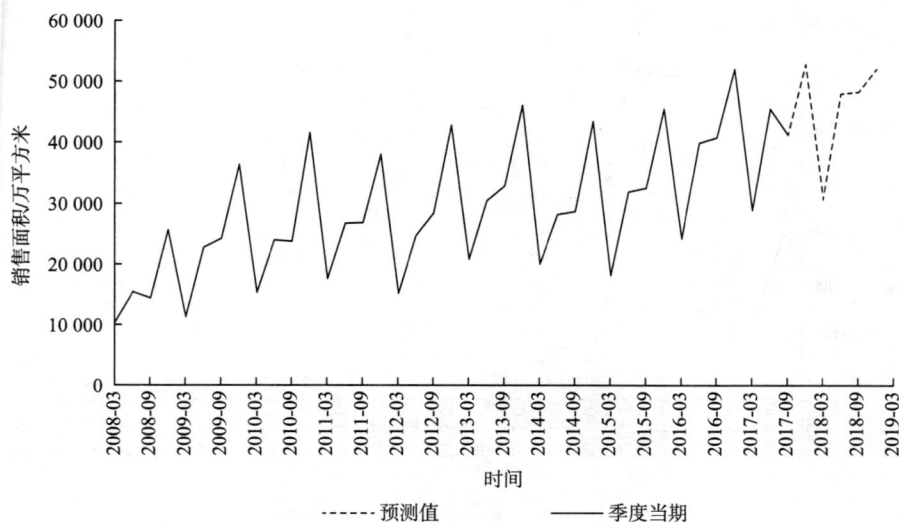

图 6.2　2018 年全国商品房销售面积预测

资料来源：Wind 数据库

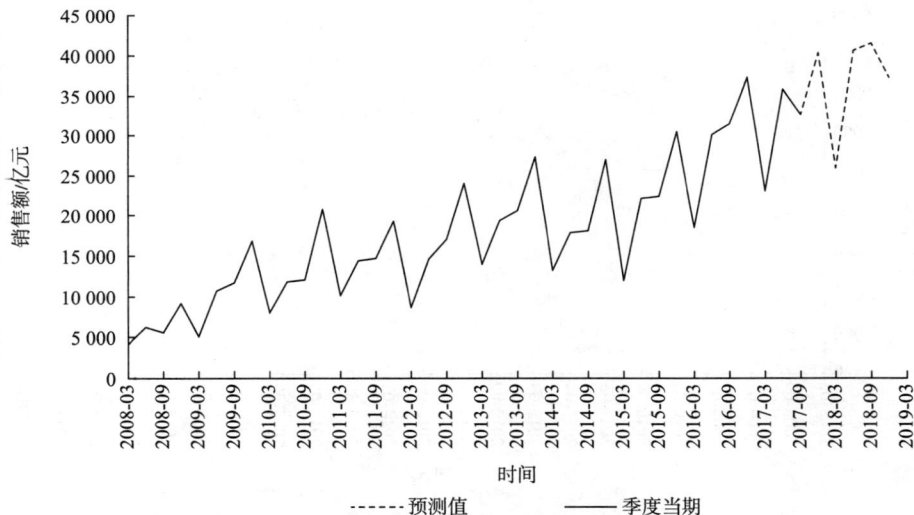

图 6.3　2018 年全国商品房销售额预测

资料来源：Wind 数据库

（四）房地产价格预测

基于经济计量预测模型及因素分析，预计 2018 年全年商品房平均销售价格约为 8 122.18 元/米^2，较 2017 年同比增长约 3.7%，增幅较 2017 年降低约 1.0 个百分点，其中住宅平均销售价格较 2017 年同比增长约 4.2%，增幅较 2017 年下降约 1.3 个百分点，如图 6.5 所示。

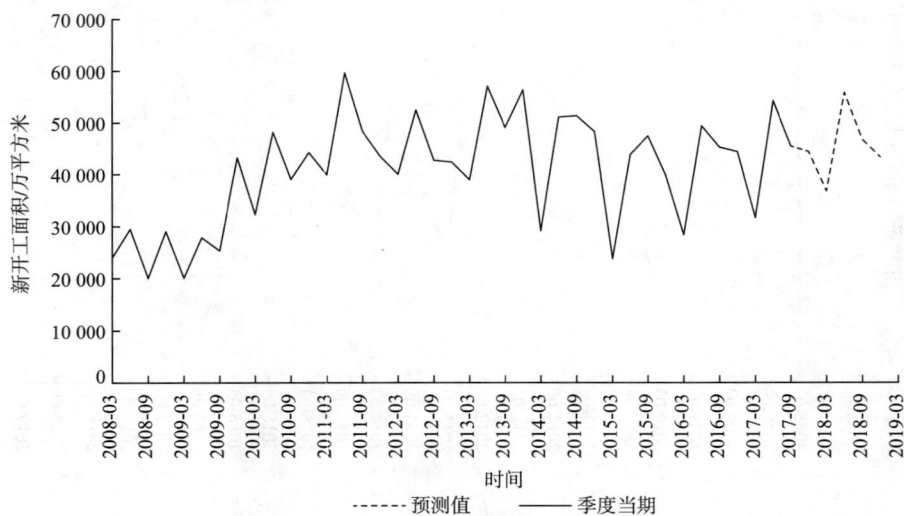

图 6.4 2018 年全国商品房新开工面积预测

资料来源：Wind 数据库

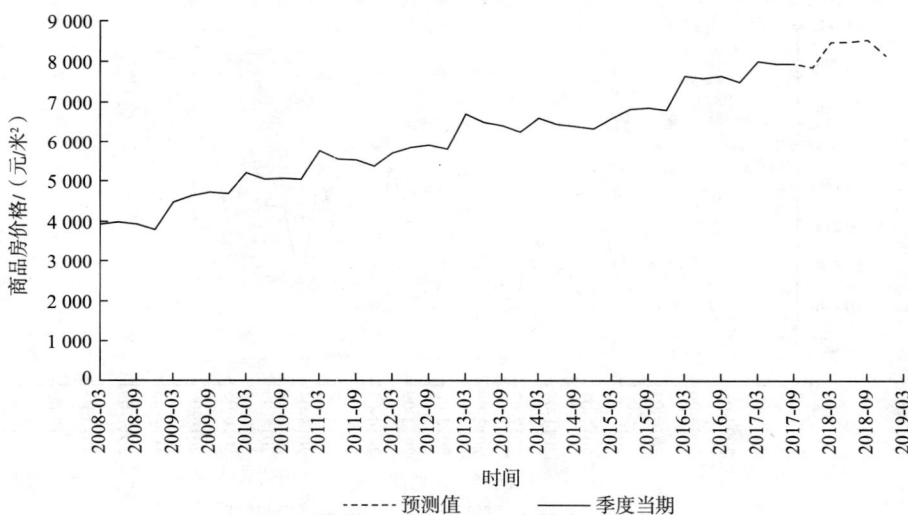

图 6.5 2018 年全国商品房平均销售价格预测

资料来源：Wind 数据库

第七章 2017年我国房地产市场系列问题研究

2017年的专题研究针对房地产市场的若干关键问题，如我国房地产调控政策评估、人口老龄化对房地产市场的影响、我国城市房地产价格影响因素差异分析、转型期我国房地产业关联效应、房地产市场金融稳定性与宏观经济的关系等，进行理论与实证分析，根据所得到的结论，对我国房地产市场调控与房地产市场管理提出政策建议。

一、关于当前房地产市场调控政策的政策建议

近年来，房地产行业的发展势头迅猛，成为推动我国国民经济发展不可或缺的力量，但同样也存在房价虚高、住房供应结构不合理、供需矛盾大等问题。在现阶段市场发展尚未成熟的情况下，通过政府的调控政策对房地产市场进行积极的引导是有必要的。

2017年以来，在中央政府及地方政府的调控政策下，房地产市场没有延续2016年快速发展的趋势，各项指标的增速都有所放缓，但城市分化现象依旧存在。一线城市和部分二线城市房地产市场供需矛盾突出，一些住房改善需求被抑制，三、四线楼市虽量价齐升，但仍面临需求动力不足的问题。房地产政策在坚持"房子是用来住的、不是用来炒的"基调下，对房地产市场的调控仍将延续。

（一）当前房地产市场运行情况

1. 房地产市场开发投资额增速趋稳，逐步进入中低速增长的调整期

2017年1~10月全国房地产开发投资累计达到90 544.00亿元，同比增加7.8%，增速上涨1.2个百分点，其中用于住宅的累计投资为61 871.23亿元，比2016年同期增长9.9%，增速上涨4.0个百分点。其中，2017年全国房地产开发投资完成额累计同比增速从4月的9.3%下滑至10月的7.8%。中部地区房地产开发投资完成额累计同比增速从5月的16.9%下滑至10月的13.1%；东部地区增长幅度与全国增长幅度相近；西部地区增长幅度从2月的7.8%下滑至2017年10月的4.1%。

2. 房地产市场开发有所放缓，市场需求大幅下跌

2017年1~10月，我国房屋竣工面积累计达65 612.00万平方米，同比增长0.6%，

同比增速下降 6.0 个百分点。2017 年 1~10 月，商品房累计销售面积为 130 254.00 万平方米，同比增速 8.2%，增速下降 18.6 个百分点，其中，住宅累计销售面积为 112 244.00 万平方米，同比增速为 5.6%，增速下降 21.4 个百分点。

3. 房地产市场待售面积平稳下降，去库存效果显著

2017 年 1~10 月，我国商品房和住宅待售面积分别为 60 258.00 万平方米和 31 484.00 万平方米，同比下降分别为 13.3% 和 23.3%，跌幅分别为 14.6 个百分点和 17.3 个百分点。

4. 房地产市场价格增速放缓，三线城市价格增速大幅提升

2017 年 1~10 月全国商品房销售均价为 7 910.00 元/米^2，同比增长 4.0%，增速下降 7.7 个百分点。从 2017 年前三季度来看，一线城市商品房价格为 26 628.68 元/米^2，同比增长 4.1%，增速下降 16.5 个百分点；二线城市商品房价格为 10 313.39 元/米^2，同比增长 10.5%，增速下降 4.0 个百分点；三线城市商品房价格为 8 818.45 元/米^2，同比增长 17.6%，增速上升 14.0 个百分点。

（二）当前房地产市场调控政策实施效果

1. 投资投机性需求得到有效抑制

2010 年以来，中央与地方政府坚持对房地产市场的调控政策，始终以抑制房地产市场投资投机性需求为主要目标之一。在十九大报告中，提到对住房属性的明确定位："坚持房子是用来住的、不是用来炒的。"在现有政策的调控下，近年来的热点城市和主要城市的房价上涨均得到了不同程度的控制，房地产市场投资和交易量总体回归到平稳的增速，待售面积得到有效的降低，投资投机性需求得到有效抑制。

2. 住房租赁市场健康发展

在十九大报告明确了要建立多主体供给、多渠道保障、租购并举的住房制度后，各地区普遍大力推动租赁市场的发展。北京、深圳、山东等地先后提出，将加速发展住房租赁市场，支持住房租房消费，规范管理住房租赁市场，多家房地产企业也积极试水租赁业务。在各个地方政府的大力支持和房地产市场的积极响应下，住房租赁市场健康发展。伴随着土地的到位、制度的完善和政策的支持，住房租赁市场会逐渐成熟，有效缓解一些热点城市的住房供给压力，将一部分刚性需求分流。

3. 差异化调控政策效果显著

因城施策、分类调控的原则使得城市房地产市场调控政策分化明显，并取得了显著的效果。进入 2017 年后，从 3 月到 10 月中旬，累计已有超过 40 个单个城市出台了限购政策。在差异化调控政策的影响下，一、二线城市住房的需求被有效遏制，价格趋稳，部分地区价格有所回落。与之对应，三、四线城市房地产市场量价齐升，表现较为活跃。

（三）政策建议

2017年各地房地产市场发展基本稳定，政策卓有成效地抑制了重点城市房价攀升的势头，欠发达城市库存压力得到缓解。为了保证房地产市场未来长期的健康发展，关于接下来的调控方向，本书提出以下几点建议。

1. 坚持房地产市场分类调控与因城因地施策，完善土地分类管理制度

经过多轮的差别化调控，我国房地产市场区域分化程度得到了一定的缓解，各地区根据具体情况坚持分类调控、因城因地施策，尤其在去库存方面成效显著。由于经济发展、产业结构、资源禀赋等方面存在差异，我国房地产市场区域差异特征将长期存在，房地产市场调控仍需坚持分类调控，保持调控政策的连续性与稳定性。在土地供给方面，政府需要制定更为灵活的土地供给制度，区别应对不同区域的土地需求，增加土地市场有效供给，建立土地供给分类管理制度，改善区域土地市场供给结构，平衡各城市土地供应的比例，合理增加房价上涨过快的城市土地供给，减缓三、四线库存过高的土地供给。构建土地市场监测预警体系，做到土地市场短期调控与长期制度建设的有效衔接。

2. 积极推动房地产市场去杠杆化与投资化，防范化解房地产金融风险

预计2018年投资风险管控仍会是金融机构工作的重点，金融机构对贷款的鉴别与审核更加严格，更注重贷款的质量。为了防范金融业系统性风险，金融去杠杆仍需有序推进，房地产市场更应成为金融去杠杆重要环节。要控制土地市场与房地产开发投资信贷规模，对自有资金与信贷投入比例进行限定；坚持差别化信贷调控政策，鼓励刚性需求，加快推进房地产市场金融产品创新。完善房地产市场金融风险监测体系与机制，加强非按揭类贷款管理，严防投机资金进入房地产市场。

3. 加快发展住房租赁市场，推动多层次住房供应体系建设

加快推进住房租赁市场制度落实，使市场发展真正由顶层设计向实际落地过度，落实"租售同权"。优化土地供应结构和土地管理流程，盘活土地存量，保障住房租赁市场的土地供应规模。加快培育住房租赁市场供应主体，发展专业化的住房租赁企业，推动住房租赁市场的规模化、专业化。加快推进住房租赁市场金融产品创新、制定税收优惠制度，如住房租赁贷款、住房租赁补贴等。明确政府在住房租赁市场建设中的地位与作用，构建住房租赁市场信息化平台，建立供需两端的信用管理体系，对住房租赁市场的发展运行实施有效监测与监管，加快住房租赁市场法律法规建设，保障住房租赁市场的良好运行。

4. 加快建立房地产市场长效调控机制

现有的限购限贷政策针对市场的非理性行为，具有有效的调控引导效果，但是其作

为短期调控手段，具有一定的局限性。为了房地产市场能够长期健康发展，需要加快建立房地产市场的长效调控机制。在构建过程中，应坚持分类推进与逐步解决。针对不同城市、不同人群、不同需求、不同住房规模与结构，分类推进调控政策。在保障我国房地产调控阶段性目标的实现过程中，坚持稳中求进，优先保障房地产市场供给，抑制房地产销售价格与土地出让价格过快上涨，逐步完成土地供给、住房结构调整等机制改革，稳步推进不动产登记、户籍制度改革、房地产税收制度等制度化建设。

二、人口老龄化对房地产市场影响的政策建议

21 世纪，人口老龄化将进入快速发展的阶段。我国早在 2000 年就已经步入老龄化社会，其标志是 65 岁及以上人口数量占人口总数的 7%。根据中国社会科学院发布的《中国财政政策报告（2010/2011）》可以看出，2011 年以后，我国老龄化进入快速发展的阶段，到 2030 年，我国老年人口数量将超过日本，在世界老龄化程度排名中居于首位。人口老龄化是世界人口发展的必然趋势，它关系到经济社会发展的各个方面，如影响经济发展速度及方式、增加政府的财政支出和社会负担，对产业结构调整、社会服务业和房地产市场需求产生影响。中国科学院专家分析了人口老龄化对我国城镇商品房价格的影响，据此提出了针对老龄化的我国房地产市场的调控建议。

（一）我国房地产市场周期性分析

房地产市场是指房地产开发商和购房者进行房地产交易，以及房地产开发商与银行等金融机构和其他借款人进行房地产抵押的场所。从房地产销售价格指数与商品房的价格增加情况来看，我国国内房地产市场的发展大致经历了四个阶段，即 1992~1994 年的初步发展阶段、1995~2000 年的调整阶段、2001~2009 年的扩张阶段以及从 2010 年到目前的二次调整阶段。

1. 初步发展阶段

国内房地产的初步发展阶段时间范围在 1992~1994 年。在这一时间段内，南方部分地区出现了房产热潮。1993 年统计资料显示，该年末用于房地产投资的资金总额已经超过 1 900 亿元，较上年末增加比例超过 100%，达到了 164.98%，其中 1993 年的房产销售面积达到了 0.6687 亿平方米，增加比例达到了 55.84%，但在 1994 年末，用于房产投资的资金比例下降了 133.16%，而商品房销售面积下降比例为 47.8%，从该年开始，房地产市场退出初步发展阶段，进入了全面调整时期。

2. 调整阶段

我国房地产市场经过 1992~1994 年的快速发展后，到 1995 年房地产市场泡沫破

灭，此时房地产市场开始进入调整时期，房地产投资资金以及商品房销售面积增速均呈现回落趋势，到 1997 年末，增速逐渐由回落转变为上行趋势，在 1998 年达到峰值，为 35.2%。该阶段形成的原因主要是国家初步实施了住房分配市场化，因此房产市场由初期波动转为稳步上升。

3. 扩张阶段

在经历了调整阶段后，我国房地产在 21 世纪的前 10 年经历了快速扩张时期，虽然 2008 年国内房地产资金受到全球金融危机的影响，投资增速有所减缓，然而商品房出售面积波动却较大，2008 年统计显示，该年末销售额降低了 14.72%，但在 2008 年国家实施"四万亿"计划后迅速反弹，虽然房地产市场供需出现大幅震荡，但总体仍然呈现增长趋势。

4. 二次调整阶段

2010 年后我国房地产进行了第二次调整，该阶段最初两年内，房产投资与销售面积增速相比，回落趋势较慢，其中，2011 年商品房销售面积增速为 4.95%，和 2010 年相比，增速下降 5.62%，2010 年同比下降了 33.07%。

继 2015 年五次降息降准之后，中央银行于 2016 年 2 月再次下调存款准备金率，同时实施降低首套购房首付比例以及二套房公积金首付比例、降低住房转让税费等去库存措施。市场流动性充裕，房地产开发融资成本、居民购房融资成本及住房交易成本都有所下降，大大促进了房屋成交和投资增速回升。

（二）我国人口年龄结构转变历程

1949 年中华人民共和国成立后，由于我国经济社会以及医疗水平的快速发展，我国的人口增长模式从高出生、高死亡和低增长模式逐步向低出生、低死亡和低增长的现代型人口模式转化，而人口模式的转变表明我国人口增长速度开始呈现减缓趋势，1950~2015 年我国总人口、出生率、自然增长率和死亡率变化情况大体如下。

1950~2015 年，我国总人口规模持续急剧攀升，从 1950 年的 55 196 万人增长至 2015 年的 137 462 万人，增长率为 1.41 倍。人口出生率和自然增长率均呈现先下降后上升再下降的态势，具体来看，1950 年的人口出生率和自然增长率分别为 37‰和 19‰，1953 年的第一次全国人口普查数据显示，我国人口出生率为 37‰，死亡率为 14.37‰，自然增长率为 23.37‰，这说明中华人民共和国成立后的几年时间内即迅速完成了从"高出生、高死亡和低增长"的原始型人口增长模式向"高出生、低死亡和高增长"的传统型人口再生产模式的转变，并在中华人民共和国成立后的 20 年时间内保持了人口的持续较快增长。1960 年人口自然增长率为 - 4.57‰，达到最低值；与此相反的是人口死亡率达到第一个峰值 25.43‰；1961 年人口出生率下降为 18.13‰，跌至第一个谷值。此后，人口出生率和自然增长率均快速上涨，1963 年人口出生率和自然增长率分别达到 43.6‰和 33.5‰，均达到最高值，此后的 40 多年中，人口出生率和自然增长率均基本保持下降的趋势，而人口死亡率呈现快速下降的态势。20 世纪 70 年代，我国实施了计划生育政策，这使得人口出生率和自然增长率均出现中华人民共和国成立以来的首次大幅度下降态势，1979 年我国总人口为 97 542 万人，人口出生率、死亡率和人口自然增长率分别为 17.82‰、6.21‰和 11.61‰，相比于 1970 年分别增加了 17.53%、− 46.95%、−18.72%。尽管 20 世纪 80 年代我国的人口出生率和人口增长率都有一次小幅度的提升，但此后这两个比率均呈现持续下滑的态势，只是降幅明显放缓。截至 2015 年，总人口数量为 137 462 万，人口出生率、死亡率和人口自然增长率分别为 12.07‰、7.11‰和 4.96‰。

由此可以看出，自 1949 年以来，我国经历了三次较为明显的"婴儿潮"时期。第一次"婴儿潮"发生在 1950~1957 年，在此期间我国年平均人口出生率为 35.9‰，我国新增人口达到了 2 100 万。而在第二次"婴儿潮"时期，也就是 1962~1971 年，我国出生率达到 36.1‰，共增加新生儿 2.71 亿人。第三次"婴儿潮"发生在 1981~1992 年，其主要是由于第二次"婴儿潮"所带来的人口持续增长，具体而言，在第二次"婴儿潮"中的新增人口已经达到法定结婚生子的年龄，第三次"婴儿潮"期间，我国的出生率为 21‰，新增人口达到了 2.74 亿人。

出生率的上升导致了我国人口年龄结构经历了重大的转变，1990~2015 年 15~64 岁人口比重和 65 岁及以上人口比重均呈现稳步上升的态势，但上涨幅度较小。具体来看，1990 年 0~14 岁人口比重、15~64 岁人口比重和 65 岁及以上人口比重分别为 27.69%、66.74%和 5.57%。2010 年我国第六次全国人口普查结果表明，0~14 岁人口比例为 16.60%，15~64 岁人口比例达到了 74.53%，65 岁及以上人口比例为 8.87%。总体而言，1990~2015 年我国劳动年龄人口（15~64 岁人口）占比不断上升，说明了婴幼儿、少年和老年人口总体比例呈现下降的态势，而劳动力比例呈现增加趋势，从而为我国带来了人口红利，但在 2010 年后，我国劳动力人口数量连续下滑，2013 年 15~64 岁人口数量为 100 582 万人，占人口总量的 73.92%，我国劳动年龄人口占比首次出现下滑；2014 年和 2015 年，我国劳动年龄人口数量持续下滑 0.11%和 0.22%。

与此对应的是我国人口年龄结构老龄化趋势现象逐渐加重，老年人口以及老年人口比例不断增加，从 1990 年到 2015 年底，占比达到了 10.47%，增加了将近一倍。1956年，联合国在《人口老龄化及其社会经济后果》报告中指出，某国家或者地区 65 岁以上人口占比超过了 7%，则可以定义该国家或地区进入老龄化社会。由此可以看出，我国已于 2001 年进入老龄化社会，此时的 65 岁及以上人口所占比重为 7.10%，截至 2015年末，我国 60 岁及以上人口所占比重为 16.10%，65 岁及以上人口所占比重为 10.47%，均已远远超过国际上通用的老龄化社会临界值。

（三）老龄化对我国城镇商品房价格的影响

我国房地产市场存在着较大的区域差异性，导致区域差异的原因多种多样，包括经济、政策、文化、人口结构等，而人口结构又包括人口自然结构、人口社会结构和人口地域结构。本部分基于老龄化因素对我国大中城市进行区域划分，并分析了老年抚养比对商品房价格影响的区域差异性。

1. 区域划分

为了分析不同区域人口老龄化对房地产市场的影响，以我国2005~2015 年70 个大中城市的数据为样本，以老年抚养比、人口总数、家庭规模、城镇化率、人均 GDP 五个变量，对我国 70 个大中城市进行区域划分。主要以老龄化程度进行区域划分，分别为低位老龄化区域、次低位老龄化区域、中位老龄化区域、高位老龄化区域。

2 老龄化对我国商品房价格的影响

研究发现，四个区域内商品房价格均存在着明显的空间自相关性。对比分析四个区域的估计结果，发现老龄化对商品房价格的影响确实存在着区域差异，除去次低位老龄化区域中老年抚养比对商品房价格有负向影响之外，其他三个区域均对商品房价格存在正向影响，而且随着老龄化程度的加深，这种正向的影响减弱。

在次低位老龄化区域中，老年抚养比对商品房价格具有负向影响，即老年抚养比的下降会导致商品房价格的增加。这主要是由于该区域城市主要是北京、上海、广州、深圳等一线城市，经济的发展吸引了大量青壮年劳动力迁入，增加了劳动年龄人口数量，从而导致该区域老年抚养比具有递减的趋势，同时，劳动年龄人口的增加也使得商品房需求有所增长，从而增加了商品房价格。相对于次低位老龄化区域，其他三个区域的经济发展水平较低，老年人更倾向于将储蓄用于买房，而不是养老支出，这增加了商品房需求，从而老年抚养比对商品房价格具有正向影响。

除去次低位老龄化区域中老年抚养比对商品房价格具有负向影响之外，对于其他三个区域，随着老龄化程度的加深（即老年抚养比增加），老年抚养比对商品房价格的影响系数减小，即老龄化程度越深的区域，老年抚养比对商品房价格的正向影响越小。这可能是由于：老年抚养比更高的地区，其劳动年龄人口的抚养负担更大，老年人会适当减弱其购房需求，从而减弱了老年抚养比对商品房价格的正向影响。

（四）老龄化对我国房地产影响的政策建议

为了合理调控我国房地产市场，需要实施不同地区差异化的调整政策，此外，除了人口因素以外，针对房地产市场的调控和整改策略才是最需要采取的手段，因此，本部分将从供给和需求两方面对政府、房地产开发商和居民提出相应的政策建议，旨在积极引导域市房地产市场供需资源的合理流动，促进城市房地产市场均衡发展，共提出以下政策建议。

1. 正视人口老龄化所带来的人口结构变化和住房结构变化及其对房地产市场的影响

人口老龄化已经成为 21 世纪各个国家人口变动的主要发展趋势。第一，人口老龄化主要通过改变人口年龄结构和房地产开发商的住房供给结构，对我国房地产市场的供需结构产生重大影响。第二，老龄化还会导致家庭结构的变化，住宅需求一般是以家庭为单位，家庭结构的变化导致家庭规模的小型化和家庭数量的增多，这也会间接导致住宅供需结构发生变化。第三，计划生育政策的撤销和"全面放开二孩"政策的推进，也会改变人口年龄结构，进而影响住宅需求和房地产价格的波动。第四，人口抚养比的不断攀升使得劳动年龄人口的抚养压力增大，他们的改善型住房需求在短期内将得不到满足，这就会减少房地产开发商对大面积住宅的供给量。

针对以上原因，我国政府和房地产开发商应根据不同区域的人口年龄结构特征将房地产市场划分为不同的区域，充分考虑不同地区居民的住房需求特征和差异，有针对性地设计住房户型和配套基础设施，多供给 100 平方米左右的房屋，或者是两室一厅和三室两厅的户型，以便能够更好地满足住房购买者的购买欲望，进而增加房屋的销售面积和销售额。此外，房地产开发商还应合理调整住宅供需结构和存量房过度积累对房地产市场带来的不利影响。

2. 调整住房供需比例，保证正常需求，制定合理政策预防住宅过度投资投机的行为

目前，我国一线城市和部分二线城市的房价之所以不断迅速攀升，主要是因为资本比较充裕的投资者对未来房价持有较乐观的预期，因此，该部分城市居民会大量购买现房进行投资套利，加之我国现有的住房登记制度并不完善，大部分投资人利用住房登记制度存在的漏洞，谎报或错报实际持有房屋数量，导致住房需求不能得到充分满足和大量存量房共存局面的发生。

因此，相关部门应针对现有的住房购买交易活动，设计信息交流平台，或者推广"线上-线下"房地产交易流程，以便更好地统计住房交易数据。此外，还应针对不同区域的需求特征和住房购买力，设计不同的限购政策，严厉打击住房投资投机性行为。保障性住房仍是未来满足收入较低的家庭的住宅需求的主要手段，加大保障性住房的供给量仍是较有效的手段。加快二手房的流通速度和再利用，合理降低二手房交易价格，可以向市场快速地释放大量的住房。针对房地产企业，应加强对其从业人员素质和中介机构信用度的监管。在房地产开发和建设环节，政府应加大对房地产开发商的信贷优惠政策和税收减免政策，同时对购房者实施有效的补贴政策和利率下调政策，提高房地产市场信息的透明度，结合各个地区的特征，因地制宜地实施房地产和人口政策。

三、中国城市房价差异影响因素研究

我国房地产市场长期存在的一个主要问题是发展不均衡。近年来，随着全国房地产市场的发展，不同地区、不同城市间房地产市场的发展不均衡不断加剧，不同城市间的房价分化越来越明显。城市的公共服务水平是引起城市人口流动的主要因素之一，城市的公共服务包含的范围比较广，涉及与城市居民生活息息相关的公共民生性服务、公共事业性服务、公共基础性服务及公共安全性服务等。通常来说，一个城市的公共服务的综合水平较高，会吸引人口涌入，从而增加房地产市场的需求，进而推动房价上涨；反之，则会引起房价水平的下降。对于城市公共服务供给和房价之间的关系，大多都是从公共服务的综合水平或者具体某一方面出发，研究公共服务对城市间及城市内部房价水平的影响。

对于我国房地产市场来说，不同类型城市的房价水平与城市公共服务供给水平的关系可能有所不同，不同类型的城市公共服务与房价水平的关系也可能有差异。那么，城市公共服务水平与城市房价水平究竟有怎样的关系？这个问题，直接关系到我国城市资源的合理配置、房地产市场的健康运行以及经济社会的发展，因此必须对此问题做出正确的解释和理解。

本部分的重点是城市公共服务供给对不同城市房价水平的影响是否有差异以及不同类型的公共服务对房价水平的影响。本部分将城市进行分类，利用 2006 年到 2014 年的年度数据，采用分位数回归和面板回归模型探讨不同因素对城市房价差异的影响。结果表明，徐了基本面的供给和需求因素会影响房价差异，公共服务的水平也会对城市房价产生重要影响，对于房价越高的城市，公共服务水平对房价的影响越大。因此，房地产市场宏观调控需要合理调节城市资源分布。

（一）城市基本公共服务指数的构建

通过对现有资料文献的梳理，城市基本公共服务中城市的环境发展、医疗水平、教育水平及交通水平与城市的房地产市场发展关系较为密切。城市基本公共服务指标体系如表 7 1 所示。考虑到不同城市人口总量之间的差别，我们以每万人享用的公共服务为单位计算城市的公共服务水平。

表 7.1　城市基本公共服务指标体系

一级指标	二级指标	单位
环境质量	空气质量	%
	绿化水平	%
医疗水平	医院数量	个/万人
	病床数量	张/万人
	医生数量	人/万人
教育水平	小学数量	所/万人
	小学教师数量	人/万人
	中学数量	所/万人
	中学教师数量	人/万人
	高校数量	所/万人
	高校教师数量	人/万人
交通水平	道路设施水平	米^2/人
	市内公共交通水平	辆/万人

首先采用熵值法计算城市基本公共服务的各个指标的权重，进而计算城市的基本公共服务指数。选取北京、上海、广州、天津、杭州、南京、济南、成都、武汉、重庆、沈阳、西安等 29 个大中城市作为研究样本，计算得到城市基本公共服务指数，如表 7.2 所示。

表 7.2 城市基本公共服务指数

变量	城市数量	均值	标准差	最小值	最大值
2006 年					
H	29	26.38	7.66	12.25	49.13
H_1	29	51.65	11.35	26.00	84.67
H_2	29	14.75	14.67	2.64	84.68
H_3	29	35.11	11.02	10.30	55.28
H_4	29	31.18	13.01	3.41	55.38
2007 年					
H	29	26.24	6.96	12.09	46.56
H_1	29	54.58	9.91	39.20	93.43
H_2	29	15.02	13.21	4.35	75.02
H_3	29	34.76	11.46	9.77	55.99
H_4	29	32.38	12.75	2.82	56.87
2008 年					
H	29	25.83	5.78	13.99	45.09
H_1	29	56.50	12.91	31.72	97.23
H_2	29	14.24	12.16	4.27	73.00
H_3	29	34.31	9.24	18.15	52.79
H_4	29	34.73	12.54	7.06	57.22
2009 年					
H	29	24.59	5.07	12.96	34.22
H_1	29	56.51	7.58	31.20	68.35
H_2	29	12.72	4.95	4.55	24.43
H_3	29	33.52	9.53	18.31	55.37
H_4	29	37.30	15.79	5.01	61.09
2010 年					
H	29	24.66	5.59	12.81	35.18
H_1	29	58.03	9.58	28.01	84.38
H_2	29	12.91	5.00	4.98	26.18
H_3	29	32.05	9.62	17.26	54.32
H_4	29	39.69	15.19	8.39	67.05
2011 年					
H	29	25.13	5.78	10.53	36.56
H_1	29	58.63	7.97	30.63	74.44

变量	城市数量	均值	标准差	最小值	最大值
F_2	29	13.22	4.64	4.68	23.51
F_3	29	32.35	10.58	12.92	55.43
F_4	29	41.54	15.71	6.53	75.26
2012 年					
H	29	26.13	6.04	10.62	38.38
F_1	29	58.33	6.84	38.92	72.22
F_2	29	14.40	5.14	5.40	26.92
F_3	29	32.73	10.41	15.11	57.09
F_4	29	45.75	16.73	10.64	77.77
2013 年					
H	29	25.55	6.44	10.84	38.31
H_1	29	44.21	10.82	26.55	64.10
H_2	29	14.93	4.50	7.31	24.15
H_3	29	31.59	10.54	15.01	58.29
H_4	29	47.00	16.65	14.27	78.93
2014 年					
H	29	26.71	6.61	10.67	38.97
H_1	29	48.50	9.53	31.18	65.72
H_2	29	16.07	4.32	7.61	24.44
H_3	29	31.56	9.90	13.68	57.14
H_4	29	49.90	18.37	10.47	95.02

从城市基本公共服务指数（H）来看，2006~2014 年 29 个样本城市整体的基本公共服务水平比较稳定；同时，随着时间的变化，不同城市的基本公共服务水平之间的差距比较稳定。从各类基本公共服务指标来看，各个城市的环境水平在 2013 年以前水平较稳定，2013 年至 2014 年环境水平出现了大幅下降；2006 年以来，我国 29 个大中城市的整体医疗水平有所提高，但是不同城市之间医疗水平的标准差有所降低，这说明各城市之间医疗卫生水平的差异逐渐缩小，大中城市的医疗水平向均衡方向发展。但是，从平均水平来看，29 个大中城市的教育水平有所降低，这可能是因为随着经济的发展，越来越多的人口涌入大中城市，使得这些城市的教育资源愈发紧张。从交通水平来看，2006 年以来我国整体的交通水平有显著提高，城市道路设施和公共交通不断发展，为居民的生活提供了便利条件。

（二）城市公共服务水平与房价的关系

为了分析城市公共服务水平与房价的关系，使用 2003~2014 年全国 29 个大中城市的面板数据，分别建立公共服务综合指标（H）与房价的计量模型，以及各项公共服务指标（H_i）与房价的面板数据模型进行实证检验，具体计量模型设定如下：

$$\ln\left(\mathrm{HP}_{it}\right) = \alpha_{i0} + \beta_{it}H_{it} + \gamma_{it}X_{it} + \varepsilon_{it}$$

$$\ln\left(\mathrm{HP}_{it}\right) = \alpha_{i0} + \sum_{k=1}^{n}\beta_{kit}H_{kit} + \gamma_{it}X_{it} + \varepsilon_{it} \qquad (7.1)$$

选取商品房价格作为因变量，选取城市基本公共服务指数作为解释变量。其中，HP_{it} 为城市 i 在 t 时间的房价水平；H_{it} 为城市 i 在 t 时间的公共服务综合水平；H_{kit} 为城市 i 在 t 时间的第 k 类公共服务的水平；X_{it} 为控制变量，主要包括城市居民人均收入、城市人口数量、地区生产总值和土地价格；β 为城市公共服务水平对房价的边际效应；α_{i0} 为截距项；γ_{it} 为控制变量 X_{it} 的系数；ε_{it} 为误差项。考虑到不同地区的经济社会发展情况的不同，选取城市居民人均收入、城市人口数量、地区生产总值和土地价格作为控制变量。

由分位数回归结果，对 29 个大中城市而言，在房价水平比较低的城市，公共服务综合水平与房价并无明显的相关关系；对于房价较高的城市，公共服务综合水平与房价水平显著正相关；当分位点由 0.75 上移至 1 的时候，公共服务综合水平与房价水平的相关系数也有所增加。以上结果表明，房价越高的城市，公共服务水平对房价的影响越大。我国二、三线城市的住房需求以本地人的刚性需求为主，因此房价受到公共服务水平的影响相对较小；而房价较高的一线城市具备优质的公共服务资源，外来人口不断涌入使得房地产市场的需求不断增加，因此房价水平和公共服务综合水平呈显著的正相关关系。

由面板回归结果，一线城市的房价水平与环境质量和教育水平显著正相关；二线城市的房价水平与城市教育资源显著负相关；在三线城市中，反映城市环境水平、医疗水平、教育水平和交通水平的指标与房价水平均无显著的相关关系。在其他控制变量中，城市居民生产总值与房价水平显著正相关；人口增长对房价的推动作用在一线城市较为明显，但是在二、三线城市，人口数量增加并不能显著地推动房价上涨。以上结果与分位数回归的结果一致，一线城市的居民愿意支付更高的房价以获得良好的环境质量。由于一线城市教育资源丰富，教育水平较高，故很多父母为了使孩子享受优质教育资源，愿意在一线城市支付更高的房价。

（三）政策建议

本部分构建了城市公共服务指数，并用 2003~2014 年我国 29 个大中城市的数据和分位数回归以及面板回归的方法，分析了城市公共服务水平对房价水平的影响，进一步深化了对城市公共服务影响房价的认识。为了促进房地产市场的稳定健康发展，建议注重以下几个方面。

1. 形成公众参与机制，确定各供给主体及合作机制

我国城市公共服务供给与房价水平有着密切的联系，尤其是在房价水平较高的地区，城市公共服务综合水平与房价显著正相关，城市公共服务水平高，可以推动房地产

市场价格水平的上升。通常来说，一线城市的房价水平与城市公共服务供给水平的关系更为密切。因此，为了促进房地产市场的稳定健康发展，应建立完善民众参与机制，引进社会力量，更好地与市场沟通，从而实现多元化供给格局。基本公共服务的多样化需求层次 需要市场的灵活供给，这对于提高城市尤其是二、三线城市对人才的吸引力，以及推动房地产市场的健康发展起着重要作用。

2. 根据城市自身情况有所侧重，实现均衡健康多样化发展

通过分解城市公共服务供给的综合指标，我们分析了环境质量、医疗水平、教育水平、交通水平与房价之间的关系，结果表明在一线城市，环境质量和教育水平与房价显著正相关，说明一线城市的人们对生活品质要求较高，同时一线城市的优质教育资源会吸引大量的人口涌入，增加房地产市场的需求，从而推升房价上涨。但是各个指标与房价之间的关系在二线城市和三线城市相对较弱。虽然各地的公共服务供给应当根据自身的实际情况有所侧重，但是在基本公共服务上，应当保持协调健康发展。无论是一线城市，还是二、三线城市，基本公共服务主要体现在以下几个方面：基本公共教育服务、劳动就业服务、社会保险服务、社会救助服务、基本医疗卫生服务、人口与计生服务、基本住房保障服务、公共文化体育服务、残疾人基本服务。在众多供给项目中，那些与民生相关的最基本的标准应尽量实现均衡健康发展，遵循多样化标准和动态性标准。

3. 充分发挥区域间协作优势，完善政府购买服务

城市公共服务，尤其是优质教育资源在一线城市过度集中，会推动一线城市的房价上涨，因此，为了促进一线城市和二、三线城市房地产市场的协调发展，政府应当合理调节基本公共服务资源在不同城市之间的配置，避免优质资源在一线城市过度集中。不同地区可以发挥比较优势，基本公共服务供给问题应从区域整体协作的角度考虑，改变城市公共服务资源过度集中的现状。那些具有公益性的，社会力量可以承担的，在政府职能范围内且不涉及机密的事项，可以作为购买对象。这样可以充分发挥市场和社会力量在资源配置中的灵活作用，便于民众的监督。同时，通过竞标的形式，也可以降低成本，保障质量，满足社会多层次的服务需求。

四、经济转型期我国房地产业关联效应及政策建议

房地产业的发展与国民经济中其他产业的发展密不可分。一方面，房地产业的发展依托于其他产业的发展；另一方面，房地产业具有产业链长、波及面广、融资量大等特征，为国民经济中其他产业的发展提供了重要的资金和生产要素支持，并通过"产业带动效应""房地产税收""财富传递效应"等影响其他行业的发展，进而影响整个宏观经济的发展。房地产市场的高速发展可以极大地拉动地方经济发展、带动地方财政收入增加，进而促进国民经济的繁荣。相反，房地产市场的不景气会导致地

方财政收入下滑甚至影响国民经济的发展。探析房地产业与国民经济中其他产业的关联效应，有利于我国房地产业与其他产业的协调发展，从而正确合理地引导国民经济的健康发展。

（一）房地产业关联效应理论及方法介绍

经济体系中，一个产业的发展不是独立的，而是与其他产业有不同程度的联系，度量这种联系的指标就是关联度。关联度主要分为两种，一种是后向关联效应，一种是前向关联效应。对于房地产业而言，房地产业的后向关联表现为房地产业对其他产业的需求拉动作用，房地产业的前向关联表现为房地产业对其他产业的供给推动作用，这两种作用的总和为房地产业对其他产业的带动作用。通过计算各年的平均关联效应来分析房地产业对各部门的总关联效应，其计算公式为：平均关联效应=各年份总关联效应的算术平均值。产业的密切关联产业被定义为产业间的关联度高于平均关联度的产业。

直接消耗系数的含义是生产单位某种产品对另一种产品的消耗量，房地产业的直接消耗系数越大，说明房地产业对其他产业的直接需求越大，后向直接关联效应越明显；房地产业与其他产业间的后向完全关联度可以用完全消耗系数表示。用直接分配系数表示房地产业与其前向关联产业的直接关联度，直接分配系数越大，说明其他产业对房地产业的直接需求越大，房地产业的直接供给推动作用越明显；用完全分配系数表示房地产业与其前向关联产业的完全关联度，完全分配系数越大，说明房地产业对该产业的供给推动作用越大，产业之间的前向完全关联度越大。

基于投入产出模型和1997年以来我国的7张投入产出表（1997年40×40部门，2000年40×40部门，2002年42×42部门，2005年42×42部门，2007年42×42部门，2010年42×42部门，2012年42×42部门），测算房地产业与宏观经济中其他产业的关联效应，与此同时，对房地产业与其他产业之间的关系变化进行分析，从而明晰我国房地产业是如何演变的，并从数量上明确我国房地产业的重要地位，以期为未来房地产业的规划调控提供参考。

（二）经济转型期我国房地产业关联效应分析

计算1997~2012年房地产业的前向和后向关联，可以得出从我国市场经济转型不同时期来看，不同时期房地产业对国民经济中其他行业的拉动作用和推动作用不同，具体如下。

在自觉推进时期，即1992~2000年，房地产业对金融业以及建筑业的拉动作用呈现上升趋势，而对商业、金融保险业、社会服务业以及行政机关及其他行业这四个行业的推动作用呈现下降的趋势。

在全面加速时期，即2001年以后，在2002~2005年物价过快上涨时期，由于抑制物价过快上涨等宏观调控政策的出台，房地产业对金融业以及建筑业的拉动作用呈现下降趋势，与此同时，房地产业对自身的拉动作用也呈现下降趋势，但对非金属矿物制品业以及住宿和餐饮业的拉动作用呈小幅上升趋势。而对租赁和商务服务业的拉动作用增幅约为 6%。就房地产业对国民经济中各行业的推动作用而言，2002~2005 年，对金融保险业的推动作用呈现上升趋势，而对公共管理和社会组织以及批发和零售贸易业的推动作用呈现下降趋势。

在产业结构以及房地产市场调整时期，即 2007~2010 年，房地产业对金融业、建筑业、租赁和商务服务业、住宿和餐饮业以及自身的拉动作用均呈现上升趋势。就房地产业对其他产业的推动作用来看，房地产业对金融保险业以及计算机服务、软件业和信息传输这两个行业的推动作用提升，但对批发和零售贸易业的推动作用下降。

在支持小微型企业健康发展时期，即 2012 年，房地产业对金融业的拉动作用达到最大，占比为 41.37%，同时相比于房地产市场调整时期，房地产业对建筑业、租赁和商务服务业以及自身的拉动作用提升。就推动作用来看，2012 年，房地产业对金融保险业的推动作用占比由 2010 年的 16.81%上升为 31.65%，对批发和零售贸易业的拉动作用也由 2010 年的 14.71%上升至 28.15%，均上升为 2010 年的两倍。但对计算机服务、软件业和信息传输的推动作用下降了 2.63%。

总体来看，在我国市场经济转型的不同时期，随着房地产业的发展，其与自身的关联程度逐渐提升，同时与服务业的关联也越来越密切，与房地产业关联度较大的行业已从传统的物质型行业逐渐向新兴服务型行业转变，可以预见，在未来，新兴产业以及服务业是与房地产行业不可分割的行业。

（三）政策建议

1. 合理优化房地产业的融资结构，加强金融市场的资金支持作用

房地产市场的主要资金来源是自有资金和银行借款，融资模式较为单一，因此，金融体系的完善直接决定了房地产市场的持续稳定发展。反之，当房地产市场出现波动时，房地产开发商的前期资金投入得不到回笼，或回笼期过长，都会导致开发商的资金链断裂，影响其按期还款付息，进而影响其贷款信用，给银行业的正常运转带来损失。由此可以看出，需要完善金融体系建设，进一步巩固银行作为融资体系的主导地位，加大银行金融产品的创新力度，尽快健全各种资金资源的衔接机制，为不同类型的企业设置更加完善的融资产品和融资渠道。例如，信托、基金、股票、债券和保险等金融产品，可以向房地产业注入更多的资金支持和融资多元化选择，其还款时间、方式的不同，可以为企业缓解资金压力。在这种情况下，房地产开发商才能拥有更多的资金来源选择，提高直接融资的占比。

此外，金融体系还应加大对房地产行业的信贷风险管理力度，降低其自身的运营风险。其中，差异化的信贷政策就是一种快而有效的金融措施，对住房供给侧改革和供需结构的改善具有一定的支持作用。具体而言，以限购政策为例，在限购政策下，金融信贷应兼顾对商品房中住宅以外的房屋类型进行支持，加大这类商品房的销售占比，将有

利于宏观经济的长远发展。目前，我国政府应以降低房价作为调控房地产市场的主要目标，如提高法定准备金率和贷款利率，以及加强信贷管理。

金融体系的各个行为主体应综合考虑自身的资金状况、贷款情况、风险承受能力和借款人的还款能力，确定相应的贷款总额和资金结构。这样不仅可以降低银行体系的整体风险，还会防止过多的资金流向房地产行业，阻碍其他行业的发展进程，变相地促进房地产行业转型升级。所以应尽可能地优化现有的存量贷款和增量贷款的比例结构，实行多元化的授信制度，健全金融体系的风险管理和激励机制。

2. 提高政府的施政能力，避免政府在发展经济过程中过度依赖房地产业

由于我国国有和集体土地均为国家所有，且我国的房地产市场并非完全理性的竞争性市场，其在较大程度上受到宏观政策的影响。加之我国政府部门机构设置较为冗余，相关政策在由中央政府向地方政府传达的过程中时间差较大，再加上中央政府允许地方政府结合当地的发展特点制定和修改某些政策条文，因此，中央政府的宏观调控意图得不到及时全面的实施。

房价上涨的直接受益主体是政府部门和房地产开发商，这在一定程度上反映出我国宏观经济调控机制和政府财政收入结构的不合理。居民和其他类型的企业在居高不下的房价压力下，生活成本和经营成本的大幅度降低导致了一线城市和部分二线城市非房地产行业的投资热潮，居民收入下降的同时伴随着政府财政性收入的增加，这反映了我国收入分配结构的不合理。由此可以看出，在收入初次分配和再次分配的过程中，政府部门永远都是最后的受益者，且占有大部分的生产收益。因此，要想提高政府的施政能力，除了改变现有的房地产经济运行制度，还应改变政府的绩效考核制度，只有这样才能提高房地产业与国民经济的运行效率。

3. 完善房地产业宏观调控体系，促进我国房地产业健康有序发展

在市场经济体系中，价格作为一种市场信号，直接决定了资源的配置效率，能够合理引导资源的配置方向。价格应以价值为中心上下浮动，如果价格过度地高于价值，就会导致整体物价水平的攀升，吸引大量的资金流向这些行业。如果价格过度地低于价值，就会导致整体物价水平的下降，此时，经济体的投资热情不再高涨，社会总产出下降。在市场经济中，价格主要取决于商品或服务的供需水平，但市场调节不是万能的，在某些领域不能靠市场调节或者市场调节存在一定的缺陷时，这时政府的调控职能即可发挥作用，该调控职能主要是通过调整价格进行资源的再分配。在一些极端情况下，还可以通过颁布和实施抑制价格过快上涨的政策制度维持价格围绕特定的水平上下波动。

五、我国房地产业对金融稳定的影响研究

作为国民经济发展的重要支撑产业，房地产业发展的兴衰程度可以间接反映宏观经

济的发展程度。房地产业的运营和发展所需资金巨大，属于资本密集型行业，其资金主要来源于银行借款和其他金融机构，因此，将会在很大程度上受到银行信贷政策的影响。加之房地产业的平均利润水平较高，未来发展潜力仍较大，因此，金融机构也十分愿意将资金投入该行业以获得高额投资回报，由此可以看出，房地产业和金融体系将会不断相互渗透，互惠共利。

（一）理论机理分析

金融市场的发展主要基于实体经济。由于房地产开发建设的主要资金来源是银行贷款，因此，房地产市场风险主要通过银行的信贷渠道进入金融市场，进而影响整个宏观经济的稳定。除此之外，房地产市场风险还会通过房价波动经由财富效应影响金融市场。

1　银行信贷渠道

房地产开发建设的主要资金来源是金融体系，主要包括银行贷款、自有资金、商业信用和期房预售款。房地产开发建设中所需资金，包括日常经营管理资金、房地产开发建设款和住房抵押贷款，这些资金的60%~70%均来自于银行贷款，由此可以看出，银行信贷已成为现阶段我国房地产业进行融资的主要来源。与此同时，我国大部分商业银行的主营业务是向社会贷款，以获取高额的贷款利息。据估计，我国商业银行的所有贷款中，超过40%是向房地产企业发放的，2013年我国商业银行的所有贷款中，超过一半是房地产企业贷款。由此可以看出，房地产业与金融业之间存在着千丝万缕的关系，两者之间互相影响。值得注意的是，目前，我国信用市场存在大量信息不对称和监管缺失等现象，当房价波动导致房地产市场不稳定时，这种风险就会很快地通过银行信贷系统传递到金融市场。

1）抵押品价值变动

由于房地产既具有商品属性，又具有投资品属性，故它既可以作为一般的商品，也可以作为抵押品。当房价普遍上升时，房地产企业为了更容易地获得所需资金，会将房地产作为抵押品，这就使得房地产企业资产负债表上所显示的资产价值上升，居民对房地产市场充满信心，加大对该行业的投资力度，此时，银行的信贷规模扩张。当房价普遍下降时，房地产企业为了更容易地获得所需资金，会将房地产作为抵押品，这就使得房地产企业资产负债表上所显示的资产价值下降，居民对房地产市场持观望态度，降低对该行业的投资力度，此时，银行可能会选择不对房地产开发商放贷，此时，银行只能通过其他渠道提高自有资金的流动性。

2）资本金限制

房地产行业的运营和发展所需资金巨大，属于资本密集型行业，因此，房地产开发商主要通过银行的信贷渠道获得贷款。当房价下降时，房地产开发商的还款压力变大，还款可能性下降，商业银行将面临巨大的贷款损失，当银行的资本充足率低于8%时，必须变卖现有资产以缩减信贷供给，进而提高市场利率。在这种情况下，房价将会进一步下跌。由此可以看出，银行信贷收缩将会直接通过降低房地产市场投资最终导致整个宏观经济发展停滞。

3）流动性需求与信贷期限错配

目前，商业银行所提供的长期贷款资金主要来源于居民的短期存款，在这种情况下，就容易产生资金期限错配的现象。房地产行业建设周期长，资金回笼慢，房地产开发商所需要的贷款一般为中长期贷款，这就导致现阶段我国中长期贷款占金融机构总贷款的比重不断攀升。当房价上升时，房地产业的平均利润率高涨，大量资金就会投向房地产市场，中长期银行借款占比增加。在这种情况下，房地产市场运营一旦出现较小的波动，就会通过银行系统得到放大，使得整个经济体系受到较大的影响。具体而言，当未能及时还款的中长期贷款占银行总贷款资金的比重达到一定临界值的时候，商业银行所面临的流动性风险就会变大，这就导致货币政策紧缩，银行的存款不能很好地弥补贷款缺口。

2. 财富效应渠道

房地产市场的财富效应主要通过居民所持有的资产价值的变化影响居民的消费决策和消费需求发生变化，进而影响整个宏观经济的发展进程和金融体系的稳定性。房地产作为居民的主要财产，其价格的变动将直接影响居民的消费—储蓄—投资决策。具体表现为：当房价上升时，居民所拥有的资产价值增加，他们可以通过抵押住宅获得更多的银行贷款进行投资，根据生命周期理论可知，此时，居民的当期收入和预期收入都会变相增加，当期消费和预期消费也将随之增加，未来的投资需求也会不变加大。然而，需要注意的是，随着居民的商业银行贷款总额的不断增加，银行所面临的房地产贷款风险也在不断增加，如果大量的居民同时违约，拒绝还款，整个金融体系将面临崩盘的风险。此外，当房地产市场不景气，或者房价下降时，房地产的价值下降，抵押品也将变得不再有价值，居民所拥有的财产价值下跌，当期和未来的投资和消费将会大幅度下降。此时，商业银行所面临的不良贷款率上升，会直接影响整个金融体系的稳定程度。

此外，房地产不仅可以满足居民的居住性需求，还可以作为投资品，具有保值增值的功能。此时，房地产的财富效应还会影响居民对房地产的担保需求，以及房地产证券化等方式的创新程度，进而影响金融体系的发展程度。以外，房地产业还可以通过其对其他相关产业的关联效应，影响其他产业和银行体系的关系，进而影响整个金融体系的稳定程度。

3. 非利息收入渠道

随着市场经济的飞速发展，银行的产品创新速度得到提升，其中非利息收入已成为银行系统获得收入的主要来源，如代理销售和管理资产、货币兑换服务、代销保险产品等。以房地产作为例子，如果房地产价格上涨，那么银行代为管理的资产的价值就会增加，这样的话，客户需要向银行缴纳的交易佣金就会增多，银行的非利息收入就会增加。如果房地产价格下降，那么银行代为管理的资产的价值就会降低，这样的话，客户需要向银行缴纳的交易佣金就会减少，银行的非利息收入就会下降，银行的流动性风险和经营风险就会增加。

4. 影子银行渠道

影子银行不属于传统的银行体系，其主要从事类银行业务，是和银行既有相同点，又有不同点的非银行机构。我国政府对金融市场具有一定的干预性，它通过规定法定存款准备金率，间接控制商业银行向企业发放贷款的数量，房地产开发商在不能通过商业银行获得充足资金的时候，会选择各种金融产品，如委托贷款、信托基金及民间融资等渠道进行筹资。然而，影子银行所具有的杠杆率较高，其内部控制体系和外部监管不够完善，导致资金期限较容易出现错配现象，滋生了金融市场的潜在风险因素。具体而言，当房地产价格上升时，房地产开发商所获得的信托、基金、委托贷款等产品的收益率将会高于正常值，这使得房地产企业更愿意采用这种非传统银行手段进行融资，影子银行为了提高收入水平，就会大肆采用这种方式增加收入，从而导致影子银行的存款资金大量外流，导致资金期限错配现象严重，当储户提取现金时，影子银行的流动性资产锐减，进而导致该类金融机构出现支付危机。影子银行通常采用杠杆效应进行金融产品的创新，其业务具有较高的风险。当房地产价格下降时，影子银行所销售的金融产品的违约率大幅度上升，房地产开发商所获得的信托、基金、委托贷款等产品的收益率将会低于正常值，使得房地产企业不愿意采用这种非传统银行手段进行融资，从而导致影子银行的收入降低，甚至会出售风险资产。如果影子银行继续加大吸收投资的力度以增加自有资金存量，那么整个金融市场的流动性就会受到严重的影响，必然会影响传统商业银行的正常经营。

5. 资本市场和汇率市场渠道

除了上文说的银行信贷、财富效应、非利息收入和影子银行渠道以外，房价波动还会通过资本市场和汇率市场影响金融市场的稳定。

在汇率市场上，以房地产市场为例，根据公式 $MV = PY$ 可以看出，从短期来看，在货币资金的流通速度和住宅供给量保持不变的情况下，房地产价格的上涨会引起居民对货币需求的增加，使得汇率提高；相反，房地产价格的下降会引起居民对货币需求的减少，使得汇率降低，进而使得人民币贬值。此外，房地产价格的波动还会通过影响居民对外汇的需求，间接影响汇率市场的稳定。

由于房地产既可以看作消费品，又可以看作投资品，具有保值增值的作用，故在资本市场上，投资者更加偏向于将资金投资于房地产市场，以获得高额的投资收益。当房地产价格上升时，大量资金就会流向房地产行业，导致其他行业投资严重不足，从而抑制其他行业的发展；当房地产价格下降时，大量资金就会流出房地产行业，投资者就会选择其他替代品进行投资，导致其他行业投资得到补充，从而有利于其他行业的发展。由此可以看出，房价波动将会通过影响资本在不同行业的分配比例，间接影响资本市场和宏观经济。

（二）我国房地产业对金融稳定影响研究实证分析

采用 VAR 模型分析房地产市场与金融稳定之间的相关关系。在理论分析的基础上，构建如下模型进行实证分析：

$$FRI = f(GDP, M2, CPI, REP, REI) \tag{7.2}$$

其中，FRI 为金融风险指数，是通过主成分分析法综合考虑银行系统风险、证券市场风险、外贸市场风险、债务风险得出的衡量金融稳定的综合性指数。GDP 为国内生产总值增速，GDP 是衡量一个国家整体经济发展态势的主要指标，因此用 GDP 增速代表宏观经济运行情况。当宏观经济快速增长时，市场对未来充满信心，投资热情高涨，银行信贷良好运转，金融体系系统性风险较小；当宏观经济运转放缓时，市场信心不足，违约率上升，通常首先冲击金融体系稳定。M2 为货币供应量，是反映宏观金融状况的重要指标。CPI 为消费物价指数，考虑到通货膨胀率对样本期内各变量的影响，选取 CPI 代表通货膨胀率。一般而言，通货膨胀率高，表明整体物价水平提高。REP 为商品房销售均价同比增长，考虑到商品房在我国房地产市场中占据了很大的比重，因此选取商品房销售均价同比增长作为房地产市场价格的衡量指标。REI 为房地产开发投资增长率，是我国房地产投资市场繁荣程度的衡量指标。本部分以金融风险指数（FRI）为因变量，同时选取 GDP 增速、CPI 和 M2 为控制变量做脉冲分析，研究房地产市场波动对金融稳定的影响。

1. 金融风险指数指标构建

根据国际货币基金组织提出的金融稳定指标体系，结合我国实际情况，考虑指标的客观性、系统性、可操作性且符合我国国情，构建金融风险指数指标。构建金融风险指数指标需要考虑不同的市场，选取具有代表性的指标，全面地对金融系统风险进行评价。选取的指标如表 7.3 所示。

表 7.3　金融风险指数指标

序号	类别	指标	缩写
1	银行系统风险	商业银行不良贷款比例	NPL
2	证券市场风险	沪深 300 指数月度波动率	SSI
3	外贸市场风险	人民币实际汇率指数	RER
4	债务风险	短期外债占比	STED

商业银行不良贷款比例（NPL）可用于衡量银行体系的信贷风险，该指标高说明银行信贷风险高，银行的资产质量差。沪深 300 指数是考虑我国深圳证券交易市场和上海证券交易市场的综合性市场指数，其月度波动率反映我国证券市场的风险状况。人民币实际汇率指数（RER）衡量外汇风险暴露水平，该指标代表国外资本进入或者退出中国资本市场的趋势。短期外债占比（STED）衡量债务市场风险，短期外债占比越高，债务风险越大。采用主成分分析法合成金融风险指数。对不良贷款率做差分处理，使用标

准化后数据。用 EViews 软件进行主成分分析确定指标权重，构建金融风险指数。

2. 基于 VAR 模型实证分析

对房地产市场指标和金融风险指标进行实证分析，步骤如下：①对相关序列进行平稳性检验；②确定 VAR 模型最优滞后阶数；③检验 VAR 模型平稳性；④进行 VAR 参数估计；⑤进行格兰杰因果检验研究变量之间的因果关系；⑥运用脉冲响应函数分析内生变量受到内生冲击后的动态变化情况；⑦进行方差分解分析各个内生变量对其他变量变动的贡献程度。

实证结果表明：①金融风险水平的上升导致房地产价格指数下降。金融风险升高使得资本市场在短期内异常活跃，短期内房地产开发投资水平上升；从长期看，金融系统的不稳定性削减了稳健投资者的投资热情。②房价的波动加剧了银行体系的不稳定性，短期金融风险上升；房地产价格的上升从长期来看往往与宏观经济发展态势良好有关。③解构各个冲击扰动，金融系统受到自身滞后项的影响，这比房地产价格和房地产开发投资波动的影响更为强烈。房地产价格和房地产开发投资受到金融体系风险水平的影响要强于其对金融体系风险程度的影响。

（三）政策建议

1. 加强房地产预警机制的建设

建立房地产预警预报系统，对客观分析房地产运行轨迹、评价和判断房地产市场形式与发展趋势，为政府出台宏观政策提供有效信息和依据，确保房地产市场持续健康发展具有重要的意义。应密切关注房地产市场价格和指控率等敏感性相关指标，建立覆盖城乡相关区域、覆盖存量与增量、覆盖买卖与租赁、覆盖住宅与非住宅市场信息的房地产市场信息系统。

完整的房地产预警预报系统，应能够通过对现有数据的分析，敏感地反映房地产运行态势，科学地判断房地产经济处于周期中的哪一个阶段，该阶段还能够持续多长时间，是否正常，是否与整个国民经济的发展相适应。房地产市场具有周期性的特点，周期不可改变，但周期的长度与波幅可以改变。因此，政府部门、房地产业、金融部门应采取相应的措施拉长周期、缩小波幅，使房地产周期不出现剧烈的波动，使市场尽量平稳发展，避免对金融市场产生剧烈的冲击。

2. 拓宽房地产融资渠道

目前中国国内房地产金融的重担几乎全压在商业银行身上，房地产周期波动中的风险高度集中。为改变目前房地产融资过度依赖银行信贷这一局面，应建立多元化的房地产金融体系，以达到分散房地产金融风险的目的，避免房地产金融风险集中于银行业。

房地产金融多元化主要包括：融资形式多元化，房地产企业主要融资渠道有发行股票、发行债券、房地产基金、银行贷款、合作开发、房地产信托、租赁融资等；融资机构多元化，除了商业银行以外，还有房地产保险公司、房地产抵押公司、房地产投资基金管理公司、房地产财务公司等。

3. 控制房地产市场风险向金融体系的扩散

房地产市场的风险不可能完全消除。从前文的理论与实证分析中可知，房地产风险向金融体系扩散主要有两个途径：通过宏观层面（宏观经济和宏观金融）影响金融稳定；通过金融机构影响金融稳定。因此，应该在这两个渠道中建立一定的缓冲、吸收冲击的机制，降低房地产风险的传染性，以保证金融体系的稳定。

参 考 文 献

史永东，陈日清. 2009. 不确定性条件下的房地产价格决定：随机模型和经验分析[J]. 经济学（季刊），8（1）：211-230.

王来福，郭峰. 2007. 货币政策对房地产价格的动态影响研究——基于 VAR 模型的实证[J]. 财经问题研究，（11）：15-19.

吴迪，高鹏，董纪昌. 2011. 基于场景理论的中国城市居住房地产需求研究[J]. 系统科学与数学，31（3）：253-264.

张涛，龚六堂，卜永祥. 2006. 资产回报、住房按揭贷款与房地产均衡价格[J]. 金融研究，（2）：1-11.

Iacoviello M. 2005. House prices, borrowing constraints, and monetary policy in the business cycle[J]. American Economic Review, 95（3）: 739-764.

Koop G, Pesaran M H, Potter S M. 1996. Impulse response analysis in nonlinear multivariate models[J]. Journal of Econometrics, 74（1）: 119-147.

Mishkin F S. 2007. Housing and the monetary transmission mechanism[J]. NBER Working Papers, 11（S1）: 359-413.

Muellbauer J, Murphy A. 1997. Booms and busts in the UK housing market[J]. Economic Journal, 107（445）: 1701-1727.

Quigley J M. 1999. Why should the government play a role in housing? A view from North America[J]. Housing Theory & Society, 16（4）: 201-203.